MW00908862

# 中国足球

## 内幕

### 【增补版】

李承鹏 刘晓新 吴策力◎著

ZHONGGUO ZUQIU NEIMU

凤凰出版传媒集团 | 凤凰联动
江苏人民出版社 | FONGHONG

**图书在版编目(CIP)数据**

中国足球内幕(增补版)/ 李承鹏,刘晓新,吴策力著 . —南京：江苏人民出版社，2010.1

ISBN 978-7-214-06150-8

Ⅰ.①中… Ⅱ.①李… ②刘… ③吴… Ⅲ.①中国足球内幕－体制改革－研究－中国 Ⅳ.①G843.92

中国版本图书馆CIP数据核字（2009）第237962号

| | |
|---|---|
| 书　　名 | 中国足球内幕（增补版） |
| 著　　者 | 李承鹏　刘晓新　吴策力 |
| 责任编辑 | 王　楠 |
| 特约编辑 | 刘恩凡 |
| 资料整理 | 李璇　贺琳 |
| 出版发行 | 江苏人民出版社（南京湖南路1号凤凰广场A楼　邮编：210009) |
| 网　　址 | http://www.book-wind.com |
| 集团地址 | 凤凰出版传媒集团（南京湖南路1号凤凰广场A楼　邮编：210009) |
| 集团网址 | 凤凰出版传媒网http://www.ppm.cn |
| 经　　销 | 江苏省新华发行集团有限公司 |
| 印　　刷 | 三河市南阳印刷有限公司 |
| 开　　本 | 700毫米×1000毫米　1/16 |
| 印　　张 | 20.5 |
| 字　　数 | 300千字 |
| 版　　次 | 2010年1月第1版　2010年2月第2版第1次印刷 |
| 标准书号 | ISBN 978-7-214-06150-8 |
| 定　　价 | 29.00元 |

（江苏人民出版社图书凡印装错误可向本社调换）

作者走访了一百三十多名涉及到"假、赌、黑"的中国足球当事人。从2009年"打假扫黑第一案"中的一个女人入手，用第一手的材料，一一披露了足坛"假、赌、黑"隐藏最深的事实。

三位作者均为专业、资深的足球记者和评论员，长期战斗在足球深度报道第一线，对中国足球有着切肤之痛般的了解。

李承鹏、刘晓新，亲历了中国足球从专业化到职业化的所有重大事件。他们供职的《足球》，因在中国专业媒体里第一个揭露王珀假球、赌球，而引发官司。

作品不满足于当下的打假、扫黑，还把笔触伸向了中国假球产生更早的1978年、1994年，以及更广阔的社会政治文化背景。

作品也前瞻性地勾勒了中国足球博彩合法化的前景。

本书不仅是一部披露足球真相的史书，也是一部值得收藏的时代生活文本。

# Contents >>>>
# 目录

第一部分
CHAPTER 1 >>>>
# 高尚的假球

时间：1978年到1994年

比起整本书的写作过程，开头的写作要艰难得多，因为中国足球，无迹可寻。

## >>> 劳玉晶千里寻夫

她在一番折腾后，最后站在了辽宁省公安厅的大门口，一直朝里面望，身上穿着一件醒目的运动服，胸前绣着"杨旭，我支持你"，过去她的胸前，绣的是"中国"二字。

2009年10月19日这一天，是个星期一。空气中散发着卤水拼盘的味道，和每个星期一一样，这座城市的人们一脸疲惫和热烈，加入到从黄沙大道至瘦狗岭的车水马龙里。劳玉晶也在里面。

这一天发生了一些事情。广州所有的报纸都在报道政府打击有组织犯罪，"水产黑帮"辛氏兄弟落网，辛氏兄弟拥有开山刀、仿六四手枪甚至还有 AK47 冲锋枪，每年控制着千万以上的海鲜水产。这一天，CCTV 的新闻联播罕见地播放了足球新闻，胡锦涛主席在全运会上讲话，"继续发扬志行风格"。这一天的天气预报，还宣布了"气温将骤降 12℃，沈阳今年提前入冬"。

劳玉晶不会认为这和她有什么关系，还是如平日那样正常上班、下班，接听杨旭的电话。杨旭说准备几件厚衣服，要去北京。劳玉晶习以为常，自搞上足球以来，杨旭总会突然出差。

知道杨旭被抓是几天后的事情了。

一开始打杨旭电话没人接听，直到关机，劳玉晶才觉得不对，问了足协、俱乐部、亲朋好友，没有人能说清杨旭到底去了哪里，直到向派出所报人口失踪，才被告知，杨旭去的不是北京，而是沈阳，同去的还有另外五个人，接受足球有组织犯罪调查。

劳玉晶认为警方搞错了。在她看来，杨旭是一个好人，在所有人看来，杨旭也是一个好人。他有能力、敢担当、爱单位也爱家庭，甚至算得上一个中年帅哥，当他穿着白衬衣、黑西裤，挂着全场通行证，手执对讲机指挥赛场秩序时，会引起看台上一些年轻女球迷的关注。

直到广州市体育局局长刘江南公开做出"杨旭涉假纯属个人行为"的表态，劳玉晶作出一个大胆的决定，只身前往沈阳，寻找老公杨旭。

劳玉晶不是一个普通女人。上世纪 80 年代她赫赫有名，她就是全世界羽毛球双打项目的标准，灵活的步伐、细腻的网前技术，让她帮助中国兵团勇夺 1986 年、1988 年两届尤伯杯冠军。由于贡献突出，广东省政府还给她记功一次。她甚至还是北京奥运火炬传递广州站第 107 号选手。

虽然方向茫然，毫无门路，但劳玉晶打定主意，就绝不改变，她毅然踏上北上沈阳的飞机，出发前还特意去找了做体育服装公司的朋友买了一批衣服，专门要求绣上几个大字：杨旭，我支持你。

如果有画外音，这时，是应该提醒一下只身北上寻夫的劳玉晶：杨旭于 10 月 19 日被捕，这一天沈阳正式入冬。

从温暖的广州来到冰天雪地的沈阳，没有更多的细节能够展现劳玉晶瑟瑟发抖的样子，以及她的活动路线，只是知道，她在一番折腾后，最后站在了辽宁省公安厅的大门口，一直朝里面望，身上穿着一件醒目的运动服，胸前绣着"杨旭，我支持你"，过去她的胸前，绣的是"中国"二字。

很难描述一个来自南方的女人穿着那样的衣服站在寒风里的情景，我们也无法探寻她内心真实的情感。一连数日，无功而返。当时她并不知道这是一起震惊全中国的巨案，也许隐约有不祥的预感，但她必须这么做，一个女人的举动，往往盲动而令人感动。

我们的故事，是从女人开始的。就在劳玉晶北上寻夫的时候，还有一个女人，她是尤可为的妻子。

没有打听到她的名字，或者不忍打听得太细，因为她一直是以尤可为妻子的名义出现在各路电话中。

尤可为被抓之后，她在家中翻到了一本他的通讯录，就每天一页一页逐条打过去："你好，我是尤可为的爱人，我想问的是，你知不知道你们之间体育彩票的那个事情呢……"

无数人都接到过她的电话，同样的台词，谨慎而且一根筋。

大家都知道，"体育彩票"是因为她找不到合适的替代词汇来形容赌球，于是就采用一个合法的名词，像瞎猫碰死耗子一样来提醒可能中的尤可为合伙人，你们是不是也该出手帮帮他呢。没有人接过她的话茬儿，因为这是一个笨拙而危险的举动。

她坚决不相信尤可为参与了金钱交易，她以人格发誓，尤可为帮过朋友们的忙，但从来都没有收过一分钱。

在她眼中，尤可为是一个老实人，在大家眼中，这两口子也是老实人。尤可为不抽烟，不喝酒，不擅言辞，为人低调也不结仇，从不进夜总会，甚至连麻将也很少打。她也是典型的东北老婆,开朗,但毫无野心。他俩没有孩子,但过得还算开心,在成都居住的这段时间,两口子从来没有成为聚会中的主角,有时,大家还会忽略他俩。

以至于大家会忘记,这个女人,当年也是中国田径一位著名的跳高运动员,拿过冠军。

劳玉晶已不会再只身前往沈阳了,但她会等待,而尤可为的妻子,仍在一个一个打着毫无用处的电话。

其实还有第三个女人。

同样隐去她的名字,她是许宏涛的妻子。

和前两个女人不一样的是,自许宏涛被抓以后,她从来没有寻找或者打听过他的动向。没人找得到她,就连警方正式批捕要求签字时她也绝不现身,最后只能由俱乐部官员帮忙签了字。这是因为,她和许宏涛一年多来都没有来往了,形同陌路。

如果许宏涛不被抓捕,明年就会跟妻子办好手续,据说,他已经把在英国的车、房子都划归了妻子所有,只是舍不得孩子。

直到现在,没有任何人联系得上许宏涛的妻子,她像从未在许宏涛的生活中出现过一样,不关心、也不憎恨许宏涛在足球里做过的一切。辗转听到的消息是,她也说,许宏涛是一个好人。

按照四川骨灰级的领队王茂俊的说法,许宏涛是因为一心钻到足球中,才顾不上照顾家庭,以至于妻子怨恨之下带着两个孩子与他分道扬镳的。

王茂俊说,无论如何许宏涛对四川足球是有功劳的,十几年来没修好的基地,许宏涛来了以后,七片国际化草坪就摆在眼前,简直就是把昆明搬到了成都,还有从中甲打到中超第七名,下一步还想打进亚冠……

喜欢使用感叹词的老王坚持认为许宏涛是个好人,他简直不相信许宏涛这个好人居然会干种事情,啧,作为一个老板,他生活简单,衣着朴素,除非请人吃饭,啊,从来都不进高档馆子。老王最后一句话总是,啊,造孽啊。

## >>> "好人"许宏涛的落网

多年以来，无数中国人都在问，中国足球为什么上不去，它的根源在哪里？其实，这里面一直有个巨大的阴谋，因为，我们一直没有把足球当成足球，而是其他。

在讲解中国足球这些诡异故事前，我们曾耗费大量时间去整理逻辑，像对一个新领的硬盘，首先得格式化它的空间，然后再一格一格装进去。后来发现这个方法很蠢，中国足球是个很怪的容器，就好比拿着一管没有开口的牙膏，一使劲，牙膏却从管尾上挤得满手都是。

之所以要以三个女人来开头，是因为做不到为历史负责，只能小心翼翼书写一些人，其实也不是书写，而是这些人呼之欲出。

我们只是碰巧世界冠军劳玉晶绣上了几个大字，碰巧尤可为的妻子找到那个通讯录，碰巧许宏涛要跟老婆离婚。她们与足球结缘，深爱以足球为业的男人，或者因足球与男人分手。

情境不尽一样，一样的是，她们从不知道自己的男人在干着什么，也许在散步、在看电影、在厕所时，就搞定了一笔高达数百万的黑色交易，如世界上所有的黑帮一样。从这些女人，从这些女人以为的好男人，才能还原中国足球的历史。历史，就是大家把误会一个个串成合理的烧烤。

事实上连许宏涛也认为自己是好人。

他是成都这座城市的座上宾，他还曾是西安的政协委员。

挟西安市政协委员的头衔来到成都，他还有一个闪光的英国背景，当他2005年底来到成都，这座城市里的很多商人甚至官员都围绕着他，大家纷纷传说他背后是数十亿英镑的财团，他是谢菲联老板的亲信。有一段时间人们争相跟托尼（许宏涛英文名）做生意，吃饭，并以此为荣。

托尼一开始也不是很确定这样风光的真实性，在争取那几块土地时他曾多次不放心地问，会给我吗，会吗？但后来他发现其实不需要太多钱，一样能拿到地。所以他最后相信这是真的了。

这样的时代，当一个人从拥有 50 亩地到拥有 220 亩地直到拥有东二环的 600 亩地时，不由得他不相信自己是真的了，真的好人了。然后他就按照好人的路线一直发展，他手上已帮人办出去三十多个子女，包括足协官员的子女。随着这些子女的出国，他的信誉在增加，土地在增加，危机也在增加。

事实上他不是没有恐慌过，尤可为被抓以后，许宏涛一度被形容为身上揣了一块火炭，坐卧不安。

他受邀参加过一个生日聚会，刚进屋，主人热情地向他介绍在座的有电视台台长、报社总编，以及公安局……回头一看，许宏涛已经不见了，连招呼都没打，跟平时待人接物颇有分寸的托尼大相径庭。

关于许宏涛怎么被抓一直是个谜。他一度跑路，假称去巴西选外援，其实是躲在香港。聪明反被聪明误，有经验的人会听得出，因为在香港，手机打通时到的铃声是全世界唯一的特别的短促声……

公安干警是很有经验的，给电视报纸透露的指向都是在调查厦门、陕西甚至新加坡的事情，大家以为这次抓的主要是网络赌球。这让他以为 2007 年那件事情被掩盖过去了，和这次警方的主攻方向无关，何况尤可为一向是较为忠心的，他一直也是西安、成都、深圳……每一座城市的好人，好人怎么可能被抓呢？

他万万没有想到，深圳公司的一位副手打到尤可为账上几十万的情况尽在公安掌握，那个人已经招了，并交代了许宏涛的回程，他刚回到内地，就在深圳被抓。

这就是他被抓的过程。戴上手铐后，他还以为自己是个好人。

一直想从精神层面探讨一下这些人，比如许宏涛被抓之后，背靠铁窗，却能够侃侃而谈，他对中国足球充满乐观，希望中国足球按照职业规律办事，那样子好像史可法。他固执地认为，自己是在为一座城市做贡献。

这一点跟王珀又很相似，传说是某位首长干孙子的王珀在刚来西安时就跟当地资深记者打电话：我来到这里，就是为了收拾这帮赌球的孙子们。你们跟着我干，可以挣大钱，我带着你们赌球，我有消息的啊……这样一段思路矛盾的话，是可以从王珀嘴里说出的，因为他从不觉得自己是坏人。因假赌黑被彻底解除注册资格时，他居然对着电视镜头说了一句很文艺的话：我对中国足球很失望，它让我心碎。

同样的情况出现在80年代入党的好人尤可为身上、好父亲好兄弟好干部的范广鸣身上、青岛黑帮大哥身上，这是他们精神状态的事情，更是价值观的事情。了解他们的人都说，他们从来没认为自己错了，而认为自己是在为中国足球作出重大牺牲。

这才是切入故事的关键。错误的价值观，让从事中国足球事业的人们内心深处真以为自己是对的。而这在中国足球，是有来历的，因为我们早就在打假球了，还认为这是为城市、为省、为国在效力。多年以来，无数中国人都在问，中国足球为什么上不去，它的根源在哪里？其实，这里面一直有个巨大的阴谋，因为，我们一直没有把足球当成足球，而是其他。

假赌黑的来历，从来都很高尚。


## >>> "中国足球是面破鼓"


维拉潘忽然就宣布：中国的两支球队在泰国比赛期间，没有受贿打假球。于是"受贿"风波宣告平息。我们很高兴，觉得粉碎了一场国际阴谋。


1994年，是中国改革开放的分水岭，遗憾的是，它一直被当成一本普通的年历簿般被忽略了，其实未来中国好多的社会冲突和变革，都始于这一年，当下社会各行各业，谁都跟 1994 年脱不了干系。

但 1992 年不是，虽然这一年有邓小平南巡讲话，但中国太大太深了，像一片太平洋，海水的温度变化总会比正常的陆地山川慢上一点时间，经过重重机构冗滞的反应，所以 1994 年才是世纪末中国社会的关键年。

这一年，褚时健被评为"中国十大改革风云人物"，走到了他人生的巅峰。褚时健以战略性的眼光，抓住烟草行业发展的机遇，把玉溪地区一个人均收入仅几百元的破落小厂，一举办成为国家贡献利税至少 1400 亿的亚洲第一烟草名牌，红塔山几乎成为中国经济改革中的成功代名词。后来他被判无期，女儿在狱中自杀。褚时健，是云谲波诡的中国社会一个难以名状的现象。

这一年，还有一个更大的主角是朱镕基。几块硬骨头摆在他面前：企业制度改革，财税制度改革，金融体制改革，投资体制改革，住房制度改革，物价制度改革。这六大战役，彻底影响当今中国老百姓的生活，其中住房制度改革，是 15 年后中国人最深刻的话题。

这一年，出台了《劳动法》，这一年，实行了"五天工作日"，这一年还发生了如下事情：

中国实现与 Internet 的全功能对接，从此我国被国际上正式承认为有Internet 的国家，一场以互联网为形式的文化民主运动开始奠基；长江三峡水利枢纽工程正式开工，李鹏总理在大会上发表了《功在当代利在千秋》的讲话；中国新疆发生克拉玛依大火，在大火燃烧之时，会议组织者让上千名孩子不准动，"让领导先走"。

和体育有关的事情是：1994 年 4 月 17 日，第一届职业甲 A 联赛在 6 个赛场开战，揭幕战在成都举行。足球真正成了全民参与的运动。职业联赛，也让足球明星成为先富起来的人。

另外就是：小山智丽，或者何智丽，一个不满中国体育潜规则"让球"的女孩，在 1994 年广岛亚运会上，在"哟西"的吼声中战胜了包括邓亚萍在内的三大中国顶尖高手夺冠，被中国媒体广泛斥为卖国贼。媒体大批判中最令人深思的一句话是：何智丽不仅嫁给了一个日本丈夫，在日本丈夫背叛她导致婚姻失败后，她仍使用前夫的姓氏，居然至今不想改变国籍回到中国，找一个中国丈夫，这深深伤害了中国人的情感。

就是这样，当时的事，和事情所展现的价值观，在现在看来活像滑稽戏，但是我们就是这么一路走过来的，从未觉得有什么错，还有一丝莫名的悲壮。

故事讲到这里，一起尘封已久的故事就必须揭开盖子了，为保持原貌，我们尽量使用当时报载的原文：

> 1994 年，3 月 10 日，亚足联官员声称：中国队在泰王杯的比赛和辽宁队在亚俱杯的比赛中分别与赌博公司相互勾结，打假比赛，亚足联已就此事展开调查。消息传出，一片哗然。
>
> 辽宁远东队则郑重声明，希望亚足联弄清事实真相，还辽宁队清白。主教练杨玉敏愤怒表示：打假球的说法是不负责任的，根本站不住脚。代表团团长马林甚至在墙上写下拳头大字号的标语：不实之词，予以澄清。
>
> 中国足协成立特别调查组，以组织名义走访辽宁队相关队员，对事实进行调查后，对亚足联不实指控进行了有力驳斥。权威人士指出，这起针对辽宁队的指控其实是对整个中国足球的污蔑，也是对正在改革开放中的中国社会进行攻击，这和国外一些势力的险恶用心是分不开的，通过污蔑和陷害中国足球，来达到政治上不可告人的目的。

当时的著名球评家们也在组织的授意下写出这样的文字：

> 中国人太老实了，致使别人肆无忌惮，如果我们不给以坚决斗争，仍像过去那样，人家打你左脸你忍了，明天又打你右脸，让你有苦说不出，倒不如他打你左脸你去打他右脸，让他也尝尝挨打的滋味，今后即使不能对你产生敬意，但毕竟知道你也不好欺负，好歹规矩点。
>
> 中国足球就算是面"破鼓"，那也留着自己捶，用不着别人出手。
>
> 今年 5 月亚洲足联将召开大会，进行领导层换届选举。对"亚足

联主席"这一席位觊觎多年的"西亚帮"势必要与现任亚足联领导人的"东南亚帮"在台前幕后展开激烈的角逐。有道是"鹬蚌相争,渔翁得利",这极有可能给有威望很高的现任亚足联第一副主席的中国人陈成达先生以机会(其实陈成达先生无意竞选主席)。这时亚足联现任领导人突然爆炸式地对外界公开表示辽宁队和中国国家队涉嫌参赌,司马昭之心,路人皆知。

事实上,当时亚足联发言人声称,手中握有中方人士在酒店与赌博集团接触的影像材料。凭借奇怪的比分——中国队(也就是国奥队)1比2负于泰国B队,辽宁队1比4负于阿曼俱乐部队(当时辽宁队是亚洲一流,阿曼则是亚洲四流),以行业经验和行规,完全可以提出这样的指控,但中国足协及国家体育总局对此严厉抗议,认为这根本不足以说明问题,并动用相关人士展开了工作。

后来不知为何,维拉潘忽然就宣布:中国的两支球队在泰国比赛期间,没有受贿打假球。于是"受贿"风波宣告平息。我们很高兴,觉得粉碎了一场国际阴谋。

这样一个在当年亚洲足坛轰动一时的事情,其化解公式是这样的:中国队员在酒店大堂与赌博集团人员接头——亚足联纪律部门拍下影像资料——亚足联秘书长向全球宣布中国足球涉嫌受贿——中国足协走访自己的队员后说没打假球——中国足协提出严正抗议,媒体也万炮齐轰亚足联反华——亚足联突然说,中国足球队和辽宁队没有受贿行为。

靠这么一个简单的公式,就彻底否定了1994年中国队和辽宁队分别涉嫌受贿踢假球一事。

当时的中国人从内心深处,真诚地认为中国队员不可能参与受贿踢假球,于是举国暴怒,并上升到这是对整个改革开放的中国的污辱。

因为,中国的体育,从一开始,就属于爱国主义的范畴,中国女排和霍元甲没什么区别,容志行与黄继光没什么区别。一个荒谬的逻辑存在着:谁敢怀疑我们的体育运动员,就是怀疑我们的国家英雄。全然不顾商业体育赛事在全球已轰轰烈烈开展，相关的监督机制也已成熟。

在当时，特有客观立场的文章很难见到，我们艰难地搜到一些资料：

1991年11月8日的全国"甲A"联赛最后一轮，于10月20日就稳获本年度联赛冠军的辽宁队竟以4比5败给了前13轮4胜4平5负的大连队，濒临降级的大连队因此得以起死回生，而辽宁队的孙伟则由于在此役中独入4球一跃成为当年甲级联赛的最佳射手。培养出国家队多名主力后卫的辽宁队在前13轮只失13球，最后一轮的失球数竟然占全年比赛失球总数的27.77%；大连队前13轮累计进球12个，最后一轮比赛中的攻击力奇迹般地提高到一场能进冠军队5球，这显然是"足球逻辑上"不可能出现的比分。这件事因此在当年的世界最著名足球刊物英国《世界足球》杂志的专栏评论文章中，遭到了强烈的批评。

1978年，曼谷，第八届亚运会，中国足球队首战以0比2负于伊拉克队。当时一位名叫"约翰·雷德森"的美联社记者这样写道：

"中国人在第八届亚运会足球赛中谋求朋友的活动达到了前所未有的高度，它的后卫在比赛的后半阶段把对方的球送进自己的球门……"这个来历：一是中国乒乓球队曾在国际比赛中主动将金牌让给别人（友好国家），以此来显示两国之间"情深谊长"。而这一举动在中国国内是大受赞扬的，以致在中国的足球场上也曾出现过"比、学、赶、超"的一幕：日本一支刚组建不久的足球队来华访问，人家本想真刀真枪地锻炼队伍，结果某城市足球队拿出不欺负弱小的"君子"风度，比赛中频频"放一马"，导致对方大为反感，对方领队很不高兴地说："送我们其他礼物可以，但以输球为'礼'，这是讽刺我们！"二是1978年以前，"发展足球运动，增强大众体质"的"健身球"，"友谊第一，比赛第二"的"感情球","宁失一球，不伤一人"的"良心球"，乃至"宁可技术上输，不可政治上出问题"的"政治球"等各式各样的"变种球"在中国足坛上大行其道。

这，就是中国足球假球遥远而模糊的身影。

第二部分
CHAPTER 2 >>>>
# 堂口时代

时间：1994年到2001年十强赛出线

中国足球，在 15 年前甚至更早前，价值标准就错了，那句"中国足球就算是面'破鼓'，那也留着自己捶，用不着别人出手"生动地说明，我们把足球当成爱国主义的面子，拒绝承认全球每年生产出 10 万亿美元的足球产业。在中国经济试图跟世界接轨时，由于足球项目的特殊性，它却彻底与世界脱轨，而且为脱轨找到神圣的理由。

中国假球，不是从尤可为、王珀、许宏涛开始，也不是从 1994 年开始，很早以前它就始于中国体育、中国文化，甚至中国人性本身。那时假球横行，不仅外战时"为国争光"，甚至内战时，也都打着高尚的名义。

我们还是忍不住从久远的事实，来述说中国足球假赌黑的来历：

1983 年第 5 届全运会决赛，北京对广东一战就是最早引起公愤的"问题球"。当时河北 3 比 0 大胜北京，0 比 1 小负广东，规程规定两队或两队以上积分相等的情况下，先比较 90 分钟内进球总数。河北队进球总数已经定格为 3 个，领先于广东的 1 个，领先于北京的 0 个，出线在望，除非京粤打成4比3以上。可北京和广东的比赛开始后，双方不谋而合地展开猛攻，连中后卫都长时间在对手禁区内射门，绝不回防，打成北京4比3领先广东后，两队又都不进攻了，连中圈都不过，最后双方的进球数果真是4个，河北出局。因为，河北是小省。

总被人高马大的新西兰、伊朗队欺负，为强化头球，中国足协于1985年规定，联赛中凡头球和角球破门的多加1分。当时提前3球大胜对手的北京军区队本该出线，可是山东跟大连90分钟内居然打出6比5高分，几乎个个都是头球。充满喜感的是，有时候明明一脚可破门，队员却要挑起来（甚至对方后卫帮忙挑起来）头球破门。最后优势大好的北京军区队被淘汰。

一个惊爆的事实是，因为目睹假球，刚刚当选中国足协主席的袁伟民甚至辞职了。

"辽宁山东是一家，2比2平进前八"，这个著名的句子始于1987年第六届全运会。由于规则漏洞，如果辽鲁踢出胜负，输了球的一方就要被淘汰；如果打平0比0，辽宁被淘汰；打成1比1，辽宁队与上海队要抽签决定谁出线；打成2比2，则辽鲁双双出线。比赛开始后，国家队中卫镇守的防线竟在5分钟内让对手打出4次单刀赴会，国门傅玉斌面对来球飞起一脚，却踢了个空，让球滚进去了，黄崇带球闯入无人之境，得分全不费功夫……果然2比2。

当时袁伟民就坐在看台上，看到传说中的事情就在眼前变为现实，全然不顾公平竞赛原则，愤而离席，一脸怒气回到大本营。不久之后，年维泗就接替袁伟民上任了，据说就是因为袁伟民处罚这两支球队后，承受了太大压力，提出辞职。袁伟民是之后几年才重新回到中国足协主席位置上的，但已变了一个人，对足坛黑幕已经无能为力，所谓主席，只是一个名义。

15年后，当中国足协面对臭名昭著的"11比2"和龚建平的冤死，不仅不作为，还压制了浙江局上交的材料，一定是想到了15年前辽鲁

2比2那一幕。

中国足协在龚建平案中的不作为，之后我们会详细叙述。创造女排辉煌，以铁胆铜心驰名疆场的袁伟民，最终屈服于猥琐的中国足球。中国足球就是这样深不可测，你从不会听说某省长为该省排球或羽毛球名次打招呼，但一定听说过很多省市领导暗中斡旋，因为足球牵动的东西太多了，它才是真正的第一运动。

袁伟民不是被足球弄成鸵鸟的，他是对足球背后的强大势力无可奈何，这是他的痛，也是体制上存在巨大漏洞的中国体育的失败。

所谓"堂口"就是这样，是青木堂跟赤焰堂的关系，是锐金旗与巨木旗的关系，一边称兄道弟，一边暗自角力。现在想来那是一个还有稍许可爱的时代，至少相信人情和面子。其实1987年看台上的袁伟民应该感到庆幸，因为那时假球虽然公开，但只涉及到各省各市领导的面子，和金钱无关，更和大力发展GDP、疯狂地扩张城市无关。他不知道，再过7年之后，中国足球将从"人情球""关系球"直奔"堂口足球"而去。由于1994、1995这两年神州大地各个城市急需"足球"这张名片，几乎所有政治经济的能量都集中到这里，出现了足球省长、市长、书记。过去的人情球不过是互相卖个面子、给个关照，而现在则是掺杂金钱和城市排名，企业为获得政策上的支持，不惜掏出上百万去疏通关系。在城市名片的激荡之下，甚至个体户老板也可以站在看台上挥舞10万现钞，进一球奖10万。

郁知非就是这样出现的，这个以生产洗衣机为主业的街办工厂厂长，因为两碗馄饨就跟徐根宝一拍即合，因为赞助了上海足球迅速成为上海政府的座上宾，成为这座城市的英雄。他爱足球，为足球所害，如果没有他跟徐根宝那两碗馄饨，就不会有后来的郁知非，就不会有上海赛车场的郁知非，就不会有现在……

王健林也是这样出现的，他从拆迁巴掌大的小地皮开始，赞助了大连足球让他一夜成名，一夜得到数不清的政策支持。他比郁知非幸运的是，冲冠一怒为裁判，远离足球让他摆脱了后来更猖獗的事实，这才有财富榜上的王健林，才有万达影城在全国连锁的景象。

还有徐明，李书福，潘苏通……还有余东风，殷铁生，陈亦明，戚务生……

1994 年至 2001 年，那是一个疯狂的年代，但我们称之为激情，深以为没有这样的激情基础，我们 2001 年都不能世界杯出线。但正是这段被每一个城市的领导、企业都很重视的年代，牢实奠定了假赌黑的政治基础。

下面，我们就要正式开始中国足球假赌黑实质上的第一个部分：堂口时代。保卫成都、保卫重庆、渝沈悬案、甲 B 五鼠，那段风花雪月的事情，现在看来，却是风声鹤唳。

## >>> 成都保卫战：万众瞩目的假球

一些主力球员为难地说，这个赛季全兴老板杨肇基有进前四的名次要求，如果输掉比赛就完不成任务，而任务是和年底的奖金挂钩的，能不能略微在经济上表示一下，哪怕比奖金低很多也行……

如果说 1994 年是被忽略的一年，是以国家的名义愤怒反击境外反动势力，那么 1995 年就是被过度重视的一年，以城市的名义疯狂打造一张又一张名片。这一年，中央经济改革中有一条重要指示：大力发展以城市为中心的经济模式，突出城市在经济改革中的重要地位。这一年，上海高架桥大肆修建；这一年，北京三环胜利竣工；这一年，全中国都按自己的理解打造着现代化的城市，包括基础建设，和社会主义精神层面的东西，比如足球。

在平民百姓看来毫无乐趣的这段话，却是各个城市官员的尚方宝剑，其重要性一直指引着从建造超高建筑到承包出租车到街边开一家包子铺，在上一个年度兴起的甲 A 联赛，当然会被席卷进来。当时风起云涌地出现"足球省长""足球市长""足球书记"这些时髦名词，不是偶然的，搞好足球队，建造漂亮的草坪，安上辉煌的霓虹灯……是地方政府官员你追我赶的要务。

这一年赛季前的成都洋溢着嘉年华的气氛，分管文体的副省长徐世群在誓师大会上一番激昂陈词后，突然转头问旁边人："全兴一年打多少个主场？"下边人答："11 个主场。"徐省长慷慨下令："那，我们怎么也要拿下 10 个主场吧！"领导重在鼓励，下边人赶紧点头，大家集体鼓掌，觉得省长有气魄。

领导开了一个业余玩笑，全兴不是曼联，即使曼联也难以保证主场胜率90%以上，但领导重视就是福音，之后俱乐部一干人等就出击斡旋……这是圈子里一个潜规则了，客场不怕输，关键在主场领导面前一定要争面子，稍加统计就看出，中国球队客场胜率之低，在全世界是个奇迹了，不是赢不了客场，而是要用客场换主场。

但中间也会出很多问题，因为人人都想成为光荣的名片，那一年全兴客场1 胜 3 平 7 负，主场竟也是 5 胜 1 平 5 负，早在还剩 8 轮的时候，时任《足球》总编的严俊君就发表社论文章《保卫成都》，因为保卫成都，就是保卫职业联赛的金牌球市。当然，也有人认为严俊君此举是自私地保卫报纸在成都的发行量。

关于赛季最后两轮复杂的形势，不用专业叙述了，人们只需要搞懂一个事实：四川全兴，必须在最后两轮连胜，才能保级成功。经过一场跌宕起伏的进球大战，全兴以 3 比 2 力克同样保级的青岛海牛队，青岛队的教练兼队员汤乐普虽然进了一个漂亮的球，但泪流满面，他们也没有完成政府交给的任务。关于汤乐普这个人，以后会再次提到，但 1995 年的时候，他绝对想象不到，9 年以后，他会遭遇一个影响一生的黑色情节，那把冰冷的枪口对着他的脑袋……

全兴终于要面对八一队，只要取胜就能保级。大家轻易就可以在网上查到某球迷拎着一麻袋钱跪在八一体工大队李富胜脚下，让他放全兴一马，如不放，就从楼上跳下去，他真的跳了，被李富胜像扑点球一样扑倒；大家还可以知道，看台上打出"贾政委你好""人民子弟兵爱人民"之类沟通情感的标语，一个叫沈胖子的球迷哭得我见犹怜；还可以查到，最后还剩8分钟时，四川队的刘斌见全兴迟迟进不了球，对小时候要好的玩伴、八一队门将江津大喝一声："江津，他妈的只剩8分钟了"，然后翟彪一个并无难度的头球，滚入江津的腋下。

这种公然让对方门将放水的做法，在当时传为美谈，成为军民鱼水一家亲的表征，当保级成功的全兴队在体育场高唱《真心英雄》，当数万球迷举着燃烧的拖把沿着最宽阔的人民南路一直游行，高喊着"全兴万岁、中国万岁"，当所有记者都在用最煽情的语言讴歌这座城池的血性，一个以保卫城市名义进行的假球，被当成了风花雪月的故事。

那是14年前的事情了，为了这场假球，成都一票难求，提前3天就有许多群众搭着行军床在体育场外排票，怕出现群体性事件，杨肇基站在两张桌子搭起的高台上，高喊"群众同志们，我保证你们都能看到比赛"，下面直呼全兴雄起，全兴万岁。

据统计，全兴保级的第二天，成都新婚的人数比日常提高了3倍还要多，而全兴酒那一年的销量比往年提高了10倍。

14年后，直到尤可为和许宏涛相继落网时，最忠诚的球迷，前全兴领队现成都谢菲联副总王茂俊才嘟囔了一句："看来，现在要反思成都保卫战了。"

其实在1999年，我们就反思了这场成都保卫战，自此以后，保卫延边，保卫重庆，保卫北京，保卫天津，保卫上海……甚至为了保卫的"保卫"，就泛滥成灾了，而且都打着高尚的名义，都脱不了地方政府暗地的支持，人们浑然不觉自己正在干着伤害自己的事情。

在价值标准上，中国各行各业都在变化，但足球一直没变，直到2009年年底还固守着一个奇怪的现象：人人都在喊打假扫黑，人人都希望司法部门坚决铲除毒瘤，但涉案俱乐部所在地的本土报纸和电视，却代表着众多球迷呐喊着："我们是冤枉的，不要让我们降级，我们的城市需要球队。"这里面，包括成都，包括广州，包括青岛。本土情结，主队情结，让球迷和媒体就会认为自己是情有可原的，甚至可以超越法律。

就在许宏涛被捕之后，马明宇甚至说："看在我们是灾区唯一一支球队的份上，请宽大处理我们。"

重复一遍，从1994年到2009年，中国足球最大的失败，不是技战术，更不是人种，而是丝毫没有改进的体制和价值观的改变。

有一个天意般的例子是：1998年，四川全兴队在成都市体育中心再次面对当年的恩人八一队，只不过这次是八一保级。赛前八一队当然会派人去找全兴放一马，全兴也不是不想放水，但一些主力球员为难地说，这个赛季全兴老板杨肇基有进前四的名次要求，如果输掉比赛就完不成任务，而任务是和年底的奖金挂钩的，能不能略微在经济上表示一下，哪怕比奖金低很多也行……

当时八一正好处于一个敏感时期，关于撤消八一足球队编制的问题已被提了出来，更不用说拿钱出来买球了，所以只能正常踢。但全兴队员表示，为了表示对当年的回报，不会硬碰硬的，"到时候你们尽管攻，我们能防就防"。

比赛开始后，看台上响起"军民鱼水一家人"的歌曲，心照不宣的写照，实力明显高出一筹的全兴队并不想进攻，只是在中后场倒脚，偶尔推进也是佯攻，而八一队则发挥自己快速反击的特点频频威胁全兴大门，整个比赛正朝有利于八一队的方向发展，没有悬念，只等时间……但，历史总是由小人物改写的，这时有一个名不见经传的小人物，四川队替补队员彭晓方出现了，当时是八一队一轮进攻无果，皮球正好落在这名全兴替补脚下，他心知肚明，也不组织有效进攻，只是略略带了一下球，见有队员来阻截，抬脚就是一脚胡射——但是，一个世界波出现了，就像贝克汉姆打进的远射一样漂亮，皮球呼啸着擦着门柱进去了。

很多年后，在西安碰到一个关键的人物，早年汪嘉伟的队员以及当年八一队的副总李建新，他回忆：那个球进了以后，本来喧嚣的球场竟然鸦雀无声，足有30秒钟鸦雀无声，像一座死城。而彭晓方进球后，没有人去激烈地拥抱他，他跪在地上，嘴里念念叨叨。

后来问过他念叨什么，他说，我只说了两个字，天意。

"我和罗纳尔多受一样的伤，也和他一样雄起！"这是自1997年髌腱断裂后第一次首发就踢进这脚球的彭晓方对"天意"的正解，显然，对他下意识蹦出来的这两个字可能带来的影响，他没有预计。不满他恩将仇报的四川人和别有用心的外地人，自此无休止地笑他"瓜"，戏谑目光的包围远比"彭弹腿""彭飞机"更有杀伤力，他完全失去了在川足待下去的自信，不得已，他在捱完了1999年后出走成都五牛。

"天意"变成魔咒跟着他走！代表五牛出场的海埂第一场教学赛，彭晓方就与八一队狭路相逢，结果教学赛变成一场拳脚大战。据说八一队员私下说"要废了彭晓方"，肖坚兜腹的一脚直踹让彭晓方在地上痛苦地翻滚好久。爬起来后他杀红了眼，气势汹汹，俨然变身孤胆英雄。在他躲过无数飞腿跟跄着又打进一球后，八一队员干脆上来围殴，他这才脱身退到另一块场地上，咬牙切齿地念叨："老子就是克八一队，下一场我还进你们球！"只是之前憋了满胸腔的气在他开口的瞬间全泄了，这话说的没有一点雄壮和铿锵。

"我不懂行规。"就在那之后不久，彭晓方说，转变有点突然，点化他的不是八一队员的拳脚，而是亲手把他挖到五牛队的陈亦明。长着一双元宝手、点化过"兵马"的陈亦明，也正是在1998年，用那句"一切尽在不言中"证明了他对江湖人情的了然，他用职业执教生涯最后的5个月，给彭晓方来了个醍醐灌顶。

在城市主义疯狂打造城市名片的"堂口时代"，我们列举一下有多少事实发生过的"保卫"：

一、保卫延边。金光柱扳平，凭借宝贵的1分，延边在长白大帅李虎恩的率领下浴血保级，赛后全场观众半数以上点燃手中打火机，如星星点灯，如民族地区最后一颗足球火种。不少朝鲜族观众当场流下热泪。

二、保卫重庆。"三连败"的寰岛队被逼到了降组的悬崖边上，满城提出"保卫重庆、保卫寰岛"的悲壮口号，大田湾淹没在"寰岛，雄起"的吼声里，保级后，看台上挂出了"贺龙英灵保卫大田湾"的标语。

三、保卫广州。球迷打出"保卫广州"的标语，广州队20号曾庆高成了"救世主"，凭借伤停补时阶段大禁区外一记远射成功保级。广州球迷纷纷越过护栏，涌进球场内与广州队员们一起紧紧地相拥，构成广州足坛历史上少见感人一幕。但因大量主场球迷冲进场地，这个广州主场遭到中国足协吊销主场资格的处罚。

四、保卫北京。2005 年 5 月 13 日，李士林宣布"个人退出足坛"后，15 日晚又宣布中信国安总公司退出足坛。中国足协紧急和首都球队斡旋，达成一致，最后李士林忽然宣布不退出。

这样的保卫还有很多，每支球队背后都有一座城池，都有数百上千万人民，都有代表着人民的领导，那段时间中国足协很忙，王俊生面对其中一场"保卫"时曾拍着桌子大吼："这样的比赛不抓，中国职业足球永无宁日！"传令联赛部即刻调查，可一个电话打来，他从一脸严肃到一脸木然，再到一脸谦卑，最后竟是一脸讪笑："好的好的，我一定……"后来，他开始秃顶。他来自于这盘根错节的关系中，必然无法处理这些利益纠结。何况，正如某要员所说："咱随便挑个人去就是副部级，怕他个屁。"王俊生及他的继任们，无一不从热血沸腾坚决打假，到了后来无奈曲意迎和。最终，中国足协成为一个"鸟巢"，并养下更多的鸵鸟。

所以，陈亦明顺势而上，在那两场大比分告负遭到足协处罚后，终于在央视说出了一句顶一万句的"一切尽在不言中"。后来，他什么事情都没有，自在地当教练，自在地玩球，最后把自己也玩丢了。

### >>> 陈亦明：从顶级教练到职业赌徒

生性狂野的陈亦明公开扬言要进京"申冤"，甚至冒天下之大不韪答应了张斌约他做直播的要求，要大胆爆料，"我能说出中国足球到底有多黑"。

陈亦明无疑是中国知名教练里最早参赌的人。但他爱说"一切尽在不言中"。在陈亦明说出这句把假球形容得妙到毫巅的话语之前，他正在央视导播间里面对一大堆包子，他一边吃，一边把本来要和盘托出的真相，全部当成包子，咽在肚子里。不过这时，神州大地上至少有 8000 万人，在急盼着这场央视罕见的电视真人秀的登场，急盼着真相的登场。

这个故事的背景是：甲 B 联赛第 21 轮，重庆红岩 0 比 4 负于云南红塔，辽宁天润 2 比 4 负于成都五牛，明显拙劣的比赛过程激起一片公愤。事后中国足协在完全不打招呼的情况下，猝然作出对陈亦明、王洪礼两名主教练吊销高级教练员证书的严厉处罚。

这个故事真正的动人之处在于，当时整个行业的潜规则都认定，河南建业在前一个赛季的搅局，把自己放在了所有球队的对立面，而故事的发展过程却演变为，以重庆红岩、成都五牛和云南红塔为主的"烟草商"，最后联手干掉了河南建业这个"房地产商"。

在本质上，这与 3 年前成都万人空巷等待"保卫成都"，其实没什么两样。唯一的区别仅仅在于，人们对足球的看法已经开始产生了价值观的巨大变化。3 年前，人们给一场假球，赋予保卫城市的悲壮色彩；而短短的 3 年后，人们却要把陈亦明和他的重庆红岩队送上道德审判的法庭。这一年的重庆看台上出现了"假踢"的标语牌，西安的球场边树起了"假B"的横幅。这个微妙的演变就像中国人曾经无比狂热地追捧国产牛奶品牌，也曾经无比愤怒地因为三聚氰铵而抵制所有国产奶粉。

就连王俊生，正如上面说过的，他其实是为很多"保卫"拍过桌子的，这一次逮着稍软一点的陈亦明当然要杀鸡儆猴。但生性狂野的陈亦明公开扬言要进京"申冤"，甚至冒天下之大不韪答应了张斌约他做直播的要求，要大胆爆料，"我能说出中国足球到底有多黑"。

这个消息经央视隆重预告，便有了一档足球节目 8000 万人守看的盛况。

在央视体育中心副主任张斌第七遍听完了《足球之夜》那时很爱使用的画外背景音《辛德勒名单》后，泪流满面，扭头看了一眼正在导播间里大口嚼着包子的陈亦明，但是，吃完了一堆包子的陈亦明神情却很诡异。他头一天的冲动其实早就冷却下来，吃包子的过程，只不过是在思考怎么应付张斌。

事实上，在陈亦明宣布进京"申冤"后，当他的脚踏上北京的第一步，就得到来自足协的警告，那是一个熟悉的座机号码，联赛部一个老大，对他随便答应媒体采访进行严厉批评后，当然还有嘘寒问暖，还有幕后的交易——王俊生以及他代表的机构显然意识到，如果让陈亦明这个异类在央视直播中道出中国联赛的丑闻，那将是他仕途的重大打击，也是对他力主举办的职业联赛的重创。毕竟，当时来自国家体育总局对足球职业化持反对意见的人并不在少数。足协的人士说："职业改革成果来之不易，你一个人申冤，不要把所有人都搁进去，这不是你一个人的事，是一个机构改革方向，是中国足球未来生存或死亡的事情，想想现在你的收入比五年前涨了多少倍吧，如果改革成果败在你一个人手里，你承担得起吗……其他的事情好说，圈子里的事情，就不要拿到外面更不要拿到电视上去说嘛。"

节目正式开播，主持人张斌思考了整整一天的连珠炮似的发问，通通被陈亦明闪展腾挪地避过。他几乎把这次面对面的"真人秀"变成了一场战术研讨会。直播间里强烈的聚光灯，也不会对还要在圈子里混的陈亦明形成任何刺激，而那些极富想象力和诱惑力的所谓真相，真就成了刚刚被他吃进肚子里的一堆"包子"，除了在节目结束时留下了一句看似耐人寻味、实则狗屁不是的"一切尽在不言中"。

后来大多数媒体都喜欢用这样的文字来记录这段历史：我们曾经无限接近

中国足球的真实内幕。但是，这注定是一个神圣而荒唐的夜晚，精明的陈亦明其实从未真正地愤怒过，他作势把天捅破，也不过是为了给中国足协一个警告。

陈亦明，南人北相，反应敏捷。谈到中国足球的假赌黑，永远绕不开这个人。

陈亦明永远跑得比别人快，永远跑在时间的前面。陈亦明已经史无前例地创造了中国职业联赛第一笔转会：以42万买进了马明宇，45万买进了黎兵。当那些教练还在模仿世界打法时，他已经把边后卫黎兵改造成了高效率的强力中锋，别人也开始把后卫改成中锋时，他却把速度奇快的前锋凌小君变成了最疯狂的边后卫。这符合中国社会的发展规律，思想走在前面的一批人，在具备无限可能性的各个领域内，迅速成为引领潮流的成功者。

老资格的球迷会记得，1995赛季结束，在《足球之夜》，徐根宝、金志扬、迟尚斌和陈亦明四人在黄浦江边"煮酒论英雄"。那是陈亦明真正怀念的片断，因为，这更像是一个被默许的排行榜，在资历、成就上都无法与前三人相提并论的陈亦明，偏偏就凭着自己的酣畅淋漓、古灵精怪，挤进了秩序森然的"光明顶"。

成也古灵精怪，败也古灵精怪，本来前程大好的陈亦明，最终还是没能控制住自己的步伐。他早就在与各种赌球、庄家密切相关了。据说这来自于一次开奖，迷信的成都人至今津津乐道于陈亦明的"大个小手，必然聚财"。有一年四川体彩中心请陈亦明开奖，他顺手抽来，居然就开出了奖池中全部的8个500万头奖。接下来的一周，好胜心极强的塔瓦雷斯主动请缨，却没有开出一个头奖。

陈亦明在成都也是因为一些负面传闻而退出的，成都五牛俱乐部官员直言："他们是上半年挣分，下半年卖球。"我们不知道是不是连开8个500万让陈亦明印证了自己潜在的能量，总之此后数年中，他执迷于开盘坐庄，执迷于用自己的专业经验，去抓住任何一个可能让自己一夜暴富的机会。他甚至迷上了澳门葡京，他频繁出没于各大赌场，有朋友偶然撞见了神龙见首不见尾的他，他忙不迭地从自己穿着的皮大衣各个口袋里往外掏钱，大声告诉对方："我有钱，我到处都是钱，连我自己都不知道自己有多少钱了。"

这个中生代教练中最有才华的教练，这个1995年就名列四大教头的聪明人，就这样放弃了自己吃饭的营生，几近专职赌博了。

陈亦明最后一次出现在电视镜头里时，远没有当年在《足球之夜》的狡黠和洒脱，因为输给广州太阳神而递交辞呈的他，对着摄像镜头不断赘述，他以前的隐疾都发作得厉害："我身体的免疫力下降了，特别是胸部和背部一直疼痛，晚上睡觉都不敢翻身。同时我的咽喉发炎很厉害，有一段时间话都不敢多说……""要看中医、要喝汤药。"陈亦明最后说。那份急切和声嘶力竭，仿佛在求救。那一天是 2000 年 5 月 6 日，距离彭晓方被他挖过来不过 5 个月。

现在有必要揭晓一下，这位导师级的江湖人物带彭晓方这个"瓜娃子"的成果，在陈亦明迅速隐退成为江湖传说后不久，彭晓方被中国足协一纸禁赛令打入了黑名单。原因是，他在 2001 年的"甲 B 五鼠案"成都五牛 11 比 2 胜四川绵阳的比赛中，打进了第 2 个、第 4 个和第 9 个球。"天意"不足以说明这个帽子戏法，"球都滚到对方球门线上了，作为前锋你能不踢进去？"彭晓方这一次的解释可以充分显示，他无愧恩师，他出徒了。

事实上，与彭晓方一样在实践中成长的人还大有人在，在中国改革开放 30 年的历史中，千禧年前后的几年被证明是中国人学习实践能力增长最快的几年，这个规律在足球圈同样适用。"保卫成都"中两队间不甚光彩的部分被悲情擦拭得不留痕迹后，"做掉建业"马上升级为几支队间的联合作战，当这其中的阳谋也被陈亦明就着包子吞掉后，1999 年"渝沈之战"的戏码已经有了出钱斗狠的情节，港片里才会出现的黑风衣和密码箱最后只被中国足协用算盘二一添作五，这就难怪 2001 年会有甲 B 五支球队设计精密、规模宏大的联合出演。至于彭晓方，那时候已经是个雀跃却不能影响大局的小角色。

我们最后一次在公开场合下看到他，是在马尔代夫，米卢带队的世界杯预选赛客场，那场比赛中国队勉强打成 1 比 0，国内球迷纷纷打电话给电视台要求他"下课"。那场比赛，陈亦明公开的身份是某报前线观察员，但很多人都认为他其实是庄家派来观战的。

后来陈亦明就失踪了。圈子里几乎所有人都清楚他被庄家追得无处藏身的经历，足迹甚至远及南美，而把庄家每天三遍的催债电话，留给了无奈的家人去承担。那爽朗的笑声早已不再，那个精明的广东佬，一直在往前跑，一直在寻找更简单更快捷的方式奔向自己的财富梦想，赌球当然比教球来钱快，百家乐、押大小当然比赌球来钱更快，但是，历史却用更加简单粗暴的方式，把他抛弃得无影无踪，然后留下一句画外音：陈亦明，中国足球职业化过程中，被赌球所害的最著名的教练。

他的光荣曾经有目共睹，他的落魄却只是传说。关于此人的鲜活记忆将定格在那个混乱的年代，在成都的某家最有名的夜总会的包间里，依然可以嗅到陈亦明熟悉的气息。当时，他端坐于正中，像一尊大佛，脚下散落着一大堆空啤酒瓶，头顶上冲出一团团热气，仿佛云雾缭绕。酒色财气，一个男人的四大境界，陈亦明都占了，这样的男人必然出众，也必然为众所不容。

寻人启事是：陈亦明，你现在到底在哪里？

## >>> 开价300万的渝沈之战

深圳平安的副总黄康记得很清楚，那一天自己的确是拎着钱箱上飞机的，直接对手四川全兴早就表达了愿者上钩的意思，而重庆方面也有人开价300万，希望他们"买凶拍人"，可以死拼沈阳海狮，保他们一条生路。

### 一、李章洙的假球第一课

章健讲述中国赌球百慕大"渝沈悬案"，是在北京百粥铺。他刚刚在东三环旁的"天上人间"K完歌，喝得有点多了，于是到这家通宵营业的粥铺里，打算喝两碗红枣枸杞粥，据说能醒酒养胃。天气已经逐渐转凉，在毫无拘束的生活里，这是自我调理。

现在，这已经成了章健最惯常的生活。一年前，沈阳市市长慕绥新和马向东先后落马，这被很多人认为，直接导致了与慕绥新关系密切的华晨集团退出足球圈。半年前，华晨集团董事长仰融出走美国不归，因为在新项目的上马中与政府直接对抗，使得曾经豪情万丈的华晨集团随之衰落。一年之内，章健连续失去了两层身份，因为掌握着华晨集团对沈阳海狮俱乐部的全部资金，他一直是俱乐部的实际操控者，也因为与仰融的关系亲近，他一直在集团中扮演着重要的角色。但是现在，他几乎成了一个寂寞的寓公。

章健一直很狂很疯，标准的猛人，酷爱大场面。跻身足球圈不久的他，便在1998年底的足协摘牌会上当堂指责马克坚不公，一骂成名。话剧演员出身的他，对足球绝不缺乏娱乐精神，但在经历了几年足球圈生活的风风雨雨后，这显得很缺乏内容，也很没有意思。心里像长了草，总想找人说话。

这天晚上的百粥铺倒是去了几位朋友。有人看他谈兴正浓，开始撩拨他说出渝沈悬案的真相。但几分酒劲没有让章健失去起码的警惕，反倒使他说起话来更像是一个高深的哲人："有些事情，其实探讨真与假没有意义，不管怎么说，我都相信那是一场对沈阳足球作出了巨大贡献的比赛。"

这是章健的角度，1999年12月5日的那场比赛，已经过去了整整三年，但总是很容易被人提及，因为，那是一场纷繁复杂的大戏，远非章健曾经停留的话剧舞台所能比拟。也因为，那必定会在中国足球的浩瀚历史中留下重重的一笔。对于得意者来说，当时越惊险，回忆越刺激，但对于失意者而言，就注定会是抹不开的疼痛。

那一天，皇历上说忌远行，但章健和沈阳海狮队不得不远赴重庆，去完成一场将决定他们命运的比赛。

1999年的中国，兴奋而躁动，吕梁的中科创业，唐万新的德隆系，这些天才的"庄家"正在股市上掀起阵阵狂澜。一个叫胡润的外国人，正在努力炮制他那份混乱而模糊的"百富榜"，华晨的仰融很快就将被他收录其中。人们并不知道这样的躁动与足球界是否存在必然的联系，但可以肯定的是，12月5日，当年甲A的最后一轮，并不比纷乱的股市简单。

大连万达、深圳平安28分，青岛海牛、广州松日27分，沈阳海狮25分，直到最后一天，还有5支球队并不清楚自己最终的命运。一直以来处境最危险的青岛海牛，已经凭借此前两轮的连胜，站在了一个很有利的制高点上，事实上，这支球队当年的确就以一种说到做到的姿态，创造了连拿9分成功保级的奇迹，这几乎可以被看做是青岛足球的传统。

记忆很蒙太奇。深圳平安的副总黄康记得很清楚，那一天自己的确是拎着钱箱上飞机的，直接对手四川全兴早就表达了愿者上钩的意思，而重庆方面也有人开价300万，希望他们"买凶拍人"，可以死拼沈阳海狮，保他们一条生路。可是，接下来的记忆，黄康却显得模棱两可，为什么在那么危险的情况下，到最后也没有打开自己带来的钱箱，是平安集团已经不想再花这种冤枉钱了？还是他们怎么也不相信，那些排在他们后面的球队，就真的想赢就赢？

如果需要的话，中国足球完全具备这样的能力。深圳平安很不幸，因为这个世界就是不给钱不办事。但深圳平安又很幸运，因为还有一个叫潘苏通的人，也在紧张地盘算着这道复杂的数学题，并且也和他们一样心存侥幸。潜规则就是如此凛然不可侵犯，甚至于，拿不到钱后的报复性心理，会比拿了钱后的责任感更强烈。天津人绝不给投机者任何机会，他们拼到最后，3比2，把广州松日死死地摁倒在地。但是，松日主教练还是偷偷地松了口气，因为，还差1分钟，重庆那边的平局就将把他们安全地保送上岸。而老板潘苏通始终没有答应天津方面200万的"买路钱"，也将在日后演绎成绝不向邪恶势力屈服的一腔正气。

然而，1分钟后，重庆方面传来了比分被改写的消息，沈阳海狮客场获胜。

潘苏通是在后来状告中国足协的时候，才详细了解了重庆发生的一切。在这场牵涉众多的折子戏中，只有沈阳海狮没有任何退路，必须3分，这是置之死地而后生的力量。某些知情人完全可以认为，重庆方面此前向深圳平安的"询价"，如果不是为了求得一个意外的"惊喜价"，就是在为自己跟海狮谈判时找到一个"托"。那时候，海狮面包已经卖得如火如荼的华晨金客，绝不可能放弃"为沈阳足球作出巨大贡献"的机会，他们是一个铁定的买主。后来，有心人还去瞻仰了曾经的谈判现场——重庆金山宾馆。至于180万、200万，还是300万，数字不详。

可以肯定的是，虽然足协规定最后一轮统一开哨，但渝沈之战还是坚持晚开了7分钟。这是中国式的聪明，2004年那场让中国队饱尝耻辱的"11·17"中港之战，就是因为科威特人在下半场开场前活活补了5分钟的球网，得以从容地算着比分来打，所以，"11·17"中港之战真正的耻辱绝不在于中国队的输球，而是在于，我们居然被脑筋一向不太转弯的西亚人，算计得如此不堪。

就是那7分钟，让海狮队足以谋定而后动。重庆队在上半场的领先是剧情的需要，下半场重庆队转攻为守，也是必然的默契。第60分钟，重庆队门将符宾先反方向移动丢掉重心、然后再回身扑救不及的动作，显得有点技术含量不足，这也让符宾在很多年里，都需要用专业术语来解释自己当时留下的"破绽"。这个扑救在很长一段时间像刻在光盘上一样清晰，大家认为符宾不该失误，他的手非常残疾地缩了一下，漏过了皮球。

虽然当时的守门员教练徐涛不断说这个漏球从技术上是正常的，但没有人相信，甚至把他也裹进来议论。关于徐涛这个人之后还有介绍，总之，他的解释无济于事。

结果大家都知道了，第94分钟，浴血奋战的海狮队终于打进了制胜球，替补席上的章健状如疯魔，用平生不曾有过的速度冲进场内，仰天长啸。很多时候，明知是假的东西，也会让人悲喜交加，甚至开始信以为真。

整整10年后的今天，饱受假球折磨的韩国人李章洙，终于捅开了这层窗户纸。他承认自己在中场休息时便已经发现了问题，并且被劝之以"维护集体利益"，也承认这是自己教练生涯中关于假球的第一课。但是，漫长的10年过后，这更像是一段过了追索期的大胆戏说，物依旧人非，否则，历史会被迫翻开这久远的一页，把那些苍白的叙述，变成最沉重的口供。

**二、被足协40万罚款了结的渝沈悬案**

从保卫成都引发的全民追捧，到"尽在不言中"导致的全民愤怒，再到渝沈悬案后对真相的追讨，中国足球的职业化，的确使这个行业被放在广角镜下反复曝光。但是，这样的变化，也许最多意味着人们认知方向的改变，至于真相，不过是五十步与一百步的关系，无限接近，就等于无限远离。

全国舆论的一片声讨，广州松日也像秋菊打官司一般地执著上诉，足协面临巨大的压力。需要强调的是，我们曾经一再指责足协的不作为，其实这是一个必然的结果。足球和任何行业一样，存在着潜规则，甚至是恶性规则，却很少有人去捅破这铁幕，可能是利益纠缠，也可能是投鼠忌器，偶尔出来一个无畏者，不是傻子，便是英雄。

当然，12月17日，距离渝沈之战仅仅12天时间，足协终于还是硬着头皮组织了专案调查组，并指定央视、《中国体育报》和《足球》3家媒体的9名记者，随团报道。当时，专案组的成员手里已经拿着一大堆材料，无非是12天时间内对各路相关人员的例牌询问。比如说，问李章洙，为什么上下半场重庆队的表现判若两队？李章洙回答，当队员听到四川那边已经进球时，情绪发生了变化。这简直像是一个冷笑话，在成绩上早已无欲无求的重庆队，真不知道还有什么比分会对他们产生刺激？又比如说，问程鹏辉，为什么重庆队显得缺乏斗志？程鹏辉差点没笑出来，他很想调侃一下无聊的提问者，但一想，这毕竟是个严肃的话题，于是想了想回答，我们俱乐部也对球员的表现很不满意，已经专门召开全队会议，让队员们进行深刻的反省总结。

提问者的目的，其实往往就是提过了问题，并且记录了答案。事实上，以新闻办主任冯剑明和监察部主任秦小宝为首的特别调查小组，在出发前便已经明白了，自己究竟能有多大作为，他们一段时间来一直勤于记录，甚至不放过每一个时间点上的每一个细节。调查组肩负重要使命，但与其说他们的真正使命在于查出真相，还不如说，他们必须为此积累丰富的写作素材，为足协将来处理此事时，提供最为详尽的书面材料，以表示足协的确一直在"作为"。2002年，足协联赛部主任马成荃负责调查"关联关系"，并搜集了整整一麻袋的证据，同样，除了达到"作为"的目的，便是迅速占据了足协那间仓库的一角。

12月21日，调查组及随团记者一行，降落在沈阳桃仙机场。海狮集团董事长助理章健和俱乐部总经理许晓敏等人，以一种对待中央工作组的虔诚态度，进行了热烈欢迎，并表示，一定积极配合调查。

次日早上，"积极"的海狮俱乐部果然叫来了一大堆球员。没人知道，他们是不是头天晚上连夜背好了台词，但是，把他们逐一回答调查组的说法，稍加润色，便是一篇反映海狮队奋斗不屈、以弱胜强的优秀通讯。

9时30分，监察部主任秦小宝及工作人员，一左一右陪同海狮俱乐部的一名女会计，下到9楼俱乐部办公地点。秦小宝肩挎一个背包，背包中露出一个白色的算盘。她一直笑容可掬，但她的这套抢眼行头仍然清楚地暴露了她的真实目的。此行之前，坊间已经盛传海狮俱乐部的账目上出现了完全来历不明的180万巨款，这应该引起了足协的美好联想，也应该是监察部人员进入调查组的根本原因。我们不得不承认，这与绝大多数人头脑中调查经济犯罪的认识，存在太大的偏差，一个白色的算盘，居然是兴师动众的调查组中，唯一的"刑侦工具"。5分钟后，女会计走到门口，像突然猛醒一样，失声大喊："我忘了带财务室的钥匙。"然后匆匆离去，丢下秦小宝与自己的助手完全不知所措。

半小时后，女会计再次出现，粉面通红。12月的沈阳已经寒意刺骨，她大概在呼呼北风中疾走了很长一段路。北陵大街9号，海狮俱乐部所在地翔云楼宾馆，偏北，并不是热闹的居住地。三人进屋，没有任何寒暄，进入工作的节奏很快。3分钟后，虚掩的大门后传来第一句对话："对不起，当时我还没有来。""积极配合"的海狮俱乐部，想必是派来了一位刚刚招聘进来的小出纳，桌子上早就摆好了一本精心挑选的账本。小出纳刚才的半小时因此变得很可疑，也许她只是去了这个宾馆当中的某个房间，向他们的财务管理人员要来了钥匙，然后到大门外跑了几圈后重新回到九楼，而且，对于财务室内紧靠两面墙壁的两排立柜和保险柜，小出纳再也找不出任何办法来打开上面的锁。

章健后来曾经跟朋友说起过，他们完全可以不接受足协在这方面的调查，他们的财务室只对税务部门开放。这一天，是一个正常的星期二，直到上午10点，这间财务室始终没有第二个财务人员出现，调查组的到来，给他们提供了一次意外的放假。在确认秦小宝等人离开宾馆后，相信这个房间将很快坐满原来的工作人员。

那个挑选出来的账本，也许只记录了一些购买办公用品的往来账目，其实秦小宝连算盘都不用带，那会是一些只需要心算，或是掰掰指头就能得出结论的数字。但是，最重要的是结论，因为那代表着一个必不可少的环节和流程，180万和180块，写在纸上，是一样的数字。

杨旭、尤可为和许宏涛，其实后来也被控制在类似的宾馆当中，有些年头，装修一般，接近北郊，入冬以后的老北风经常像是有人在敲你的窗。可最大的不同是，他们面对的绝不可能是一个白色的算盘。

调查组很快返回北京，随后足协公布结果的时间也不断后延，直到2000年3月17日，103天之后，处罚结果终于出来。对两个俱乐部各罚款40万，同时警告了比赛监督王有民，罪名大概是任由海狮队的球员在开场前花了7分钟来检查装备。足协似乎从来都在回避一个逻辑，如果他们有问题，那就绝不是罚款这么简单，如果他们没问题，那么又有什么理由来罚他们的款呢？而避开这个逻辑的最好办法，就是通通以"消极比赛"论处，连假球都不是，因为假球是行为上出了问题，而消极比赛不过是态度上出了问题。当年，吊销陈亦明和王洪礼高级教练员证书的理由是指挥了两场消极比赛，今天对渝沈课以罚款仍是如此，如果不是辽宁省公安厅的出现，这个词汇还将用来处理一切可疑问题。

这是一个皆大欢喜的结尾。3天后，两家俱乐部各将40万打入足协指定的账号，相关财务人员为两家填好了回执，上面写着3个字：已收讫。

从1994年汇率并轨后，我国外汇市场上的人民币汇率保持基本稳定，在1美元兑换8.28元左右，这个数据显示，人民币在过去十几年前并没有明显的升值或者贬值。足协收讫的80万元的罚款，无论是在当年还是现在，都不是个小数目。

人民币没贬值，那是什么东西贬值了呢？

在渝沈之战过了10年后的2009年11月，央视反赌报道中曝光的广药买下与山西路虎一战的价码，只有区区20万。1999年广州松日的潘苏通在保级路上因为心存侥幸，没有掏200万来买个平安。2006年广州医药在冲超途中却不敢大意，用 20 万取下 3 分，1999 年的 200 万和 2006 年的 20 万应该说都是当年均价，其中的差距在于，1999 年假球这种商品是稀有的、神秘的，人情还很值钱。2006 年王珀、尤可为们已经大面积开始廉价批发，经营者也都变得异常纯粹。

没有就范拿出 200 万的潘苏通，就此完成了对足球的了断。这与轻易妥协的广药投入两亿收获耻辱相比，实在够讽刺。

## >>> 潘苏通：6年花掉1个亿的耻辱足球往事

熬了几年，领导没多看过几眼，赏钱没领过几分，一个在生意场上叱咤风云的人物，却被小小的足球玩弄得死去活来。所幸他解脱了，听着MP3，随随便便让英皇旗下的谢霆锋、Twins、梁洛施代言一下，他就身家70亿了。

2008 年，渝沈之战过去 9 年后，潘苏通被人肉搜索。起因是，在当年 2 月 29 日松日的春茗晚会上，他醉酒后先是对已经对外宣布要嫁给梁朝伟的刘嘉玲上下其手，接着又对刚刚爆出"艳照门"的阿娇钟欣桐又抱又吻。各路网友实在不知道这个饥不择食的男人是谁，于是，一个从渝沈之战后就很少被人提起的名字，再次成了搜索热门。

搭肩膀，摸下巴，亲吻脸颊，潘苏通在酒精的作用下意兴阑珊，当然，他在亲吻阿娇后，没有忘记也在阿 Sa 的脸上留下他的痕迹。"阿娇要坚强！"在一系列动作完成之后，潘苏通大声高呼，引得在场的人一阵哗然。

随后网络上迅速有人把他的资料曝光出来，个中词句颇为传神："貌似连 Sogou 拼音都打不出名字的这个人真是一个莽撞的没见过世面的酒醉领导吗？其实不然，这位先生是身价 70 亿的松日集团主席兼执行董事潘苏通。"后面一句更精彩："他曾经因搞足球倾家荡产……"

历史瞬间被这段话带回到 1999 年。渝沈之战虽然早已被潘苏通选择性遗忘了，但他无法遗忘的是，那个节点彻底改变了他的"足球人生"。2004 年 12 月 4 日，本来已经决定要用 200 万买条生路的潘苏通，在填写空白支票之前，突然产生了难以抑制的侥幸心理。200 万，不论是过去，还是现在，都不会给他造成太大的压力。偏偏在 1999 年 12 月 4 日这一天，潘老板柔肠百结、辗转反侧，像是有一双无形的手，把他死死地摁在地上，动弹不得。他没想到，因为没花这笔买路钱，他的松日只能无奈降级。

其实，徐根宝早就告诉过他一个真理：足球绝不是完全靠脚踢出来的。明白这个道理，对潘苏通来说毫无障碍，套用这句话，电视也绝不是完全靠手造出来的。这里面富含哲理。所以，当俱乐部总经理、天津人王学智拍着胸口向他承诺，绝对可以凭自己这张脸，搞定松日最后一场的对手天津队时，潘苏通深信不疑。可是，当 12 月 4 日晚，王学智一再向他表示，自己已经费尽唇舌、鞠躬尽瘁，但对方仍然咬定 200 万不松口，潘苏通却突然变得满腹狐疑。很多时候，哲理是需要用钱来买的，没钱的时候，哲理往往就成了悖论。结果，那个夜晚的潘老板，毫无来由地就一头扎在自己心里的死胡同里，怎么拔都拔不出来。一个每天都可以随意在餐馆里点鱼翅捞饭的人，偏偏就可能面对一颗新鲜的菜心，因为摊主死活不肯便宜 5 毛钱而一走了之，顺手拎根大葱回去当蔬菜。

因为渝沈悬案，原本保级无忧的松日居然被人做掉，这使得整个 2000 年，潘苏通变得敏感而易怒，足球于他而言仅仅是一种不甘的挣扎。球员因欠薪罢练，主教练不辞而别，球队成绩一落千丈。中国足球此前有过前卫寰岛连升三级的纪录，松日却填补了连降三级的空白。这是潘老板人生经历当中的奇耻大辱，作为一个生意人，他甚至最后一分钱都没有卖出去，就地解散，血本无归。

那个时候的潘苏通没有想到，在 9 年后，他能赚到 70 亿身家，离开足球圈的潘苏通，从此绝口不提足球。外界盛传两年后他收购了一家香港上市公司，并将之易名为松日通讯控股有限公司，自此开始致力拓展数码电子消费产品，包括 MP3、优盘及液晶显示屏等，倒是真的成了名副其实的"港商"。但实际上，那就是香港娱乐大亨杨受成的英皇集团旗下的一家公司，跟潘苏通素有交往的杨受成在了解潘苏通在足球圈的艰苦后，把当时手头一个总感觉食之无味，弃之可惜的项目，大大方方交给了落魄的老潘，助他从头开始。早年松日起家时，潘苏通曾经哭着喊着都要找自己的梦中情人林青霞做形象代言人，一晃六年在足球里兜了个圈，没有林青霞，他每年生产的 MP3 销量已经能占领市场一半份额了。

至于足球，一次在深圳的产品推介会上，有记者颇煞风景地想让潘苏通再谈谈中国足球，潘苏通倒是干脆得很："我不懂足球。"潘苏通愿意去回忆自己年轻时在广东韶关市政府里给领导开小车的往事，但他情愿去忘记，1995 年他在飞机上看到报纸上一则"广州二队正在寻找买家"的消息后，就此"误入歧途"的过程。当年小车司机潘苏通并没有太宏大的理想，在小车后视镜里他曾经看惯了领导们或严肃或放松的表情，他希望更大的领导在看球时，能向他这位"老板"点头微笑一下，或者听一听"昨日、今日、明日，尽在松日"的口号，当然，最好是一高兴了，签字给他免两年税。为此，他在 6 年时间里花掉了 1 个亿。

潘苏通不是傻子，更多时候他是个疯子。李书福敢把车卖到 2 万块一辆，潘苏通也敢把电视机卖到 800 块一台。他一直认为自己豁得出去，也收得回来，可足球带给他的，不是单纯意义上对一个经营项目的放弃与坚持的问题，而是一种深深的、从未有过的屈辱感。熬了几年，领导没多看过几眼，赏钱没领过几分，一个在生意场上叱咤风云的人物，却被小小的足球玩弄得死去活来。所幸他解脱了，听着 MP3，随随便便让英皇旗下的谢霆锋、Twins、梁洛施代言一下，他就身家 70 亿了。

绝口不提足球，这是他赚进这副身家过程中唯一信守的理念，更是对中国足球最大的嘲讽。

"渝沈之战"发生后不足 5 个月，中国足球发生了一次政权交接。2000 年 4 月 24 日，阎世铎走进足协，面对蜂拥而至的众多足球记者，强掐着他那张笑起来就大得夸张的嘴，像领袖般轻摇着蒲扇一样的手掌致意。政法干部的出身，让他毫无羞涩地招摇，很多人听见他雄浑有力的演说，都在头脑中把他想象成魄力十足的权威人物。事实证明，与他的前任王俊生"用算盘审查渝沈案"的笨拙相比，他在"赌"面前更有魄力，为日韩世界杯取消联赛升降级，成了他豪赌的证据。阎世铎的赌局，让中国足球在2001年世界杯出线这一巨大的荣耀到来之际，也遭遇了巨大的耻辱。当"甲B五鼠"冒充"豚鼠特工队"横冲直撞过街的时候，阎世铎像被警察当场收缴了赌资的赌徒："没有豪赌世界杯，我智商不低。"

## >>> "11∶2"未曾公诸于世的秘密

这时的甘忠跃开始确信，他的耳朵一开始就没有欺骗自己，而是大脑认为这个数字非同寻常，给它贴上了"幻听"标签。这个比分就是11比2。五牛11，绵阳2。

### 一、"这样搞，得不得出事哦？"

2001年9月29日中午，甘忠跃一身热汗，走上停在沙迦市场外的大巴。他避开了空调直吹，用手往脸上扇风。

"忠跃，给你哥打个电话嘛。"同行的人中有人吆喝着。

甘忠跃是时任成都五牛俱乐部总经理甘忠德的弟弟。他和四川球迷一道来到阿布扎比，观看世界杯预选赛中国队客场与阿联酋队的比赛，祁宏深入敌方腹地的坚决前插，让甘忠跃差点为个1比0吼哑了嗓子。直到赛后还有些难以忘情的他没有直接回国，而是和球迷团一起在阿联酋逛逛。

没逛沙迦市场前，甘忠跃就想到应该给哥哥打个电话，这一天对他很清闲，而对他的哥哥甘忠德完全生死攸关。沙迦很阳光，而万里之外，和这边有4个小时时差的成都当天一如既往的阴沉。如果不能在主场迎战绵阳太极的比赛中大比分击败对手，五牛将在和亚泰、舜天等对手较量的升级之路上提前拜拜。

但什么是大比分？刚刚才为一个球倾倒的甘忠跃当然没有预计。

国际长途接通有些慢，之前提醒他打电话的人开始把目光放在他脸上逡巡，希望寻找到某种接通的信号。"哥，比分是好多？"甘忠跃冲口而出直奔主题。可随后他的脸上呈现出怪异的表情，他突然凑起眉头，眯起眼睛，一连换了几个姿势，贴近电话，也许还是没有找到最好的信号方位，以至于他抬头瞄着太阳。"你再说一遍，我没有听清……"这话之后不到 30 秒，他就快速挂断了电话。甘忠跃这一刻脸上的表情，比祁宏进球后还要亢奋，炫耀的表情里透着些许的如释重负。看着周围人期盼的目光，他大声播报了比分，声波以惯常的物理速度从他嘴里发出，然后在车里折返，这时已裹挟了一系列浩浩荡荡的惊叹。这时的甘忠跃开始确信，他的耳朵一开始就没有欺骗自己，而是大脑认为这个数字非同寻常，给它贴上了"幻听"标签。这个比分就是 11 比 2。五牛 11，绵阳 2。

人声鼎沸中，有人小声地嘀嘀咕咕："这样搞，得不得出事哦？"

说这话的人，不知道自己一语成谶，预测了中国足坛又一个巨大黑色事件的走势。可惜，沙迦晃眼的奢华，让这样的追思成了断想，没人能参透这其中更深的玄机，一张巨大的黑网下面，罩住的不过只是一只叫龚建平的小小飞虫，哪怕这只飞虫因此葬送了性命，也不过是死掉一只飞虫。

事隔多年以后，熟悉这个圈子的人，没有谁会对甲 B 五鼠案是职业联赛"关系球"最为浩大的群体行为有怀疑，但起因为何，那些戏剧化的情节，已经差不多被遗忘了。

9 月 29 日，就在甘忠跃给他哥打电话 5 个小时前，五牛主场对绵阳太极的比赛开哨。双方在 6 月第一次在吉盛体育场相遇时，媒体披露绵阳队主教练商瑞华和当时的五牛队主帅郭瑞龙有"过命"的交情，然而郭瑞龙却没有机会再和商瑞华攀谈兄弟情，因为在 9 月 15 日甲 B 倒数第四轮打天津立飞的比赛中过于轻敌，1 比 2 输给对手，郭瑞龙在当晚下课，接替他的是助教余东风。后者接到的命令是：打好最后两场比赛，冲击甲 A。余东风本人也对此自信满满，大人物就应该出现在看起来一潭死水的地方，只有那样才能成为神话。

这一天余东风成为了一个神话，在足球比赛中制造 11 比 2 这样一个乒乓球比分，他的能力远远超过蔡振华。

开场 37 秒五牛就进球，18 分钟内已经 6 比 0。余东风事后还反复念叨的只有俩字——"失控"，但比赛监督崔宝印更是坐不住了。他飞奔到了场下，与商瑞华进行了长达几分钟的交谈。这一举动之后，绵阳队似乎不像先前那样的绵软了。并在 24 分钟和 40 分钟，由曹明和杨铮各打入一球，但于事无补，主旋律被贯彻得始终如一，商瑞华此后也带过中国国家女足，但即便在马晓旭和韩端那里，他也再没找到过这样风格统一的感觉，恐怕是其职业生涯的绝无仅有。上半场，绵阳后卫线集体昏迷，五牛队射门 17 次，而在如此"激烈"的环境中，双方几乎没有身体接触。唯一的一个意外是，在这么"宽松"的氛围中，李红军却在第 35 分钟时因手球被主裁判陈国强驱逐出场，一张红牌让比赛有了点血腥味道，略微有了真实的感觉。

当 11 比 2 像是抗战时期冀中平原某老乡家的地道出口一样，突然被暴露后，各村各庄马上开始联动，在墙壁、锅台、水井、土炕的掩护下，中远积 43 分提前晋级甲 A。成都五牛和长春亚泰同积 39 分，江苏舜天积 38 分，另一个晋升名额将在它们 3 个队中产生。

中国足协对此并非一无所知，而他们的动作确实有限。"一只燕子的到来并不能代表春天已经来了，同样，11 比 2 也不应该带来典型性恐慌"，足协内部这样安慰自己，于是，他们也仅仅下发了一个文件，规定最后一轮的比赛，必须在 10 月 6 日下午 3 点同时开球。8 年之后，对中超最后一轮比赛的时间规定，多了一项"下半场必须在 16 时 35 分同时开球"，其中的教训就来自 2001 年。

当然，除了限定比赛时间，中国足协还特邀韩国和中国香港裁判执法两场比赛：江苏舜天打成都五牛，浙江绿城打长春亚泰。外籍裁判业务精纯，但对解读"剧本"毫无经验。直到上半场结束，4 支球队只有舜天打进一粒进球，韩国人和香港人难免掉以轻心。下半场，戏剧性的变化开始出现。如果说长春亚泰的第一个进球和江苏舜天的第二个进球还只是风吹草动，那么在下午 4 点 33 分 06 秒之后发生的疯狂足以震撼视听，五牛最终 4 比 2 战胜了舜天，而亚泰 6 比 0 横扫绿城，这其中多出的 9 个球，都是最后的二十几分钟打进的。

成就亚泰最终占优的是绿城的"配合"，他们认为亚泰第二个球涉嫌手球，并因此"愤怒"了，立即罢赛，这使杭州赛区比南京晚 6 分钟结束。《偷天陷阱》里的肖恩·康纳利只凭 10 秒时差就可抽到上亿美元的电子账户，这 6 分钟，使超越时空的信息起了决定性作用。

2001 赛季甲 B 的最终积分榜上，长春亚泰和成都五牛同积 42 分，但亚泰凭借只超出一个净胜球的微弱优势，占据了上海中远之外的另一个冲 A 名额。11 比 2 和 3 年后中国国家队制造的 7 比 0 大胜中国香港一样，只能传为笑柄。

李红军因为停赛，只好把 11 比 2 作为自己的告别赛，而小他 6 岁的祁宏要幸运得多，在阿联酋一战得了红牌错过 10 月 7 日一战的他，因为替补者于根伟的进球，品尝了世界杯。7 日的报纸充满对世界杯的憧憬，甲 B 五队的演出因没有"版面"而被忽略不计。直到 10 月 16 日，阎世铎才从觥筹交错的庆祝活动中脱身出来，宣布了对甲 B 五鼠的处罚。成都、长春、江苏、杭州全部丧失了升级资格，中国足协顺便打了一只死老虎，让本来就不准备再干下去的绵阳太极降级。

好多球员因注册资格问题"生不如死"。2001 年春天被绵阳摘去的大连球员王锋，给足协写了多次信，有些内部的人打电话来劝他别说也别告了，因为很快就会有"转机"。王锋听了他们的话，选择了沉默，但是什么也没有变，他上当了。当初他坐大巴到了绵阳，球队解体后他又坐大巴离开了。后来，他在大连开了一个酒吧，名字叫"11 比 2"。再后来，人们听说，酒吧关门歇业，而他当空姐的妻子也已与他离婚。

当然，这些经历远远不如走上一条不归路的裁判龚建平严重。他是因这场风波掀起的"足球黑幕"调查中唯一一个承认有金钱交易的人，2004 年 7 月 11 日，保外就医的龚建平因病在北京市 304 医院病逝。不要说谎话，因为那是不正直的，但是，也不要说出所有的实情，因为那是不必要的。因为太过单纯，龚建平至死也没想明白如此简单的道理。因为太过草率，警方到最后也没能从龚建平身上获得有价值的证据。

善良和天真只在幼稚园有用，在当时的中国足协那里，这一切只能被利用。

中国足球的一次升腾旁边，是一次坠落，但袁伟民和阎世铎们没有在他们的雷达上进行仔细搜寻，就把龚建平的悔过书折叠成一架纸飞机，写了坠机调查报告。用法律手段来打击假球、黑哨和赌球，无论司法部门还是体育总局，都在为这其中纠缠的法律依据、量刑标准、各部门角色定位、证据收集难度之大而头疼不已，因此，在中国足协反赌反假的雷达前，阎世铎们怕看见什么，所以故意没去看。这个事实，对中国足球来说，远比11比2残忍和血腥得多。

2001年"甲B五鼠案"之后，有人为中国职业联赛总结出一个规律，每次悬疑球后，总有人离开，只是原因各有不同：陈亦明消失在茫茫人海中，是因为要想做得大就要藏得深；潘苏通去了香港开创大事业，是因为要想活得长就要躲得远；而余东风在11比2后短暂蛰伏，因为他笃信义气终究比职业联赛的很多标准更可贵。

他们轻轻地离开，带走的却是一个重人情讲义气的堂口时代。

### 二、余东风，袍哥义气比盘口更长命

11比2交与余东风，是上天注定，千禧年后四川盆地内错综复杂的关系，让他最终在那个时间走上前台。

2000年冲上甲B的绵阳队，因为资金紧张和大量租借武汉雅琪队球员，被迫赶走了武汉队员不喜欢的余东风，一个月后，余东风出现在成体中心主队休息室，摇身一变，成了五牛队的助教。

2001年，还是在这间休息室里，发生了戏剧性的一幕，在五牛队主场1比4惨败给江苏舜天队后，扛不住的北京人郭瑞龙用有些颤抖的声音对余东风说："现在，你就是这支队伍的主教练。"在旁边狠抽一口成烟的余东风拒绝了。但局面发展到当年的9月16日，一切已经不能只由义气二字来决定，就在那天夜里，五牛宣布了郭瑞龙下课，并同意他的举荐，让余东风接手。

逢单运气好，那时五牛内部流传的这个很邪的说法，让余东风在郭瑞龙去意已决后，没有多加考虑就答应了俱乐部。1997年冲甲B成功，1999年在陈亦明的率领下大闹甲B；而双数年五牛总是霉运连连，1996年首次冲B在最后关

头被涮；1998年五牛的德国战车遭遇滑铁卢，跌跌撞撞勉强保级；2000年陈亦明神光不在，早早下课。五牛建队史上所有的辉煌都是在单数年取得的，这让余东风对2001年还留给他的最后三轮比赛充满了期待。

"只要还有1%的希望，我们就会付出100%的努力。"这是余东风接手球队后的激情，说这话的时候他没想到会有11比2，更没想到2008年"5·12"地震的时候，温总理在救灾第一线也说了同样的话。

这是个巧合，也夹杂着某种暗示，2009年川中两队双双"地震"。但在一块真正的震区，余东风的四川队再度起飞。12月19日，成都都江堰方面提供50亩土地和主体育场，新的四川队将在这里训练、参加2010年中乙联赛。余东风微笑着和朋友打趣，你可以说这是川足，新川足，新新川足……

17年后当他仍然堪称行业翘楚，并保持一项纪录，既是执教甲A揭幕战比赛的主教练，亦是参加中超揭幕战的主教练，人们才知道义气比职业联赛的很多标准都长命。

外人对职业联赛是否容得下"义气"存在很大争议，"从此江湖无袍哥"，这句话媒体用了好多次。徐明购买全兴俱乐部，如是；四川冠城崩塌，又说；邹侑根远走厦门，再说……每一次提到江湖无袍哥，都会引起圈内的窃笑。但这对余东风是比较简单的。2004年6月2日，中超杯川渝德比力帆惨败冠城，尹明善一怒之下，指示主教练余东风必须要指出"内鬼"，最终，他宁愿自己离开，绝不指认。卸任时，他坦言不知道该从何下手："我如果这样做，那今后谁能跟着我？"

当初，绵阳太极和他谈崩，总经理胥锦浩召开发布会。刚刚开场涌进数十名球迷，他们什么也没有说，走上主席台。在胥锦浩照本宣科，手拿一纸稿件朗读时，球迷们神奇地拿出了长度各异的标语，"东风不要走""不信东风唤不回"……他们不闹也不叫，只是默默地站在胥锦浩背后，不停招展，就像歌迷在摇晃荧光棒。这个前无古人的发布会，让人对后来的11比2毫不惊奇。

作为老四川队最有名的快马，余东风年少成名。年少成名的"东风"不是年少成名的"周郎"，他最不缺的就是心胸。一位老球迷的评点听来很受用："他可以整场飞快跑来跑去，弄得对方后卫很崩溃。"了解这段历史的人，对他喜欢使用姚夏一点也不惊奇。这有点像踢球时头球极佳的弗格森，后来喜欢贝克汉姆的圆月弯刀。教练余东风职业联赛亮相才 34 岁，川队以增补资格进入甲 A 第一个赛季拿下了第六名，余东风名动江湖。然而这只是对球迷的印象，圈内人都说，他豪爽洒脱。当年联赛有四大天王，但同辈中余东风的江湖地位，业界唯有殷铁生能与之一较高下。十几年前，如果余东风在成都街上开车偶尔违章，警察一看是他，肯定放行，还要喊一声："老哥，周末去给你雄起哈！"

2006 年中超联赛殷铁生在青岛中能苦于内无粮草、外无救兵，为了换来有利的变化，铁蛋约见记者当场洒泪。这不是同为"不倒翁"的余东风的性格，全兴、五牛、绵阳、力帆……他不怕"下课"，每次都走得很潇洒。下课，这个词本身也是因他发明的。1995 年，戚务生一度给他打电话说："东风，你的'下课'已经影响到了我。"原来，国家队球迷也开始沿用这个风靡一时的词汇。

这不是说余东风没有责任感，而是他知道进退之道。1995 年主场输申花队，铺天盖地的"下课"是余东风人生中的第一个坎，更大的打击来自发布会，徐根宝当着众多媒体的面说："东风，你'下课'了可以来我这边。"那天晚上，他和几个文艺界的朋友喝酒，痛彻心扉，一语不发。

余东风固守的规则只有自己懂得，并不是简单地"怕提 11 比 2"，几年前，成都电视台的一位老友做他一个采访，坚持要问这个。余东风略一思量，说："我也不想打成这样，但失控了。我曾经在两支球队都当过教练，球员还是很给面子的。现在想起来，也算是一个污点吧。"

2006 年，余东风喝酒后驾驶自己的沃尔沃回家，结果和人撞车，对方无证驾驶并逆行主动撞了他。但看到余东风喝了酒，立刻报了警。余东风当时做了酒精测试，然后被罚款、扣分再加拘留。他甘愿受罚绝无二话。当时的处罚不比 3 年之后，而有了这个教训的他，至今开车非常仔细。

2000 年 8 月，距离悉尼奥运会开幕不到一个月时间，中国田径队"飞行检查"的结果让时任国家体育总局局长的袁伟民触目惊心，尤其是"人们熟知的某省女子中长跑队"获得奥运会参赛权的 7 名队员中，2 人尿检呈阳性（其中 1 名血检也超标）、4 人血检超标，7 人中有 6 人被证实使用了兴奋剂或者有强烈的使用兴奋剂的嫌疑。"人们熟知的某省女子中长跑队",指的就是"马家军"。怎么办?这是袁伟民面前一个艰难的选择。在北京正在申办 2008 年奥运会的大背景之下,袁伟民很快做出决断,毅然决然地把包括"马家军"在内的所有经抽查使用了兴奋剂或有使用兴奋剂嫌疑的运动员全部拒之于悉尼奥运会之外。

"杀马"确保了申奥工作顺风顺水,2001 年 7 月 13 日,萨马兰奇宣布 2008 奥运会属于北京。当晚兴奋异常的袁伟民本以为,自己事业中最艰难的一页已经翻过去了,之后将不再有大的考验。但他没想到的是,4 个月后,中国足球给他这个挂名的足协主席出了个难题,11 比 2 引发的打假风暴,最终让他陷入混乱,不知所措,毫无章法。

"反兴奋剂是真反还是假反,这是一个原则问题,是一项政治斗争。"在将"马家军"隔绝在奥运会外后,袁伟民说。这种豪情在中国足球假赌黑面前荡然无存,"我干了这么多年,这点我看不出来?我最起码能看出一点端倪。这种事情,我要管,要花很大的代价,而且不是我能管的。"袁伟民想要更早从混沌中抽身,于是直接"砍了"龚建平,草草收场。

## >>> 袁伟民为何不作为

在北京奥运已超越体育赛事的前提下,所有体育和非体育的部门
都知道,找到替罪羊,安全、迅速扑灭打假扫黑,是唯一可行的方法。

时间有时候是可以跳过的,直接跳过会使我们得到更残忍的认识,跳过 2002 年和一届让中国人如同梦游的韩日世界杯,直逼 2003 年 7 月 11 日。这一天,在北京 304 医院,一张白色的床单盖住了龚建平削瘦的脸,作为那场声势浩大

的打假扫黑风波的政绩，他是被清除出来，也是唯一被清除出来的黑哨，郁郁寡欢中，终因患骨癌不治去世。

在盖上床单的那一刻，人们发现他的眼睛怎么也合不上，亲人使劲抹了一下，他才闭上了眼睛，大家知道，他是有话要说。在他去世前，他一直愧疚所做的事情，他还想为中国足球做些有益的事情，可他没机会了，只能把所有的机密和不忿，对着太平间惨白的墙壁述说。

在龚建平住院的时候，几乎没有人和他接触，但为他送行的时候，突然自发来了上千人，大家默默地持着小白花，为这个忠厚、内向、内心仍有纯净之地的裁判送上一程。龚建平的妻子索玉华在队伍中嚎啕大哭，她呼喊着："龚建平，你放心，我一定会为你报仇的。"

龚建平留下妻子和女儿，走了。他的女儿在北京一所大学里，学习十分刻苦，没有人知道她是名动一时的黑哨的女儿。

以下事实连时任足协掌门人的阎世铎也知情：龚建平在裁判队伍里是个小角色，在堂口足球正向盘口足球演变的过程中，潜规则使他不得不收取十几万好处费，这些费用比起那些著名裁判，只是零花钱，其中有些还是俱乐部硬塞给他的，非他本意。这跟官僚机构里那些发放红包的故事如出一辙，小角色在大角色收取了巨额赃款后，如果不收取小红包，是会犯众怒的。

龚建平感到害怕，很想主动投案，而浙江省体育局局长陈培德和宋卫平共同承诺，以组织名义保证，只要他交出钱就会保护他，不会让他受到法律制裁。龚建平这时做出一个很勇敢也很傻气的举动，从银行里取出 10 万元交给了相关部门，而相关部门通过信息，一举拿下了唯一一个出来投案自首的龚建平。

龚建平让有关部门松了一口气，在错综复杂的人际关系中，终于找到一个替罪羊。他的出现，让更大的黑哨，让更大的俱乐部和官员都平安无事，可以结案。这个最简单的官场厚黑定理，龚建平却不明白，他天真地以为组织会兑现当初给他的承诺，甚至戴罪立功继续担当裁判员。

索玉华之所以狂呼"我要为你报仇"，是因为无论浙江体育局还是杭州绿城都没有兑现承诺，他们手中还有其他更大的裁判员名单，而这份名单在龚建平投案后，就蒸发了。

在本书的开头，我们曾书写过三个女人，在索玉华这个女人的思路里，如果龚建平不投案，即使有关部门拿到名单也抓不到龚建平头上，即使抓了龚建平，其他更大名气的裁判更该被抓。

陈培德和宋卫平没有实现当初的承诺，是他们无能为力，因为更高级的组织必须用一个龚建平来顶罪，为了给公众一个交待，不能放过好不容易才出现的龚建平，为了保护这个圈子不被更大范围地揭穿，必须封住龚建平的口。

有消息说，有关部门私下也给龚建平做了思想工作，让他闭嘴，如果问题止于他，那以后必有回报他的机会。

龚建平出于足球圈潜规则的控制，闭嘴了。直到去世前都未能开口道出这个圈子的终极秘密。

一直想询问宋卫平，但他避而不见，他也好赌，一掷千万金，呼来豪门醉。对于当初的龚建平，再也不说话了。

在2009年打假扫黑抓赌的浪潮中，倒是陈培德因袁伟民的新书突然发了飙，他直指袁伟民的官僚作风，对足球打假打黑抓赌避重就轻，行政不作为。

陈培德的语言极其锋利：

当年从浙江刮起的足球"打假扫黑"这个中国体坛最大的"风云"，就是在袁伟民任国家体育总局局长兼中国足协主席时，不了了之的。袁伟民局长把排球场上的声东击西、虚虚实实的那一套用来管理国家体育，没有正确对待中国足球对群众感情上的伤害。

2001年开始的足球打假扫黑，当时的情形还是很有希望的，我是见证人和亲历者，总局领导当时口口声声说苦于没有证据。我们就向国家体育总局反映，还做绿城俱乐部的工作，让绿城自爆家丑，并提供证据，包括保留着的收钱者（裁判）的黑名单，以及一名裁判的悔过信和退回的现金。我们表示，浙江省体育局不遮丑，不护短，拿自己开刀，会负责任地把省内的绿城俱乐部问题查清楚。

可是国家体育总局有些领导并不领情，骨子里反而认为我们是"添乱子"。

事实上，始于8年前的足球打假，除了浙江省，全国没有第二个局长公开站出来支持的。当年很多人问我，你都59岁了，还那么折腾为了啥呢？我说我就是"为了求真"。我们给国家体育总局一共写了5封信，总局一封也没回复。身为国家体育总局局长兼中国足协主席的袁伟民先生，也没有组织各省局开过一次会。这种过于冷漠的姿态，让人感到很不正常。

袁伟民对于当年打假扫黑这些震惊全国的事件，是这样回答的："有证据吗？证据谁来提供？"

但是，袁伟民怎么能说没证据呢？当时的中国足协常务副主席阎世铎两次因绿城俱乐部来杭州取证；2002年春节前后，总局监察局同志又陪同中央专案调查组来杭州取证两次。绿城的一切都在调查组的掌握之中，而涉及绿城俱乐部的可不仅是一个裁判！

应该说，当时的足球反腐败环境是非常好的。不仅我们省的人大、政协，当年的全国"两会"上更是一致声讨体坛腐败。百来位全国人大代表的提案，直指足球腐败，呼吁司法介入，签名附议的42位代表中有13位是全国人大常委，他们来自21个省、市、自治区和特区。同时召开的全国政协会议上，同样是格外一致地对体育和足球喊"反腐败"。

这次"两会"，最终促成了最高检和最高院就"黑哨"问题的表态，促成了司法介入足坛和体育界。遗憾的是，总局和足协始终按兵不动。

我不明白这是总局"叶公好龙"，还是另有难言之隐。现在看来是袁伟民和其领导的中国足协主观上不想有作为，"我要管，要花很大的代价，而且不是我能管的。"这些都是他接受专访时的原话。也许，他也有他的难处，有他的压力，但这些不该成为一个体坛掌门人对此不作为的充分理由。

中国足协不是不作为，而似乎是在封杀证据。我们反复论证过，当时国家体育总局和中国足协手中握有一份相当详细的黑哨名单，其中就有现在大名鼎鼎的裁判员，以及一批涉嫌假球的俱乐部。但是北京奥运会在 2001 年申办成功后，整个体育总局及下属中心都在为力保奥运前夕的竞技实力和政治安全性而努力，特别是后者，中国特色让这个机构绝不想被全国范围的负面新闻所纠缠，平稳地在北京奥运前移交权力，力保雅典奥运成绩，成为袁伟民头等大事。所以他对媒体反复报道假球黑哨是相当恼火的，他曾对足协掌门人阎世铎下死命令，迅速灭火，杜绝后患，绝不能影响奥运备战。阎世铎是袁伟民的嫡系干部，他对这位有着知遇之恩的老上级言听计从，所以当初在深圳大剧院高喊"杀无赦，斩立决"的他，以其政工干部的敏锐和坚决，背叛了当初的誓言，在出发前往杭州时，就定下了如何让当时的陈培德和宋卫平闭嘴的方针。

而来自袁伟民的想法跟司法部门达成默契，在北京奥运已超越体育赛事的前提下，所有体育和非体育的部门都知道，找到替罪羊，安全、迅速扑灭打假扫黑，是唯一可行的方法。

龚建平很冤，也一点都不冤，中国体育主管部门从未想过要打假，始于 11 比 2 的这场打假风暴，只不过偶然地因为余东风的鲁莽、甲 B 五鼠的嚣张，才被迫在媒体逼近下展开的，它从一开始，就没有诚意，从一开始，就决定以牺牲某一个人的方式结束。

上面的故事，让我们可以理清，中国足球的假赌黑的来历：

一、从 1978 年亚运会被美联社记者的质疑可以看出，为了彰显"两国人民的情深谊长"，中国后卫不惜把对方的球碰进自家大门，以及让球却引起日本人反感的黑色幽默。这跟当时特殊的历史环境有相当关系，一笑之后，甚至某种程度地谅解了它——只是特殊时代的"政治球"。

二、到了被忽略的 1994 年，当中国经济改革进入分水岭年份时，我们第一次知道中国足球是可以跟金钱扯上瓜葛的，虽然无法证明两支球队是否受贿，但全国球迷慨然认定这是外国反动势力诬陷我们——中国和中国足球都在改革，但并不包括价值观。这个谬误一直延续到现在。

三、1995年，改革的中国第一次进入到浩浩荡荡的城市化进程，到处都在修建高速路、高架桥、铺设漂亮草坪……而"职业"足球队也成为省市领导眼中另一条高速路或漂亮草坪——这是它的幸运和进步，但也是它的不幸和倒退，因为在行政干预下，它越发像经济的二奶，而不是独立的产业。成都保卫战是典型假球战例，与钱无关，与面子和人情有关，打着高尚的城市名义。

四、1998年的夜审陈亦明是一个进步，从成都保卫战全民欢呼，从球迷到媒体第一次开始自发地质疑假赌黑，经过高尚的成都保卫战后的假球泛滥成灾，人们开始正视困扰自己的问题。只是中国足球圈内部并不为所动，所以夜审又是一次失败。

五、1999年渝沈悬案，是积累多年得不到治理的"堂口足球"的大爆发，300万人民币表明，一直无视市场规律的中国足球，开始用非常奇怪的方式渗透进了金钱，甚至人情也是可以用钱来衡量的。但中国足协第一次也是极其业余的"算盘调查"因无司法援助无疾而终，这注定它会走向可怕的"盘口时代"。

六、黑色幽默在以几何级数增长，几乎在中国国家足球队首次打进世界杯同时，11比2横空出世，余东风这个"堂会足球"的代表人物，用自杀性的方式创造了世界纪录，也宣告一个足球分封时代的结束。我们本来再次拥有机会，可袁伟民为首的体育官员，强行封杀了触手可得的打假机会，但这不怪他，因为他也是这个体制的一部分。

就是这样，中国足球一步步地从"政治球""人情球""名片足球"，走向"堂口足球"，走向"盘口足球"，万劫不复。

C<sub>HAPTER</sub> 3 >>>>
第三部分
# 盘口时代

时间：2001年十强赛到2004年G7革命前

　　2001年10月是个分水岭，中国国家足球队史上第一次冲进世界杯，举国狂欢，但就像那场特洛伊战争，当雅典舰队退去，一个巨大的木马正待进城。

　　几乎在冲进世界杯同一天，一场比赛中竟然出现11比2这样在乒乓球赛中才会出现的比分。44年来首次出线加上"11：2"事件，尴尬之余阎世铎发明了一个很雷人的现代汉语结构——"光荣的耻辱"。

　　这个时候人们对足球的认识还是很山寨的，国务院领导在人民大会堂接见民族英雄，各路企业动辄斥金百万奖励队员，阎世铎仕途一片光明……可是，就像加入WTO，得到世界的优惠同时也意味着承担世界的责任，当中国足球成为世界32强之一，必须承担这个名分带来的压力。比如，国际著名的博彩公司肯定要给你开盘，其实很多发达国家博彩已合法化，这是推动职业体育必不可少的内容，这符合足球全球化的规律。

我们只知道自己进入世界杯，不知道必然也进入盘口，整个日韩世界杯期间中国队连输3场共丢9球，被认为是"技不如人""人不如人""丢了民族的脸面"。甚至还忽略了一个新闻：范志毅被曝在世界杯期间通过渠道向境外博彩公司下注。这个新闻曝出后，范志毅大怒之余打官司……大家只关心这是道德层面的事情，甚至被范志毅和老婆之间的纷争吸引，为他在欧洲踢球的前途担忧。最后，这条富有深意的新闻被做成很有八卦性质的东西。

还有一件好玩的事情是：2002年年底及次年年初，当澳门博彩公司宣布正式对中国甲A联赛开盘时，中国足协第一时间想的不是怎么建立良好机制面对它，而是忙不迭地向博彩公司索要版权费，"太不像话了，怎么可以开我们的盘却不跟我们相关部门打招呼呢，怎么不交钱呢"。中国足协的小农意识在此足以影响未来10年的大事件下作祟，经过之前8年职业化，脑子里全是钱、钱、钱。那段时间，郎效农整天坐在电脑前想着怎么打报告给总局，向澳门索要版权费，他忧心忡忡，当有人提出更重要的是"立刻建立合理机制面对开盘"时，他并非没有反应，也不是没想到过开盘后对中国联赛的影响。但可以证明的是，他和整个中国足协骨子里想的还是版权费，对于怎样应对球员可能涉假，最恶搞的一个建议居然是安测谎仪。

那段时间无论阎世铎还是杨一民，都在想怎么把澳门博彩公司的钱要到手，为此还动用了律师，可律师也不懂，于是此事一直纠结着。

澳门博彩公司觉得中国足协的想法很不入流，他们的代表说：英超确实有版权费一说，但这是该国法律规定的。而意大利、法国、西班牙、德国、荷兰等国，却无此法律，我们自开盘以来从未向上述国家支付过版权费，理由是——球赛比分、球员状态、预测属于公众基本信息，和天气预报是一个道理，电视台不应向气象台交纳预报费，博彩公司也不该支付版权费，足球运动是一项公众项目，更深的考虑是，如果博彩公司向该国足协支付一笔钱，很容易被认为博彩公司有操纵联赛的嫌疑。

澳门以及欧洲博彩公司还是开盘了。中国社会的观念在这8年中迅速变迁，再也不会出现1995年那样的为球队保级而跳楼的球迷，只会有为股票而跳楼的股民，球迷也不会保卫XX了，大家只会保护自己的钱包。中国足球从来都离不开社会背景变幻，这时候参与到澳门博彩的球迷不计其数，球员也参与其中。

2003年，可以用过江之鲫来形容参加赌球的人们，保卫城市已很土了，金钱的刺激才是王道，经常可以看到一个主队球迷为客队输球垂头丧气，因为他押错盘了，渐渐地，也会看到某个年轻球员攻入客队一球后，老队员竟小声斥责他。最后，就是整支球队分裂成数个赌球阵营，一场比赛即使国际足联主席观战也看不懂究竟打的什么战术。

经过上两个阶段的不作为，赌球像一个拉了弦的手雷，积累已久的能量终于把中国联赛炸成碎片，从堂口时代，慨然进入了"盘口时代"，只不过这还是散户阶段，不过正因为其散户性质，才出现了绑架、枪击、追杀、沉湖种种匪夷所思的事件。由于这时如上海申花这样的大型国有企业俱乐部还保留着浓重的堂口时代特征，二者交织起来，上演了一出史无前例的"球场现形记"。

所谓"盘口"，就是每一个选择都讲究数率，讲究分寸间的得失，当人情不古，金钱挺进，江湖最后一批大佬戚务生、余东风、金志扬、徐根宝纷纷败在小崽子手下。在理清"盘口时代"思路时，我们无数次用香港黑帮的变化来形容这个阶段，所谓盘口足球就是发哥没用了，上来一帮古惑仔，手拎着砍刀一通乱砍，在他们眼里没有老大，只有利益，所以连魏群这样的袍哥也叹口气：时代变了，玩不动了。

谁还为了情分，跟金钱过不去呢。

盘口时代发生了多少起凶杀案、绑架案，永远是个谜，但它肯定是最凶残的一个阶段，最大化印证了"血酬定律"。

## >>> 赌球指南：那些被盘口预知的结果

在阎世铎的"快乐足球，健康联赛"冲击下，澳彩经常推迟开盘时间，不惜赛前犹如过山车一般调整盘口，以便迎合地下消息的变化。尽管如此，他们还是越来越觉得有心无力，不得不减少中超联赛的开盘场次。

2001 年 10 月 7 日，球迷奔走，狂欢。经过了首次进军世界杯的不眠之夜，前一天甲 B 联赛的丑剧似乎正在远去，足球事业第一次尝到了甜蜜。

像中国人只为入世而欢呼，丝毫没意识到这是危机和机遇双重逼近一样，韩日世界杯中国收获的不仅仅是连丢 9 球，还有随之而来的大大小小的庄家。

此时的中国足球，盘口成了毫无争议的决定力量。钱，盘口。利益就像冲上沙滩的浪头，将原有的痕迹全部抹平。

学徒，恩师，队友，前队友，上下级，闺蜜……这是原先的中国足球江湖。

2002 年大连队主场对八一，赛前，大连外围的地下赌球庄家对开出的主流盘口是：大连实德队让一球。

以当时两队的实力比较和实德夺冠的战略目的来看，让一球略显"保守"。远在南方的一些地下庄家开出实德让一球半，追捧实德的买家仍然不可胜数。不过，在大连，比赛之前很多庄家都像得到了消息——这直接从大手笔下注者的趋势都能看出，盘口从一球直接降到了半一。也就是说，不太看好实德赢球。

90 分钟激战中，八一队孙新波与黄勇为本队各进一球，而实德队直到全场补时阶段才凭借外援尼古拉斯的一粒进球，爆出了冷门。

该年联赛中，实德队屡屡在和一些弱队比赛时失手。据悉，每一次都有大量大连拥趸者中招。在比赛中球员并没有太过离谱的个人表现，但仍然引来了一些猜测："为什么盘口总能预知最后的结果？"

当时被耍的是科萨，人们认为他不过是一个外国教练而已。很快，本土"老革命"也连连摇头，看不懂。

2002 年，戚务生率领的云南红塔队在主场对战青岛海牛队，赛前大戚信心十足，很少夸下海口的他赛前聊天时说"拿下了"。此时的云南红塔在休赛期前排名第一，有主场之利，赛前红塔让半一的盘口似乎也验证大戚的说法十有八九可以实现。

比赛开始后，云南红塔似乎比对手更有高原反应，迟钝成为红塔队后防线最显著的表现。比赛不到 20 分钟，青岛队曲波便利用一次机会射入区楚良把守的大门，但是这个场面对于当年实力并不差且在高原成绩相当好的主队来说，没有人怀疑红塔会输掉这场球。不过，发生了很多奇怪的事情，在丢失了第一个球之后，门将区楚良脱掉了手套，然后愤然摔在地上，准备离场。这个镜头让观众闻到了不一样的味道。果然，红塔不仅没有获胜，连扳平都没做到，甚至还丢了第二个球，比赛结果是 0 比 2，从盘口上解释，青岛倒可以让红塔半一。

戚务生因此勃然大怒，关机，离场，并提出辞职。2001 年他逮到了几名主力球员"卖球"的铁证，想废掉其中的一名红塔老臣，但集团负责人并不相信，大戚随即拨通了公安部治安管理局一位朋友的电话。最终，这位球员 2002 年初被挂牌。从某种程度上来说，这些比赛让红塔集团也失去了信心，第二年联赛结束后，红塔退出了足坛。

老江湖显然不甘心就此离开。2004 年后戚务生执教天津，目标是夺冠，但居然七轮未尝一胜，就此离开。前五轮比赛他忧心如焚，眼看着比赛中创造出那么多得分机会，但就是拿不下来比赛。在那段时间里，他几乎天天晚上都在寻思：到底在什么环节上出现了问题？他后来终于明白，"再总结技战术等方面的不足已经没有任何意义了。也许有些问题是我无法解决和控制的。"2006 年他出任广药主教练之前，一位弟子还曾想托人给他带话，"现在的江湖早已不是原来了，光是业务和人脉不行了。"

一度被认为是"人脉之王"的戚务生，2006 年在广药也未能实现冲超目的，挂印而去。而更惊悚的是，不少人传说，在这些戚务生与假球的斗争中，他并没有那么高尚。他只不过是一个与其他势力的斗法者，甚至在他的挚友、武汉经纪人杨巍被抓后，有圈内说法直指戚务生也参与到其中。但没有证据，没有证人。

2003 年联赛 10 月 30 日，申花主场打青岛，当时青岛是上一年足协杯冠军，申花主场让球从半球飙升到临场的两球半，比赛直到 60 分钟仍为 0 比 0。不过走地盘口依然坚挺在申花让两球半，也就是说在剩下的 30 分钟，押注申花的只有净胜三球才可以胜出，如果这个是一场五大联赛的比赛，一般押注上盘的没有可能胜出了，但随后，拥有国奥门将杨君的青岛队突然松劲，连丢三球，申花赢球赢盘。

贵为"十冠王"的辽宁队，在职业联赛之后从未染指顶级联赛冠军，而他们在盘口时代的表现却是影帝级的，其剧本也可以直接入围最佳惊悚片提名。

阎世铎经常提到的中超联赛的特色是"快乐足球"，而中超在 2004 年到来时，确实让我们感到很快乐——经常有惊奇，肯定是快乐的。

中超元年，第二轮联赛，深圳健力宝主场对辽宁中誉，盘口变化之大令人心惊，比赛开始受注时的盘口是深圳让半一，但到了比赛开始前的半个小时左右，盘口开始猛升，一球、一球／球半、球半，在赛前半小时左右，最高点竟然冲高到球半／两球。而比赛的结果当然不会出乎意料，比赛中辽宁队一直"唾面自干"，让深圳队肆意狂攻，比赛成了一边倒的攻防演练，最终 0 比 3 告负，刚好让对方赢盘。期间澳彩数度停盘、封盘，但是最终还是为这个疯狂的赛果买单。

也是在这一年，辽宁在主场迎来了山东队。以双方当时的实力和主客场对比，比赛前一天中午辽宁中誉硬当当地让了半球。从当天晚上开始，不知发生了什么，辽宁队让半球降成平半、平手，越过平手这个阴阳界后，他们又勇敢地受让平半、受让半球、受让半一、受让一球到受让一球／球半，一共跨越了 8 个区。我们可以欣慰地告诉大家，最后辽宁队虽然 2 比 3 输了球，但以最后下注的受让一球／球半盘口而论，买辽宁的人还可以赢钱。这就是传说中经常在联赛中很多记者赛后频频响动的腹语：恭喜你，某指导，输球赢盘！

这一年辽宁队主教练是马林。不是老革命，是少帅。历史书上，上一个辽宁的少帅，活了一百多岁，人们都还记得他"不抵抗"。

2004 年的确是个神奇的年头，有通灵能力的球队还很多，而辽宁队也不会永远做输球的霉鬼。

第 13 轮，尚在争冠行列的申花，赛前让辽宁半球，不过庄家好似神仙一般预感不妙，盘口剧烈震荡，倒变成辽宁让申花，这还不算，只见辽宁越让越多，温良恭俭让，最后一直让到了球半（赢两球才赢）。比赛的过程说明，庄家果然"通灵"，他们开赛 5 分钟就丢球，随之被打成了筛子，输成了 2 比 5。

2004 中超第 19 轮申花对天津，赛前大小球盘口分界线在两球半（双方总进球达 3 个算大），最终盘口四个半（5 球为大），开赛后双方进球如拾草芥，以 4 比 4 收场。

光看比分也没有什么大不了的，当年连京沪 9 比 1 也正常。不过这个被"预告"了的 2 比 5，2008 年再次又被提上了台面。当时两队再次在辽宁主场聚首，辽宁队先丢 4 球，好歹扳回一个时，东方卫视解说员还在一厢情愿地 YY，"申花再还辽宁一个 5 比 2。"5 比 2 没有等来，最后是 4 比 4。顺便告诉大家，当时的申花队赛前喜欢集体看电影，这场比赛看的是《过界》。

《过界》反映的是都市人心理重压之下寻求释放和解脱的电影，先进 4 球后丢 4 球，酣畅淋漓，够解脱。此时的盘口已经流行到大家都不喜欢说的地步，觉得一提盘口就特庸俗。所以申花老板朱骏也只好什么也不说。

朱骏不言不语，没准是想起了这一年年初，青岛主场对上海的比赛。

当时申花队前三轮场场都是硬仗，并且都赢得漂亮。从实力上看，主场作战的青岛队几乎无法阻止申花队连胜。庄家因此开出申花客场让半一的看口，比赛开始后，这个盘口还在，但只坚挺了 10 分钟就降为半球盘，如此短时间内大幅度的降盘确属罕见，而半球盘开始就是上海让 0.98 高水，到下半场比赛后盘口已经降为平半，盘口降得过快，可见庄家已经不看好上海赢球。这时的庄家对中超比赛结果把握之准，令人咂舌。

在申花队强大的攻击力面前，青岛队疲于招架，但每当出现险情的时候，总是有裁判出来"帮忙"，吹掉申花队的很多好球。最终双方 0 比 0 战平。申花队不可能赢得比赛，不仅有青岛队的阻击，还有裁判等诸多场外因素"力保"一场平局。

2004 年末，徐明、罗宁等人准备 G7 起事，此时荒谬的一幕出现，有线人给他们电话报告——在辽宁对冠城的比赛现场，有一个人在体育场现场报比分。在手机里他不停地说："现在还要一个！还要一个！"场上随之进球频频，四川冠城 6 比 3 大胜。赛前庄家开出的盘口是主队让半球，即看好主队小胜，水位却始终很低，只有 0.3 左右，也就是说如果你押了 100 元赌辽宁队负于四川队，回报只有 30 多块。秘密在于大球赔率，一直在走低，水位不低于 0.8，在前面 15 场比赛只打进 14 球的四川队六破辽宁队大门，让很多追捧大球的神秘人物赢得盆满钵满。

中超爱自由，这一年的足协杯也未能免俗。

当年的足协杯有川渝德比，重庆队实力明显处于下风，加上准备放弃足协杯，因此输球不是新闻，关键是这样的比赛大球开到了 3.5 球，3 比 0 后，对于无力攻破对手大门的重庆队球员来说，似乎在等待什么，果然，终场前川队打进了第 4 个球，电视直播看到的是重庆队后卫欢快地跑进自家球门捡球！

这场比赛让重庆队大为光火，因为赛前传出了有人接触俱乐部买球，被拒绝。但这些人又转而对球员进行"利诱"，所以这场比赛让球开到了天下无敌的四川让 3 球！同级别球队比赛开出如此悬殊的盘口，最后居然不多不少，0 比 4。这让力帆老板尹明善气冲牛斗。一年之后，他才开除了张宇等 3 名大连球员，不知道这算不算迟来的处罚。

一位中超球员对此毫不避讳，"有时候上场队员都搞不清楚，教练又能怎么样？"他说，在一些球队里，首发 11 人上去后，"先踢十分钟看，看谁和谁是一伙的。"相对于澳门博彩，很多小庄家非常胆大，他们早早开出盘口。

2004 年深圳和冠城因为场地问题，提前数月就宣布对调主客场。这一信息很多小庄家居然不知道，仍然照样开出盘口，遭受损失后宣布"无效"，结果招来了下注者的声讨。

在阎世铎的"快乐足球，健康联赛"冲击下，澳彩经常推迟开盘时间，不惜赛前犹如过山车一般调整盘口，以便迎合地下消息的变化。尽管如此，他们还是越来越觉得有心无力，不得不减少中超联赛的开盘场次。一度，澳彩甚至暂停对中超开盘。"这至少说明了一个问题，澳彩对中超的品质不认可。"乱象频出，足球行业等于在自杀。

2005 年川渝对抗赛，重庆队连主教练也没有来，两队尽遭替补，观众寥寥。据悉，这场比赛的胜方奖金仅有 3 万元。

4 年前，商家不惜用 2001 克黄金铸成"雄起杯"。此时有人电话问原四川队总经理许勇，雄起杯安在？许勇不语。他只是不想说出这个沮丧的事实，本来被炒作为两座城市足球最高荣誉的雄起杯早就被重新回炉，变成了戒指、项链，在解放碑或春熙路上和新主人来来往往。

用黑泽明的一部作品名来形容此时的中国足球，乱。

## >>> 抓赌指南：那一套数学和概率论模型

> 一名现场记者，由于平时也好赌上一把，这天在西安看到网上盘口显示进球了……他迷惑不解地抬头看，因为此时两队根本没进球，他以为盘口摆了大乌龙，正想骂几句不专业的盘口时，发现真实的比赛中——进球了。

我们几乎是连珠炮般介绍了中国足球的乱象。恕本书冒昧，其实还有很多赌球的术语要给大家介绍，这不但是为了帮助大家理解我们在叙述什么，也是为了今后当你的熟人突然蹦出一个术语时，你可以劝他回头。

赌球实际上是在赌人性，毫无技术可言。赌球输得倾家荡产的王大明（隐去真名）说："如果你赢了，会觉得钱来得很容易。即便不继续下球了，当钱用掉的时候，你会想起自己还有这样一门'技能'。东下西下，肯定就会输，如果输了……你见过输了能够不继续玩的吗？"

### 盘口

当下说到盘口，人们肯定把这个名词归于赌球之名下，但事实上，盘口之初绝对和赌球无关。创立于19年前，之间盛衰数次的中国股市毫不客气地抢了这把交椅，至今你仍可以在和赌球毫不相关的股票网、财富网、咨询网间随意觅得盘口、买盘、卖盘、虚盘、实盘等词语，甚至庄家也是这个证券市场的常见术语。

创立于1998年的澳门彩票有限公司算是树立了亚洲足球博彩的一个标尺性玩法，因为在此之前的数十年间，发迹于欧洲中心伦敦的体育博彩，最谙熟于足球与赛马，因此一本《赛马与足球展望》杂志在21世纪成为研究中国足球彩票的热门刊物。和欧洲体育博彩市场大为不同的是，流行于欧洲的赔率式博彩游戏经过澳门彩票公司的改造，俨然成为亚洲市场乃至全球市场最被认可的体育博彩游戏。

赔率和盘口有什么相同和不同，它们相同的地方就是赔付的比例，不同的是对赔付比例的算法不一样。举例来说，一场意甲罗马 VS 帕尔玛的比赛，在英国博彩公司那里会被开出主队胜 1.70/ 平 3.30/ 负 5.00 的赔率组合，也就是说你拿出 100 元分别投注在胜平负三个结果上，获得的未来收益是不同的，主胜你 100 元只可以赢 70 元，双方打平你可以赢得 230 元，而主队输球你则可以赢取 400 元。

在澳门彩票公司这里，假如它们会为这场比赛开出主队让半球的局，那么这个半球就是盘口，当你下注到罗马这边的时候，如果罗马取胜，你只能赢得你投注金额的彩金（不考虑水位，后面详述），而当罗马平或负于帕尔玛的时候，押注罗马的金额将全部输掉，反之押注帕尔玛的将获得全部彩金。以此类推，如果遇到让 1.5 球的盘口，也就是说让球一方只有胜出至少两球，才为赢盘，反之均为输盘。

### 水位

水位，其实就是赌博公司的佣金。作为博彩公司，开出盘口的意义在于提供了一个可以让投注客参与的平台，因此依靠这个平台获取佣金也是无可厚非之事。

这个和澳门娱乐场中百家乐游戏规定押注庄家的一方赢得彩金的时候必须向赌场缴纳 5% 的金额一样。当然你可以看到在其他赌场游戏中似乎赌场并不抽取彩金，那是因为在类似骰宝游戏中出现围骰（即三个骰子一样的点数）押注大小会被通杀，Black Jack 中庄家可以先让闲家要牌导致爆牌的结果，这一系列就是赌场的天然优势。

澳彩从 1998 年开始设立足球博彩的水位是控制在 1.85 的水准，综合来说澳彩就每一场比赛平均抽取 15% 的佣金，后来由于各地博彩公司的竞争，特别是外围博彩公司的无序竞争，澳彩一度也将英超赛事的总博彩水位调整到 1.90 以上，也就是只抽取 10% 的佣金，这对于一年超过 100 亿元的投注额而言，也是一个不小的让利。

量化到罗马对帕尔玛的比赛上，澳彩盘口是罗马让半球帕尔玛，即便这个情况下，还是看好罗马的多，那么押注罗马的盘口仍然是半球，但是对应的水位只是 0.85 水，而押注帕尔玛的水位则是 1.00，也就是说，罗马胜出，那么押注罗马 100 元只能获得 100×0.85=85 元的彩金，也就是说有 100−85=15 元作为佣金被澳彩提取；反之如果罗马战平帕尔玛，那么押注帕尔玛的将获得 100×1.00=100 元的彩金。

A、B、C，在赌球圈代表的单位是万，千，百。用字母来代表金额，最早还不是庄家的发明。张静江是南浔富翁张颂贤的孙子，少年时冲进火海救人摔断了髋骨，成了残疾。第一次和驻法公使孙宝琦回国，就在船上结识了孙中山，为了支持革命，张当场就给了后者 3 万银元。后又约定，只要需要就发电报给他，A、B、C、D、E……代表 1、2……5 万。后来孙中山试验数次，果然毫厘不差。

### 盘口和水位的调整

如果你看懂了盘口和水位的基本解释，那么也许会问盘口和水位是不是一成不变的呢？告诉你盘口、水位和股票上的买卖是相类似的，虽然不能做到像股票那样每笔交易都可能是不同的价位，但是盘口和水位其实就是博彩公司和下注者，甚至是某些利益集团之间博弈的晴雨表。

还是拿上面一场比赛作范例，如果从上周六开始，罗马对帕尔玛的初盘（术语，指博彩公司为某一场比赛起初开的盘口）是罗马让半一，如果看好罗马的投注者蜂拥而至，使得押注在罗马上的资金达到或者超过博彩公司的一个限额，这就类似于保险公司收到太重的一笔保单，一旦理赔会导致公司破产危险的时候，保险公司会采取分保的模式操作。

这个手法也适用于博彩公司，博彩公司可以将一部分注码投到其他的博彩公司去，这样的话固然可以降低风险，但是也可能导致利润丧失，因此博彩公司在投注金额并非绝对大的情况下，初期会尝试降低押注罗马的赔付水位，比如将初盘的 0.85 水降低到 0.80 甚至更低，此后可能将盘口从半一调整为一球，这往往会使得意欲投注罗马的投注者降低继续投注罗马的念头。

一般而言，国际上这种盘口调整的幅度不会很大，由于博彩公司对各大赛事的把握，初盘到终盘的变化幅度不会超过 3 档，即从平半到半一这样的幅度。然而在一度假球肆虐的中国足球联赛中，这个纪录被屡屡打破。（典型案例，上文中 2004 年中超辽宁 2 比 3 山东）

### 大小球

根据足球比赛的统计规律，一场比赛的入球一般在 2 球以上不到 3 球，于是围绕 2.5 这个中位值的争夺就诞生了大球小球一说，除了个别联赛，大部分的比赛会以 2.5 球为分界线，超过则为大，少于则为小。不过中国联赛的特殊性决定了有的时候这个中位值要提升，比如在一场有消息的比赛前，大小球就开到了 3.5 球，即双方打入 4 球才算开出大球。

2004 年，新加坡彩票公司有意配合中国国民到新加坡的旅游热潮，开始有关中超联赛的竞猜，但是当其内部一位人士拿到有关上几个赛季中超联赛的比分统计后，便敏锐地对很多场比赛比分提出疑问，一些类似于冰球比赛的比分被直接打入疑问球名单，或许正是那个时候起，有关中国球队涉嫌假球的新闻就开始在新加坡国内流传，直到王鑫等一干人东窗事发。

大小球的玄机和实力无关，今年中甲联赛青岛海利丰和四川的比赛，为了能打出大 3.5 球的大球，青岛队不惜吊射自己大门。

**封盘和疯盘**

封盘，这个名词最早见于棋类比赛中或者是王晶导演的赌神系列片中，凡遇到棋手休息如厕或者是在最后一张牌揭晓前，便可见到如此手法，往往是以大钟鼎似的器皿扣住棋盘或者赌台。不过在足球博彩中，也会遇到封盘的情况，这个情况产生的前提是博彩公司（庄家）获悉某突发消息或者遭遇爆发式单边投注，为减少风险采取的一种规避风险的方式。

具体到 2004 年，澳彩首开中超盘口，由于在之前的 2003 年就有诸多疑问赛事被澳彩列为黑名单系列，因此几支实力强劲的球队，包括上海申花在内均未被澳彩选中开盘。而在开盘的赛事中，澳彩也是采取了非常稳妥的方式，即在比赛前一个小时才开出盘口，一来可以更精确地了解比赛信息，二来减少投注降低风险，但是在实际操作中，一位操盘手曾经告诉笔者，有一场比赛在赛前一个小时开盘后，即发现有很多疑问投注，遂几度封盘，实际接收投注不超过 100 万元，但是最后的结果还是使得澳彩赔钱超过 60 万元。

疯盘，这个似乎是杜撰的名字，却实实在在地出现在中国足球联赛上，盘口疯狂跳升，如上文中的八个区域的变化，此外，上文中深圳对辽宁，申花打青岛，显然已"疯"。

**诱盘**

诱盘一说，常见于某些伪赔率专家的说辞，意思是说博彩公司似乎洞悉了所有比赛的密码，随后开出比较有诱惑力的盘口，用于吸引投注客押注到错误的一方。简单举例说，像上面说到的罗马对帕尔玛的比赛，主队让半甚至一球都是正常的盘口，而当庄家开出罗马只让平手半球，即便打平，押注罗马只会输一半的情况下，很多投注者就会反向思考，庄家这个盘口是不是在诱骗我们押注罗马，在这样的分析判断下下注帕尔玛。

在中超的赛事中，不乏这样的先例。2008年青岛和上海申花"意外"战平，就是庄家在已经知晓结果情况下的"诱盘"。

### 倒盘

所谓倒盘，意思是说盘口正常，赛前投注也未出现异常，但是在某些利益集团的操控下，比赛出现违背常理的结果。常见的是强队突然进攻失灵，甚至胜负关系完全换位，赛前是预测主队胜出两球都不难的，比赛完后出现客队胜出两球的情况，这样的情况采用足彩的术语来说就是冷门，但是冷门的背后如果是与盘口相牵连，那么这个倒盘一说就是成立的。2002年云南红塔对青岛海牛的比赛即是这种情况。

### 滚球盘

滚球盘，也称走地盘，这个是随着网络投注的兴起而出现的一个新的玩法。在2003年前，各地的赌球一般是以电话报盘，在大小庄家间实现的，即便是最正规的澳门彩票有限公司，至今也一直保留着电话投注的方式，这家由澳门政府监督下的博彩公司其管理之严格令人咋舌，该公司的机房保留了从1998年至今所有电话投注者的录音，这些资料处于严格保密中，除了必须的技术人员出入这个有着超级存储量的房间外，即便澳彩前CEO郭志豪和他的贵宾也无奈于"工作重地 谢绝进入"了。

据澳彩人士告诉我们，保留录音对于维护投注者和博彩公司利益意义非凡。但凡澳彩让球盘玩法，投注无非是上盘或者下盘，大球抑或是小球，国语粤语语言之间的，甚至是临时意念的转换都可能带来次日输赢的直接关系。这个说法我们在澳门很多娱乐场得到验证,当你坐在 21 点台前,哪怕你拿到了 20 点,正常情况下不可能再要牌,但是荷官还是要你做出不要牌的手势,因为赌台上方的摄像头会记录这一切,防止有人舞弊或者悔牌。

滚球盘的意义在于使得投注者有机会挽回赛前下注的损失,但是很多时候也会使得你会连续死在同一条沟里。拿罗马对帕尔玛的比赛为例,赛前也许你下注罗马让半一,比赛进程中,帕尔玛先进球了,这个时候博彩公司会开出罗马在 0 比 1 的情况下继续让半球的准备,这个意味着只要你继续押注罗马,一旦罗马扳平,你就可以赢得下注的注码,即便是赛前的注码输了,你也可以保住本钱,而当你敢于在 0 比 1 落后情况下扑下大注,那么你可能会赢大输小,但是如果罗马继续丢球,你后面的每一次投注都将输掉。

在足球博彩圈子里面,你往往可以听到一场球输掉一周盈利的故事,这个故事的触发点往往是一个强队突然失灵,惨败于客队弱旅的实例。2004 年有一场西甲的赛事,是皇家社会这样一支前一年西甲亚军的球队,对阵一个中下游球队,由于是客场的因素,庄家为皇家社会开出平手盘,也就是只要皇家社会不输,押注皇家社会的就不会输,但是事情的实际发展是皇家社会以 0 比 4 惨败,按照每次被攻入一球,投注者追加一手投注的话,这个投注者至少输掉 3 倍的投注金。

当然这样的滚球案例也有喜剧性的发展结果,那就是当强队落后之后,实现入球反超,那么对于在每入一个球之后的追加投注而言,会出现连续盈利的结果,不过根据几年来的赛果分析以及心理学研究,这样的案例少之又少。

### 看球与看比分

有盘无球,或者说有盘无求。对于 2002 年前后介入足球博彩,简称为赌球的人来说,观看韩日世界杯无疑是视觉的盛宴和无上荣誉感的体现,但是摆到国际赛场的中国足球以毫无竞争力的表现让国人感受到看球只是一种奢望,倒不如玩点彩头来得更实际一些。不夸张地说,这 10 年来参与赌球的各路人士中,在 2002 年前后下水的至少占据八成到九成,此后的发展是每次大赛会发展一批人士,当然在这个过程中大浪淘沙，或者说是洗牌出局者众多也属事实。自1998年的世界杯起（澳彩从此诞生），历次世界杯、欧锦赛是赌球这个群体最容易爆发增长的时机，这和每个赛季的欧洲联赛以及欧冠赛事完全不是一个当量级。

和一个球迷在一起看球与和一个赌球者一起看球完全不同，在一个押注了小球的赌徒看来，双方无精打采的踢法最好，于是一场0比0的比赛在他看来最满意；而对于下注了大球的赌徒来说，当两个队各入一球后，他会称之为"听牌"了，只要任何一个队进一球，他就稳稳获胜了。这种情况下，和原始心态下支持任何一方的人相比，这样赌大小的赌徒是近几年来发展最快的一族。

比分网的盛行是由2001年前后引发的，在此之前仅有一个LIVESCORE的英文网站可以较快地查阅即时比分，如今谁也说不清网络有多少个即时比分网站存在，"啾啾"成为这些年表示入球最有代表性的声音。

比分的瞬间变化造就了悲喜。2004年欧锦赛小组赛英法大战，一位此前输得"来不起了"的下注者痛下重注，押在受让平半的英格兰队身上。90分钟过去，英格兰1比0领先。此君马上集合朋友，吃饭庆祝。伤停补时阶段，齐达内任意球将比分扳成1比1平；开球，杰拉德鬼使神差的回传，直接造成亨利单刀。出击的詹姆斯除了将亨利放倒之外已经没有什么别的选择了，点球！齐达内点球破门，梅开二度，反败为胜，乾坤倒转！远在万里之外，此君瞬间从一个赢家变成一文不名的输家，朋友们不知如何安慰，只好散去。

**其他盘**

应该说这10年是体育博彩发展最迅猛的时期，随着互联网和资讯搜集手段的提升，博彩公司和投注者之间的庄闲博弈愈发微妙。

1. 开盘赛事广泛化。1998年澳彩只给英超、意甲、德甲、西甲、法甲这五大联赛开盘，除此之外也仅为世界杯、欧锦赛和欧洲冠军杯、欧洲优胜者杯以及联盟杯开盘；2002年后，世界上大多数国家的顶级联赛都列入开盘范围（最具代表性的是为北欧联赛、日本联赛等开盘），2004年后，澳彩尝试为中超、韩国联赛以及巴西、阿根廷等每周联赛开盘；2006年后，活跃于中国大陆的外围博彩公司几乎为所有有确定结果的赛事开盘。

2. 开盘项目多元化。2005 年以前，澳彩以及一般的博彩公司仅开出让球盘和大小球盘，最多是有比分波动的竞猜。但是随着 2006 年世界杯的到来，借助于英国博彩公司的一些做法，特别外围博彩公司为比赛中的角球、红牌、黄牌、越位、换人乃至哪一方先开球、哪一方先换人都开出了盘。

3. 开盘赛事无序化。这一点体现在外围博彩公司上就是开盘的赛事甚至渗透到少年比赛赛事，据传有一场类似于萌芽杯的赛事在西安举行，上午 9 点算上工作人员和有关人员，看台上不超过 30 人，但现场某记者在自己的电脑上打开比分网站，甚至是先于自己的目光"发现"了入球，不得不让记者惊悚怀疑是比分网间接地指导了这个入球发生。环顾四周，似乎并无有关人员提供现场比分直播迹象。

### 高科技博弈

澳彩发展力度不大，但是外围博彩公司的竞争确实是如火如荼，从网站设置的人性化，到发展客户的优惠政策，再到构建不仅仅是互联网的投注方式，据了解，目前大部分博彩网站甚至可以利用手机 WAP 方式进行方便的投注。

博彩公司和投注者之间实际上是看不见的庄闲博弈，这个和娱乐场的赌客对荷官完全不同，庄闲之间的这个博弈是在看不见的战线举行，所谓"魔高一尺道高一丈"就是明证。

虽然现在满世界的比分网站和足球网站有数不尽的改单广告的诱惑，但是就各大外围网站的技术防备和反黑客技术而言，绝大多数是属于电话诈骗级别的。

不过高科技始终是博彩公司和赌客之间争夺的一道生死线。

有一场青少年比赛发生的千古一怪是：一名现场记者，由于平时也好赌上一把，这天在西安看到网上盘口显示进球了……

他迷惑不解地抬头看，因为此时两队根本没进球，他以为盘口摆了大乌龙，正想骂几句不专业的盘口时，发现真实的比赛中——进球了，而且正是盘口显示进球的那支球队进球，只不过时间相差了 5 秒。从此他开始注意盘口进球和真实比赛进球的时间差，发现很多比赛正是按照盘口显示的时间进球的，只不过中间有些场次比盘口慢了几秒。盘口不会预知真实的比赛进程，只有一个理由可以解释：这种进球，是被提前操纵的。

2006 年前后，香港警方打击外围博彩中就有消息披露，一伙专业赌球人士利用超快速的光纤电缆在出现危险球的时候就输入下注金额，并利用电视转播网络传播以及自身速度的优势，屡屡在赛事举行到最后的时候把大球注单打进博彩公司的主机上，仅此一项短短数月就非法获利数千万港币；此后外围博彩公司对自身的网络投注系统进行了不间断的改良，从出现危险球入球的封盘，到危险球注单延迟确认，再到取消团队机器注单等，以此对付各种企图获取非法营利的团队或者个人。

打水，这个最早出现于欧洲博彩公司之间的名词，这几年也不断成为地下赌球团伙口中的名词，依靠不同公司间水位不同变化，通过不同的投注组合，保证在自身不会产生亏损的情况下获取稳定利润，是这个方式这几年来方兴未艾的存在理由。不过随着投注者的方式转变，打水不仅是一种手工劳动，很多集团化运作，是采取数十台电脑安装不同软件并实时读取各博彩公司水位和赔率后自动做出的投注。作为博彩公司一方也以突然取消注单等方式展开顽强的反击，而一旦某些注单被取消，也会使得打水的客人遭遇重大的损失，此为后话。

2003 年 3 月 13 日晚 9 时左右，澳门彩票公司在其网页上历史性地为甲 A 联赛开出了盘口，为了占领内地市场，澳彩方面对开盘甲 A 做了相当充分的准备，澳彩公司网站拥有繁体、简体中文和英文三个版本接受各方投注，而作为同期筹备的泰文、葡文、日文版本都先给简体中文版本让了路。

但在开盘 4 轮共 10 场甲 A 比赛后，澳彩公司一位主管即表示："从目前来看，内地的地下庄家对我们冲击很大。我们从有关方面得知，现在内地的非法庄家不少，他们私下接注大面积分流了澳彩的生意，最后回笼到澳彩的投注总额有可能不到真实投注额度的 1/20。"这位主管在接受采访的过程中忧心忡忡，不断提醒，散户们在黑庄那里下注是非常危险的。但内地的庄家们可管不了那么多，他们正利用澳彩给甲 A 开盘形成的热度肆意出手操纵比赛。

问题比想象中严重得多，从第 17 轮联赛开始，澳彩再也不敢给陕西的比赛开盘了，国庆节过后，第 18 轮甲 A 联赛开战，澳彩的甲 A 盘先是开盘时间延后，周五的晚上还未出现周日比赛的盘口，再就是开盘的比赛大幅缩水，仅对其中 4 场比赛开盘，四川对大连、云南对陕西以及重庆对八一的比赛都由于流言较多而被迫放弃。在当年联赛最后一轮，澳彩仅对上海申花对上海国际的这场德比大战开盘，澳彩在一轮比赛中仅对一场比赛开盘在本赛季还是从未有过的事，这应该是甲 A 联赛已经无法控制的信号。

除了内地黑庄从中作祟，让澳彩无能为力的还有 2003 年那让人难以想象的、输球进中超的千古怪事。

## >>> 输球进中超

重庆队门将李健似乎还有一瞬间的"纠结"，他稍微迟疑了一下，将球扑出底线。满场球迷因此齐声叹息。主队为客队没有进球而如此扼腕，对于这种但求一败的场面，重庆队主教练米罗西也不知如何是好。

2003 年 11 月 28 日，李章洙走出重庆机场，上百名球迷敲锣打鼓迎了上来，给他献上了花环。3 年前，他所在的重庆隆鑫队获得了足协杯冠军，因此不少当地球迷与李章洙情投意合。但没有哪一次相见比这一次更尴尬，"欢迎李指导来赢球！"听起来是多么刺耳。此时，重庆崽儿姚夏被同乡殷勤地拉住，"后天一定要多进几个！"

让当时的青岛将帅李章洙、姚夏不知道点头还是摇头的，就是这场著名的"输球进中超"。他们在山城所"遭遇"的热情，完全来自对方的内心。只要联赛最后一轮，青岛队客场击败重庆力帆队，后者就有可能凭借输球冲进次年开始的中超。

你绝对没有听错——一支球队要输球才能名次排前？是的，这都是规则惹的祸。

不少历史学家认为，之所以中国近代落伍，这是因为我们很长时间以来都不是数字管理的国家。而推动中国足球发展，规则制定一直堪称足协工作重点。老实说，这一年在国际上也发生了很多击破当地联赛规则的事情。

这一年 7 月，布莱德利在美国职业大联盟地铁明星队执教。在一场比赛中，他已经换了 3 名队员，但仍然想要在进攻上多换一人。当时，和 FIFA 规则不一样，大联盟规定场上能换 4 人，但最后一人必须是门将。不过，布莱德利还是玩成了惊世诡计。球迷和裁判目瞪口呆，他们看到，在场上比赛的一名中场和门将霍华德（曾在曼联效力）换穿球衣。

这时，站在场边的一位矮小的"门将"，实际上是攻击球员加文，只不过当时他穿上了门将衣服。裁判不得不同意加文换下那名"门将"。等他一上场，就把门将服和霍华德交换，自己穿上了那名中场的球衣，疯狂进攻。"消失的第四替补"加文运气十足，在那场比赛中打进了制胜球。对这个球，美国人都说 OK。但随后，大联盟职业委员会迅即补了这个 bug。

可怜的是，这次中国足协的规则并不鼓励一支球队获胜。足协决定 2004 年启动中超联赛，当时领导者制定出了 2002 年、2003 年两个赛季甲 A 排名以捆绑计算"中超资格积分"的方案，来确定参加中超的球队，具体的方法就是：2002 年的排名 ×0.5+2003 年的排名 = 中超资格积分。这个看似很理想的计算方法，却在 2003 年最后一轮甲 A 联赛中显现出了巨大的漏洞。

当时，除了已经铁定无缘中超的陕西队、八一队，另一个名额肯定要在天津队和重庆队之间产生。重庆队要想挺进中超的必要条件，就是天津队在客场输给夺冠热门上海国际队，而自己在主场输给青岛队。这样一来，青岛队中超资格积分就会超过天津队，青岛队名次上升了，天津队的名次就会下降。此消彼长，重庆队就可以借机超过天津队。所以，虽然天津队最后一轮客场对上海队的胜负重庆队无法掌控，但重庆队必须自己先输掉这场对青岛队的比赛，然后再观望津沪决斗的结果。

当时媒体爆料，这是一名球迷发现的 bug。实际上，普通球迷怎么会发现这个漏洞，正是对规则研究细到毫巅的澳门庄家，在日常计算降级概率时才发现了这一玄机，但庄家不好直接出面指明，只好借球迷之口来报料，目的是为了提醒中国足协。庄家为什么要提醒中国足协，是因为全世界的合法庄家都希望能有一个健康有序的赛制，这样才能保证博彩顺利进行。其实真正合法的庄家特别是像必赢这样的大庄家，根本不可能去操纵比赛，因为庄家赚的钱是水钱，它只是提供一个平台让两方去博弈。

消息扩散后，中国足协一开始根本不信，后经老郎仔细计算才发现这个严重问题，急忙发文件通知各队要注重体育道德，不要搞不正之风。但很多俱乐部却认为，首先是中国足协搞了不正之风，连规则都出了这么大漏洞，下属球队为什么不合理利用规则。

比如重庆力帆俱乐部很感兴趣，求胜不容易，求败还难吗？当时担任俱乐部副总经理的吴政说："我们会好好准备比赛，肯定不会做违背足协规则的事情。"而此时，中国足协除了尴尬地沉默，也实在想不出其他的补救措施了。

战前一天，吴政在诸多记者面前侃侃而谈，他公开表示，球队准备输球，并一再强调"这不是假球，而是利用规则方面的漏洞"。交流中，熟悉的记者也为球队输球出谋划策，比如如何在本方禁区内犯规制造点球、如何主动申请红牌等等。也许是过于明目张胆，重庆俱乐部也感觉到如此营造输球的氛围实在不妥，采访只好草草收场。

11 月 30 日两队在大田湾的比赛打响，可以容纳 2 万名观众的体育馆座无虚席，让青岛队受宠若惊。他们完全享受的是主队待遇，"青岛必胜！""姚夏雄起！""李章洙看你的了！"重庆队派出了大部分主力，但在最关键的中后卫位置上，很少上场的赵爽首发。比赛刚一开始，青岛队便轻易地掌握了主动权，如潮水般向重庆腹地发起猛攻。前 8 分钟青岛队居然获取了 6 次射门机会，但非偏即高，只有一脚软绵绵地打门,打在了门框范围之内。对此,重庆队门将李健似乎还有一瞬间的"纠结",他稍微迟疑了一下,将球扑出底线。满场球迷因此齐声叹息。主队为客队没有进球而如此扼腕,在那种环境中绝不幽默。

对于这种但求一败的场面,重庆队主教练米罗西也不知如何是好,他并没有因冲超出现一线生机而欣喜若狂,只能不声不响坐在指挥席上。

不管如何,李章洙选择赢球,让重庆球迷开怀的是家乡人姚夏。第10分钟,"猎豹"凌空打门,敲开了重庆力帆大门。全场一片欢呼,所有人的情绪在人浪的煽动下被点燃。重庆队等待已久的"杀戮"终于开始了。在短短3分钟内,青岛队连下三城,姚夏、彼得诺维奇、高明各入一球,比分瞬间定格在3比0上。

3比0后,球迷们安静下来了,他们都在等待另一个场地的比赛结果。除了保证自己输球外,他们还得确认天津客场被上海国际队击败。

此时,尚存夺冠希望的国际队应该能够战胜天津队,然而,上半场临近结束时,"噩耗"传来,天津队居然一球领先。最后该队神勇无比地以客场2比1击败了夺冠热门上海国际队,何志彪在大田湾未等补时结束就一声长哨,宣布主队输球冲超的计划彻底泡汤。

直到现在重庆球迷仍相信,上海队主场"心甘情愿"地输给天津队是一次"交易"。然而,渝青之战却成就了一个纪录:唯一一场赛前赤裸裸宣布输球,并言出必践的比赛。如此彪悍的人生,连庄家都难撄其锋。由于无胜负悬念,而且双方也确实没有"商量",大多数庄家不得不宣布放弃开盘。

2003年6月14日早上9点,昆明机场有一种逃亡的气息。两个月的隔绝,让撤离不用动员,国奥队的行动速度犹如无球奔跑的曲波。来自大连、北京、天津的教练员、队员,要一起乘坐CA4171航班飞往北京。

主教练沈祥福、助理教练陈金刚则跟几名队医一起来到了检录口,他们要帮着大家领健康表,昆明机场的防"非典"工作做得很仔细,队员们费了好大一会儿时间才把这件事情办完。

"非典"叫嚣着把杜威们困在昆明两个月,他们练到疯狂、练到崩溃、练到废!所有人都因为心理或生理需求渴望下山。大多数人抱怨"非典"把他们隔绝在滚滚红尘之外,却不知道,跨过消毒水喷射过无数次的那条隔离带,等待他们的,是比"非典"还肆虐的庄家和盘口。

杜威孙祥们在那一年的年底懵懵懂懂地跟在张玉宁们身后,穿上了冠军金衣,脸上的笑容之灿烂,一点儿不输给1994年跟着巴西队在世界杯上打酱油的罗纳尔多。他们浑然不知,最后一场与深圳队的战斗,牵扯的内幕和金钱一样多。

## >>> 2003年末代甲A最后一轮的1200万交易

这些"灰色账目"是如何流通的,几乎已经成谜,但这些账目的总金额却可以估算,1200万人民币。在11月30日之前,有各路人等,抱着总额高达1200万的人民币,在中国大江南北末路狂奔。

### 一、风中的哭号

2003年11月30日,深圳人民体育场,在李毅们干净利落地以4比1拿下申花后,申花队员已经套上金色的冠军服,开始在体育场内象征性地庆祝,吴金贵举起奖杯,用力地抿着嘴,掩饰着内心的狂喜。在他身边,下军们不断躲避着看台上深圳球迷扔下来的水瓶和杂物,纷乱随着几万人"水货"的齐声高呼而升级,新科冠军不得不极速逃回休息室,张玉宁一瘸一拐落在后面,险些和拥上来的球迷发生肢体冲突。

与此同时,上海八万人体育场内,为球队打进最后一个进球的王云哭着奔向休息室,教练席上呆坐着的王国林若有所思地扔掉还有好长一截的万宝路,他的座椅下面,同样的烟头几乎有三十多个。

成耀东独自离开,走过一个看台,有人喊"成耀东,英雄!"再往前走,十几个球迷迎上来,给他竖起十几根中指。而抱成一圈欢叫的天津队员对此全然不顾，孙建军和张烁们的欢呼声混合在一起，尖利刺耳，队员间的每次拥抱都因为太过动情，变成一次撞击。

重庆大田湾体育场，一个球迷隔着警察冲着场地中的记者们，声嘶力竭地喊叫："都是假的！都他妈不要脸！国际队不要脸！中国足协更不要脸！这都是中国足协做好的套，让申花队拿冠军，让国际队放天津，不让力帆队上中超，不是足协自己打自己的耳光吗？"几个警察迅速冲上去摁住他，但他的声音依旧在风中传送，最后变成哭号。"送战友"骤然在体育场上空响起，掩盖了一切声音，或者，还有真相。

"申花夺冠""国际放天津""不让力帆上中超"，重庆球迷歇斯底里的叫骂，暴露了 2003 年末代甲 A 最后一轮的巨大真相。

那一轮的对阵是，深圳主场打申花，国际主场打天津，重庆主场打青岛，在看似公允的所谓规则下，末代甲 A 的最后一轮，在冠军的直接竞争者申花和国际，冲超的直接竞争者天津和重庆，冷眼旁观却有足够决定权的深圳和青岛之间，有着一个最后一环是假球的食物链。

有人要夺冠，有人想冲超，有人想求败，有人忍不住想放水，足球从未如此混乱，甲 A 从未如此荒唐。

围绕这个食物链产生的官商混杂、黑白交错、利益交换，在那之前已经轰轰烈烈地开始，已经被欲望冲昏了头的人们，红着眼睛，盯着对方，怀着叵测居心，以堂皇的名义，做着利己的勾当。与之相匹配的，是相关方面为了参与这个游戏而已经消费或者想要消费的资金。

如果有税务或者审计部门在那年的 12 月 1 日突袭检查几家俱乐部的账目，相信一定会发现一些这样的账目，或者已经支出却说不清合理的用途，或者已经列为收入却搞不清楚来路，甚至还有已经在账面上支出了却装箱另放的现金。这些"灰色账目"是如何流通的，几乎已经成谜，但这些账目的总金额却可以估算，1200 万人民币。

在 11 月 30 日之前，有各路人等，抱着总额高达 1200 万的人民币，在中国大江南北末路狂奔。

## 二、后备箱里的 200 万

11 月 29 日晚到 11 月 30 日凌晨这段时间，如果用蒙太奇手法，其实深圳、重庆、上海、青岛几座城市的老板、教练、队员、庄家、中间人、官员、商人、掮客可绘成一幅浮世绘，黑白两道在这十几个小时内，紧张而神秘地联系着，承诺着，试探着，中间还有反水。

就在那天晚上，一辆豪华轿车开到了其中一支球队训练基地的大堂门口，车的后备箱里有大量人民币，现金，把加长版的汽车后备箱塞得满满的，整整 200 万。车上下来两个人，其中一个人的名字大家很熟悉，他以足智多谋著称，另一个并不出名，但他是马上露面进行交接的这支球队教练的亲戚。

他们是代表某座城市来送钱的。为了夺得末代甲 A 的冠军，这座城市下了死命令，不惜一切代价把这个具有历史意义的荣誉拿回来。这支球队背后的企业非常有钱，而且有背景，在此之前已送出不少钱，这最后一战，更是要求做到位。所以他们派出了最合适的中间人来交易。

车上下来的两个人那时正好在与一家和文化有关系的公司合作，在来之前，他们已跟对方交涉清楚，直接以现金方式交接。而且这支球队因为缺钱，主力队员好久都没拿到工资了，所以没有任何挣扎地同意了。值得一提的是交易另一方的那位主教练，和这座城市颇有渊源，他完全也有可能收同城另外一支球队的钱，那支队也想夺冠，需要他的阻击。这个豪华车的主人，一直没有降低车速。

然而这 200 万，却由于一个小细节，出现了转折，最终又被放进了豪华轿车的后备箱。当时在现场的人和不在现场的人提供了两个版本：

一是该主教练正义感涌现，拒绝打假球。二是有几个主力队员见人和钱如约来到，兴奋之余大呼小叫："兄弟们，分钱吧！"惹得服务员也探头观看，而这名主教练正好从大堂出来，弟子们如此明目张胆让他始料不及，生性谨慎的他立刻意识到了问题的严重性，赶快招呼远道而来的自己的亲戚："快走，把东西拿走。"之前还兴高采烈的队员们听到吆喝赶紧缩回了已经伸向箱子的手，他们的主教练亦师亦父，拥有绝对权威，而且比他们会审时度势，所以没有任何人敢提出反对意见。而本以为进展顺利、已经给出钱方打了电话交差的两个中间人，一下愣在那里不知道怎么办才好了。两位中间人最后是被这位教练推着走出来的，在他们后面，跟着一群恋恋不舍的队员。

第二种说法也许更可信，因为那之后也有未在现场的队员，看见自己的队友沮丧地回到房间，扎在床上。那个足智多谋的中间人曾私下透露：事情主要坏在那些主力球员身上，不过坏事变好事，因为事实证明，那位教练的谨小慎微帮他们省了钱，不用买球，那支球队也得到了自己想得到的。

好玩的是，那最后只能原封不动运回去的200万，给那家俱乐部出了个大难题，它没有被送出去，但又不好回账，所以这笔钱很长时间都装在那个箱子里，被带来带去。在以其他的方式存在中间人手里很长时间以后，该俱乐部才找了个类似冬训费、场租费的理由将它归账。

多年以后在广州，这名中间人庆幸地说，这就是命，如果没有那几个球员的大呼小叫，没有好事的服务员出来观看，这笔钱就被送出去了，如果送出去了，当两年后那座城市的高官落马时，很可能说不清道不明，自己也就被牵扯进去了。

在上海，比赛前夜，国际的老板徐泽宪像往常一样请所有队员去代表上海高端夜生活的金茂88层喝咖啡，这是球队惯例，一是放松，二是观察是否有队员情绪不正常，从而为第二天的上场名单作判断。每个人都心照不宣地故作轻松，听音乐，聊天，看上海滩如烟的夜景，但大家都是装的，徐泽宪和王国林们莫测的目光，让很多人丧失了坦然面对的勇气，而且，每一个人都在揣测近在咫尺的队友，到底是对方的卧底，还是老板派来监视自己的人。

不了解徐泽宪或者不了解上海滩的人，很难理解这位老板这一刻内心的紧张和复杂。徐泽宪疯狂爱球，只要有空，连女足二级联赛和青少年比赛都看，当时他是中国远洋集团上海中远三林置业集团总裁，虽然在上海生意做得很大，但在足球方面一直被排挤。在上海这个大舞台，腔调是很重要的，面子是很重要的，他一定要干过申花。早在2002年时，他组织的上海中远队（国际队前身）

就在上海德比中力克上海申花队，那一天，他喝得酩酊大醉，这是腔调，这是面子，这更是他的理想。

徐泽宪当过兵，参加过老山战役，他是炮兵，虽然没有端着枪近距离地射杀过人，但每一炮下去都能轰倒一片。就是这样一个英雄般的人物，时常会面对上海滩哀叹：我为上海做了这么多贡献，为什么上海人就不容我的足球队。

这两支上海球队如黄金荣和杜月笙，名义上同为上海大佬，但暗地里争斗白热化。不是上海人不容上海国际，而是上海申花不容，那一年为了夺冠，上海申花总共花费了 1 亿人民币，而且是政府买单。上海申花的楼世芳因为背靠政府，所以放出豪言，一定拿下末代甲 A 冠军，他是有底气的，不仅背靠政府，而且他跟中国足协的关系也非常好，足协虽未内定末代甲 A 冠军，但一路大开绿灯，一位足协官员明确地说："让上海夺得末代甲 A 冠军，其实是众望所归。"

那天在金茂发生的意外事件，让徐泽宪有些烦躁。国际的 D3888 奔驰大巴刚停下来，一辆的士就因为抢道追尾了，的士的保险杠飞出去的瞬间很多队员都被吓了一跳。"这叫触霉头吧？"有人嘟囔。申思马上纠正："那叫触彩头！"这话无法让徐泽宪感到些许安慰。球队回到基地时，徐泽宪在房间里跟成耀东谈了很久的话，商量第二天谁上，他们也听到一些传闻。这时，为了保级的天津队和为了夺冠的申花队在做国际队队员工作的传闻，已甚嚣尘上，连徐泽宪也知道，直接找到球员，比找俱乐部更实际。所以他无法回房安心入睡，虽然每一个国际队员都说自己绝不会背叛老板。

实际上这天晚上，无法入睡的不止徐泽宪，暗夜里有很多人穿梭着在活动：一名 A 姓队员找到自己在队中最要好的队友 L 姓队员，说某队承诺如果次日比赛放水的话，就会给 300 万，当晚可先付一半现金即 150 万。队友 L 坚持要 350 万，而且当晚全部交割，因为——"这种关键时候还不赚钱，以后就没机会了，如果只付一半，对手达到目的后不兑现承诺，我们是没有办法的。"一个小时后 L 又反过来策反一开始做他工作的队友 A："不如我们反着打，中间人虽然只答应 300 万，但是今晚就现金交付。"A 坚决不干（因为事实上这时他已收了别人的钱，只不过瞒着 L），所以另找他人合作，而 L 也迅速找到了新合伙人。

这直接导致在第二天的比赛中，一支球队里出现两种战术状况，消极怠工的和拼命进攻的。可笑的是，那个前夜，成耀东深夜3点还在屋子里像个第二天要郊游的小学生般兴奋，他以为自己职业生涯的第一个冠军马上就要出现了，他甚至想好了在发布会上要说的话。

那晚与上海一样焦躁的城市还有重庆，因为在最后几轮联赛中，力帆已经不怕丑陋，坚定不移地利用"输球进中超"的规则漏洞，所以在29日这天，很多人在为最后一轮输给青岛队做准备。输球才有可能进中超，已经成为力帆俱乐部和球队上下达成的共识："这个时候，冲超压倒一切，总不能让我们拼命去赢比赛然后再掉入中甲吧。"对于周日与青岛的最后一战，力帆队员们的思想空前的统一：绝对要输！大家都认为，这种输球与假球有着本质的区别："陈忠和在世锦赛上不也要为女排选择对手吗？咱们输球是为了自救，是遵守游戏规则，合理又合法。"

一向视客队为敌人的重庆球迷这次敲锣打鼓地把客队青岛接到酒店，他们已经开始设计周日的口号，"我们要用重庆话喊青岛主教练李章洙雄起，姚夏雄起，另外我们还要用普通话喊青岛队进一个。"甚至已经有球迷为周日的比赛写好了横幅，内容是："姚夏，请捅我一刀！"即使重庆队主帅米罗西也表示："作为主教练，我不应该带领球队去输球，但生存的权利是人类的第一权利，人类如此，俱乐部和球队也是如此。"

### 三、1比3输球夺冠

11月30日比赛开始前，八万人体育场，很多人都在互相追问："有诺基亚手机吗？有多带的诺基亚电池吗？"这样发问，是因为上海广播电台、东方广播电台将以"时空连线"的形式直播申花和深圳的比赛进程，只有诺基亚新款手机可以收听到电台直播，由此而发生的一个奇妙景象是：全场2万观众中，1/5的人在耳朵里塞着耳机。在这样一个时空交错的下午，中国电信业的普及率之高、手段之先进在末代甲A的足球场上得到淋漓尽致的印证。

第6分钟时，广播那边传来深圳队李毅攻入上海申花一球的消息，上海人是感恩戴德的，顿时，"李毅！李毅！救国际！"在八万人体育场渐渐响起。第6分钟，这是一个让国际的人心动不已的时刻，大家认为，国际队战胜泰达是意料之中的事情，冠军像捏在手掌里的指纹那样现实。

然而，那天在8万人眼皮底下打进第一个球的是天津人张烁，那是第42分钟，没有队员能够清晰地回忆起那个进球发生的过程，除了国际队门将江津。"我看见两个中卫都倒地了，我很孤立，想去扑救却无能为力。"混战中失分，这是国际队员赛后唯一的总结。

张烁的进球像一根鱼刺卡入了观众的喉咙，八万人体育场上空的歌声骤然停止，没有人想象过天津泰达先进球的情况，另外一边深圳队还领先的一个进球也不那么重要了。徐泽宪猛地脱下那件灰色大衣，成耀东捏着红色秒表看时间，王国林玩命地猛吸"万宝路"……"没事的，不会出事的。"徐泽宪后来倚着休息室的门对记者自信地说，他一生多少次都反败为胜。但他应该发现，他的球队有两个主力球员，动作僵硬，线路死板，根本没有发挥出平时的水准。

第80分钟，天津队卢彦进球——那记轻飘飘的吊射在空中划出生动的弧线，就像心脏停止跳动的病人，心电图上突然跳出生命的曲线。江津头天晚上还在上海金茂87层对我说："我什么都不缺，就缺一个联赛冠军了。"但这次出击让他作为球员的最后一个梦想跑丢了。那之后三比分，深圳郑智进球，4比0。即便是这样的消息传来，徐泽宪的双目也已经失神，赛前他甚至和成耀东、王国林领唱了"前进！前进！前进进！"但他清楚得很，他人生中第二场自卫反击战就这样以失败告终。时任天津泰达老总的张义峰曾经用"死人"来形容被力帆逼平后的困境，但现在形势逆转——天津人已经用几天几夜来习惯自己的死亡，上海人却在1秒钟之内就看到一个幽灵掠过。

王云终场前的进球几乎被人们忽略不计，佩特为申花打进一球，多少能让申花找回一点体面。1比4固然难看，但冠军还是到手了。上海申花排名第一，上海国际排名第二，这样的格局在2003年的甲A积分榜上持续了很多周，可惜最后两轮，55和54的积分没有变化。

补充一下重庆大田湾体育场的镜头：真实的噩耗终于在第80分钟传了过来，

就像死缓如期执行一样，让所有重庆球迷都死了心，但场上的球员似乎还没有得到消息，他们心不在焉地在场上踢着一场纯粹是为了打发时间的比赛。但是看台上的球迷乐队突然奏起了《送战友》的音乐，这首本来一直是重庆球迷送给客队的音乐，就像哀乐一样向场上的力帆队员送去了挽歌。

比赛终于结束，1比3，输得酣畅淋漓。米罗西红着脸从教练席走回了替补席。没有听到球迷的欢呼，队员们一看观众席上的反应，不用问就知道了命运的最终选择。没有人掉眼泪，连眼圈红一下的冲动也失去了。看台上一些年轻的女孩子却受不了这样的打击，有几个女孩伤心地哭了起来。更多的球迷还在向退场的力帆队员喊"雄起"。符宾和刘欣走了过去，把手套和球衣扔到了看台上。

### 四、澳门盘口证明"内定"玄机

末代甲A不仅是输球夺冠，也是输人夺冠，当天晚上就开始传闻：拼死保级的天津队实际上搞定了上海国际队一些队员，所以战胜了志在夺冠的上海国际；也有传闻，上海国际队为了让深圳阻击申花，也花了一些大力气；还有传闻，重庆力帆为了保级，在这之前几轮就跟北方一支球队达成默契，只不过由于泰达赢球自然保级，所以做了无用功。

那段时间，上海申花的总经理楼世芳，也是原上海大剧院的院长，经常会很文艺地说一句"往事并不如烟"，其实，只有他才是真正知道完全版本真相的人。他所有的表现，所有的隐喻，所有刻意和无意的煽情，活像后来一段时间的余秋雨。面对正在发生的中国足球这场大灾难，他一度甚至用了大段《圣经》语言来阐述，用雾中爬香山来一舒胸臆。

"当我在天津客场无意中写下'津－渡口'的时候，竟成了末代甲A归属的箴言。当时战平天津，曾有几人会想到，天津泰达将最终决定冠军的归属，曾有几人料到，天津竟然真的成了申花登天的'渡口'。"楼世芳在11月30日那天的日记里，无限感慨，无限感恩，"津－渡口"的玄妙，只有他知道。

除此之外，还是有支离破碎的细节被曝光，比如，天津"私通"国际打假球，这是比赛当晚传得最盛的消息，后来被很多媒体披露出来：天津方面赛前曾与上海国际俱乐部达成一致协议，要根据比赛形势对天津放水，做掉力帆！这则消息据说是上海球迷"五香豆"于11月30日晚给重庆球迷"大皮球"致电时透露的。据"大皮球"称，"五香豆"与他，甚至其他很多的重庆球迷，有着多年的交情，很有正义感。"五香豆"表示如果有这个需要，可以站出来作证，并称这是国际俱乐部的二号官员告诉他的。

与此同时，还有一名力帆队员对媒体控诉："其实我们有几个队员昨天就得到消息说，天津队那边信心十足，甲A的冠军已经内定给申花了，国际只好答应放天津。只不过我没有想到，他们为了让这场戏逼真一点，还让深圳大胜申花，配合国际演一出不是为了夺冠无望就放天津队的好戏。唉，我们被别人做了就算了，最后又被调戏一把。"

"内定"这个词在2009年一度被与北京国安联系在一起，让人遗憾的是，从它2003年正式被引用到中国职业足球联赛里来开始，每次出现都没有意外，每次都是"铁定"。澳门盘口也证明了其中的玄机。申花和深圳之战是本轮澳彩惟一开盘的甲A比赛。初盘为客队申花让一球，贴水0.825，这意味着申花净胜两球才可赢盘，显然这个盘口偏大，和双方的实力并不相符。申花俱乐部一人士听到澳彩对本场比赛开盘后惊讶地表示："真的吗？澳门又开盘了？"不过在听到盘口后，他又长舒一口气："还好不是开申花输，不过这个盘口很奇怪，够他们琢磨一番的。"申花队客场作战，但是事关冠军归属，必将全力以赴，看好申花赢球无可厚非，澳彩如此开盘，并非没有道理。而一旦深圳队死拼申花，结果就很难说了。因此，彩民们对深圳队的态度将直接左右资金流向。盘口开出后，并没有多大的变化，只是贴水有上下浮动。在本赛季澳彩为申花开盘的比赛中，申花赢多负少，而且大多数都是赢球赢盘，这样的盘口对他们来说无疑是个好兆头。

### 五、回不了头的中国足球

这是"关联关系"的发端，而且这时，尤可为和王珀都在积蓄力量。

对于假球黑哨赌球，我们本有无数次机会。

1978 年，中国体育在亚运会上让球；1994 年，中国足球举国反击受贿；1995 年，在经济改革中的城市大发展缔造了高尚的"保卫成都"——这三个递进其实都跟盘口没有关系，它是人情，是政治，但它们从价值观上摧毁了中国足球界最后一丝防线。

1998 年夜审陈亦明和 1999 年的渝沈悬案，中国足球开始涉及到巨大的金额，但并没有引起有关部门的重视，当震惊世界的"11 比 2"，龚建平案和中国国家足球队打进世界杯一起发生时，很少有人会以为这隐喻着什么，大家都在光荣中忘记了耻辱。当那个案件被政客袁伟民不作为后，中国的假球势必朝着肆无忌惮的方向发展，因为，即使袁伟民和中国足协现在想抓，也无能为力了，这些俱乐部的后面，是政府直接的支撑，无论体育局还是足协，根本无法动摇地方政府的权威。

这就是末代甲 A1200 万的来历，来自赌博公司的危险其实还不如来自地下庄家更大，因为这时的尤可为、王珀正在行动，他们名气虽不大，但一直在操纵着各个俱乐部的各类比赛，他们熟知中国官场和球场的潜规则。

故事讲到这里时，我们并没有过多地叙述王珀、尤可为的行踪，可是他们正在为下一轮操盘做着最充分的准备。当国企、私企、政府正在以城市或企业的名义公然制造着各类假球时，他们更深地发现了盘口的威力。在赌博公司和政府之间小心翼翼打着擦边球，但能量，马上就要迸发了。事实上，此时王珀在陕西国力翻江倒海，已经创造了软禁、"5 比 1"、伪造证据等一系列事件。

大家所熟知的"权力寻租"，反映到足球场上时，就会因其裹胁着各行各业，因其项目本身以无与伦比的影视效果冲击着社会每一个层面。这时，球员 Q 被绑，扔到湖里去了；球员 L，本来将被俱乐部追杀，但其大哥正以强悍的姿态崛起成为青岛大庄家，无人敢碰；球员 W，这名昔日的老大，对另一个老大 Q 哀叹，别玩了，老鲨鱼也得沉底了。

中国足球此时，已没有机会了，它回不了头了。

就在这一年，大家很爱说一句《无间道》中的台词：出来混，迟早要还的。

## >>> 2004年深圳"白条冠军"

"钱是真没有，你可以跟着我一起打假球，从庄家那里把钱挣回来。"
这是现在已经关押在沈阳的王珀，在2004年前后的很多个早晨，对着
电话说的话。电话另一端，是在国力队摸爬滚打了两个赛季，却只拿
到一张120万白条的江洪。

### 一、"以赌养薪"的灰色产业链

"接待美国国防部副部长考察支出225元""接待老挝国家主席1530
元"……云南省宜良县大营村的这两张1998年开具的白条让人哑然失笑。大营
村村民、生产队时期的老会计施崇明满脸苦笑地说："美国国防部副部长肯定没
来过我们村，老挝国家主席是来过的，但那是上世纪90年代初的事情，而且来
了就走，没花我们一分钱。"施崇明手里攥着厚厚一沓白条，这些白条在大营村
里横行了15年，直到2007年12月开具这些白条的村小组长王光明被抓，这笔
糊涂账才最终暴露在阳光下。

这就是史上最牛的白条故事，美国国防部副部长牵扯其中让这里的白条有
了色彩，多了不少喜感。无独有偶，中国足球也曾用白条演绎过同样的黑色幽
默，其中，最滑稽的是，2009年12月，国务院足球工作调研小组的一份调查报
告得出的结论竟然是：欠薪成为足坛假赌现象泛滥的主要诱因。最不可思议的是，
2004年赛季，深圳健力宝队员腰里别着8个月来老板张海打给他们的上百张白
条，拿下了中超元年的冠军。

国务院的公务员们，只差一步就说出了"中国足球需要高薪养廉"这样的
蠢话。一切政治都是建筑在绝大多数人冷漠的基础上，但在国务院的调查报告
中，却有着近乎悲悯的描述。"大部分国内球员的收入和外界传闻的严重不符，
这一反差让我们感到吃惊，球员们不仅收入不高，而且被欠薪严重。"调查报告
里这段陈述中，反差这个词被打上了着重符号。之前对职业球员这个阶层完全

陌生并非好感的公务员们，在一番貌似翔实的调查过后，以为自己掌握了全部，于是他们带着不逊于《中国农民调查》作者陈桂棣和春桃一样的成就感，把"打白条"列成罪恶之源，继而得出了这个最荒唐的逻辑。

把"打白条"和欠薪当成中国足球"假赌黑"的充分必要条件，这个结论实在够短够粗！按照这个逻辑，揣着白条的农民工上街杀人，就应该得到法律的赦免。应该说，私欲的恶性泛滥，管理体制的混沌，注定了混乱时期的中国足球必然与赌球结盟，而绵延数年的普遍欠薪，以一种更极端的方式，加剧了黑暗的蔓延。在这个过程中，一些深谙规则心术不正者，则乘虚而入，操纵俱乐部，将俱乐部作为自己赌球的资本，并从中牟利，当做了一种生财手段。还有一些俱乐部经营者，在无力支付球员薪金的情况下，私下向球员表示，他们可以在适当的情况下，靠"打假球"来弥补自己工资方面的损失，俱乐部不会追究他们的不法行为。

同时，一条"以赌养薪"的灰色产业链也悄悄形成。一些俱乐部一方面拖欠球员们应得的工资；另一方面又在"哭穷"的同时，怂恿球员们通过打假球或者赌球等不道德的违法行为牟利，最终导致假球和赌球的现象在国内足球联赛中泛滥。

## 二、假球，唯一的出路

"钱是真没有，你可以跟着我一起打假球，从庄家那里把钱挣回来。"这是现在已经关押在沈阳的王珀，在 2004 年前后的很多个早晨，对着电话说的话。电话另一端，是在国力队摸爬滚打了两个赛季，却只拿到了一张 120 万白条的江洪。

得知王珀被抓后，在自己位于西安城里老城墙下的"胡同酒吧"里，江洪挤过酒吧一层缭绕的烟雾、昏暗的灯光、狭小的过道，拾级而上，推开二楼楼梯口的小门，来到豁然开朗的露天大阳台，那是他的领地。11 月的西安，户外寒气逼人，但他总愿意独自站在围栏前，望着前方马路上的车流，冥想。

他总会回想起刚刚退役的那一两年，每天早晨睁开眼睛那一刻他的慌张，在当打之前贪玩的他，没有存蓄，除掉那张白条，他只能两手攥空拳。所以，他总会忍不住，给老板李志民、俱乐部老总王珀打电话，追讨欠薪。靠造电池起家的李志民已经被足球折腾得皮干毛尽，起初还能跟他应付两句，后来干脆"不在服务区"了，而王珀永远只有那一句话、一条路让他选。

如果想走这条路，他不会在陕西国力俱乐部要迁移去宁波之前，完全被蒙在鼓里，俱乐部人去楼空，只有他一个人惊恐中发愣；他不会被遗弃在西安，迫不得已只能跟着卡洛斯一起登上安馨园这艘救生艇；他更不会在那年国力客场战武汉的前一天，在夜总会里，喝下了王珀偷偷在他酒里扔下的摇头丸……

武汉"红色恋人"夜总会在江洪的记忆中已经模糊，他对那里最后的印象是，王珀坐在大包房长长的黑色漆皮沙发上，对着他诡异地笑。"老大，你也来点吧"，王珀掏出那包东西时突然欺身上前劝他的样子，跟在某场比赛前拉扯着他，要求他在场上如此这般时，完全一样，而他的拒绝也一样。那次，从卫生间回来后在王珀"再干一杯"的吆喝声中，他无法坚持，突然眩晕。

后来在博客上承认吸毒的江洪，只是自我忏悔。臂上纹着耶稣像，手指上戴着 6 年前在巴西基督山买回的"Jesus"戒指的他，经过几年挣扎了却债务，戒掉毒瘾，内心已然沉静。只有一个话题能让他愤怒，那就是围绕那张白条发生的另一段情节，让他出离愤怒。

当年在追债未果后，江洪心力交瘁短暂回家，他年过七旬的父母亲，看到那张白条，认定是儿子没有晓之以理动之以情，二老决定亲自出马，并很快赶到了西安，利用一切可能的机会，进到国力俱乐部里，从法律到人情地说理。江洪的母亲赵桂英，是上个世纪 50 年代末全国公安女子篮球队的队长，父亲江永林在 1956 年是上海青年队的正选门将，二老身体都还好，天天到俱乐部报到。但最终花光了几个月的生活费，还是两手空空回来见儿子。

在西安折磨了一个月的两位老人，脸上的憔悴和沮丧，江洪说他平生第一次见到。那个瞬间，小时候在只有 14 平方米的家里地上铺着被褥，由父亲带着在上面反复练习扑救动作的情景，反复在他脑海中浮现，江洪血往上涌，对王珀的恨意骤然升级。

### 三、3000 万元的白条

2004 年 11 月 24 日，深圳队夺冠。当晚郑智与朋友在火锅店里涮着毛肚，汗水和着泪水，郑智问朋友："世界上有没有一个赛季不发工资还夺冠的球队？"朋友托人上网查了查，给了答复，大概是尼日利亚军政府内乱时有过 6 个月不发工资的经历。这和深圳俱乐部简直没法比，就在这一年，老板张海连续拖欠球员 8 个月工资，虽然其间遭到中国足协的降级警告，但到最后，欠薪总额仍然高达 3000 万元。

那段时间，朱广沪和俱乐部高管张健，就像是因欠款而导致资金无法周转的某街道小厂的厂长和党委书记，隔三差五地来往于广深之间，到广州东风路上那座富丽堂皇的健力宝大厦里，向他们的老板讨要工资。在这座从来意味着财富的移民城市里，深圳足球其实一直颠沛流离，但自张海以下，就再也没有摆脱过欠薪的阴影。直到 2008 年，他们的总经理还举着自己手中的白条，向朋友一脸苦笑，上面赫然写着一堆零碎的数字：接待裁判餐费 2000 元，手机费 500 元，购买矿泉水 1500 元……

2002 年 8 月，面如满月的 28 岁青年张海，以耗资数百万元的豪华游轮"处女星"之旅宣布了自己的到来。随即展开了一系列令人眼花缭乱的资本运作：投入巨资推广新产品"第五季"、收购河南宝丰酒厂、收购深圳足球俱乐部、投资平安保险及福建兴业银行股权……

整个深圳都在仰望着这个神秘的年轻人，当然，也包括深圳足球。但是，他们没有想到，这个人将会为深圳足球带来一段最特殊的时光。张海以自己资本大鳄的气魄，缔造了深圳足球史上最强大的阵容，朱广沪的彻底扶正，随之而来的郑智、杨晨、小李明等人，在人们还习惯性地把深圳看做一支中下游球队时，他们已经猛将云集。

收购健力宝后，张海一直在努力塑造着自己"实业家"的形象，但除了被业界视做"雷声大，雨点小"的"第五季"和后来因囤积原料而造成严重亏损的"爆果汽"两个新产品外，健力宝在主业经营方面乏善可陈。

与此形成鲜明对照的是，张海入主后的健力宝在收购投资方面的支出却高达 20 亿元，仅银行借贷就高达 10 亿元以上。在多元化投资的同时，张海还控制着大量与健力宝有业务往来的周边公司，通过转移支付等方式将大量投资款项在这些公司之间的转移中"化公为私"。但健力宝经营状况的恶化，是无法逆转的事实，张海本人在当年 8 月被合伙人赶下健力宝董事长和总裁的"宝座"，而打给球员和教练的一张张白条上，累计金额超过了 3000 万。

### 四、深圳队操盘秘笈

一个最明显的矛盾是，工资都不发，球员何来动力夺冠？朱广沪是靠什么调动了这些弟子？难道只是师徒情？这支球队，太像 1999 年的辽宁队，朱广沪和张引，以他们教父似的个人魅力，诠释了家族足球在某个特定时期的巨大威力。而朱广沪显然有着更深厚的人脉资源，在这个圈子里的长袖善舞，为他的球队赢得了广泛的空间。

深圳的老杨，现在已经回到了北京，开起了一家托管服务器的公司。公司开张不久，周转并不顺畅，他基本上是靠追回原来的一些欠款来维持局面。那些钱，差不多都是别人赌球在他这欠的钱。老杨本人就是那时候替深圳队做球的"操盘手"之一，一般情况下，个别球员为牟取私利，最好的办法是与庄家合作，去影响比赛结果，但是像深圳队这样一支特殊情况下团结一心的球队，完全可以获得更大的控制力，并靠"吃庄家"来获得更大的"整体利益"。当然，这时候他们更需要一些像老杨这样的专业人士，来帮助他们完成操作。

有细心人分析过 2004 年赛季深圳队全部的比赛结果，发现他们基本上是在强队身上拿分，这完全取决于他们超强的实力，但在弱队身上，他们却反而留下了大量的平局。在行家看来，这种球队是最好的操盘对象。以当赛季第三轮为例，深圳客场对阵青岛，赛前一天，庄家开出的盘口是平手／半球，这时候球队的操盘手在得到准确消息后，在大量的"土庄家"（国内庄家）手里下注买青岛。就算是土庄家大都"吃货"能力不强，像这种遍撒胡椒面的下法，下出去 2000 万也完全不是问题。通常情况下，成形的土庄家都是境外赌博公司的下线,在盘口上保持一致。这 2000 万砸下去,境外盘口会很快感觉到下注额的倾斜,这是庄家最不愿意看到的情况,所谓庄家,并不是自己下注的赌客,他们吃的是"水钱",所以,最安全的情况就是两边资金大致相当,几乎形成赌客对赌的局面。在这种情况下,盘口一定会发生明显甚至剧烈的变化,像这场比赛赛前的盘口,已经发生了完全相反的变化,由深圳平手／半球变为青岛让平手／半球,并且水位是低得可怜的 0.05(押 1000 元只能赢回 50 元),其目的就是为了把下注额向对面分流。这样的盘口当然会吸引大量不知内情但心存侥幸的下注者,把资金投向实力更强的深圳。但不管怎样,每一笔钱都是以下注时的盘口作为参考标准,只要最后青岛获胜,赛前一天砸下去的那 2000 万就算赢到手了。最后的结果就是青岛 1 比 0 获胜,按当时的盘口,押青岛就是全赢。

国际赌博集团一般会把各国联赛按等级来分,中国联赛肯定是最低等级,因为变数最大,风险最大,甚至庄家经常都不敢给中超开盘。而像深圳这样的球队,就更是庄家最可怕的天敌,因为他们的实力,加上他们的团结,所以更容易制造欺骗性。当然,俗话说把戏不可久玩,如果长期为之,一定会引起庄家的警觉,根本不去碰深圳队的比赛。深圳队全年平局很多,而输球只有两场,这是有经验的表现,其实像这样一支长期遭受欠薪的球队,只要真正做好两三场比赛,全年的基本运作费用也就出来了。值得注意的是,这样的比赛最好是对手有强烈的拿分要求,而且,同样要能控制住本队的球员,便能达到"你拿分,我挣钱"的共赢结果,否则,一不小心,对方被庄家控制,也在坚决地求败,戏就有可能完全演砸。

客观地说,这代表着一种更先进、更与国际接轨的思维。比如说,在博彩极其发达的英国,曼联全年都极少输球,但却很可能爆出一次大冷门,诸如主场输给桑德兰之类的球队,但就那一场就可能骗翻了无数习惯性下注的人。再比如 2003 年欧洲冠军杯,AC 米兰在首回合 3 球领先的情况下,次回合尽输 4 球,被淘汰出八强,这种按常理绝无可能发生的状况,几乎让米兰赚回了整整一个赛季的费用。这种产业化经济中的突然出手,往往具有最大限度的爆发力。

### 五、迟尚斌执教深圳的 103 天

2005 年赛季，卫冕冠军最终只在联赛中排名倒数第三，不知这是不是对汇中天恒 3 块钱接手了健力宝股权却什么也没改变的嘲讽。朱广沪挂印而去，带着他的深足弟子继续在国家队战场节节胜利，而他的继任者迟尚斌却在 103 天的斗争后，抛出了深足冠军"有假"的说法。

那年 5 月 19 日，迟尚斌在就"球霸事件"向足协陈述内情时，提到了一件让两位足协主席震惊的事：在汇中天恒接手健力宝俱乐部时，财务在审计账目的过程中，查出俱乐部账面上一笔 60 万元资金去向不明，当时汇中天恒高层质询了主教练朱广沪，朱广沪回答说，这笔钱给裁判了。讲述这一情节的时候，迟尚斌抑扬顿挫，惟妙惟肖，好像这是他的亲眼所见。这一新情况据说让足协副主席谢亚龙、南勇大为震惊，但震动的波长都没来得及扩张就烟消云散。两位足协领导表示，这仅仅是江湖传闻而已，在没有确凿证据之前不好评价。这让迟尚斌好不怅然，走出足协大楼的时候，他忍不住回望，他相信这个所在肯定有个什么装置，让这里的人们遇到任何问题，都能保持平静，甚至连体温都恒定。

虽然迟尚斌最终没能提供更多的证据，但一个与此巧合的例子是，这一年深圳队的所有比赛中，有多达 7 轮是以多打少，主裁判在比赛中不约而同地罚下了对方的球员。有媒体针对此质问了朱广沪，后者一律回答为不清楚。

当时的朱广沪已经贵为国家队主教练，足协的态度大抵只能如此，就像 2009 年尤可为因涉嫌商业贿赂、操纵比赛被抓后，有媒体立刻想到了此人与国家队少帅高洪波与厦门期间的合作，足协的尴尬态度亦然。

因为这次北京行，迟尚斌更觉得自己在深圳的 103 天太过悲壮，李毅和李玮峰对他的对抗、戏谑、调侃，甚至攻击，让他这个老江湖实在挂不住，比朱广沪早 6 天出生的他，怎么也不愿意承认他对球队的驾驭能力逊色于对方。"我不做逃兵，不会主动辞职。我虽不是英雄，但不能眼看着中国足球再这样被恶势力压下去，《英雄儿女》里王成手拿爆破筒说'为了胜利,向我开炮！'我想说：'为了中国足球的正义,向我开炮吧！'"迟尚斌几乎仅凭那张国字脸就可以站

在正义一面，但他最后还是被手握的爆破筒炸飞了自己。

健力宝基地，李毅喜形于色出现在镜头前，一如既往毛躁的头发搭在那双为了故作神秘而眯得更细的眼睛上，显得他极度轻浮。"迟尚斌下课你什么感觉？"与李毅对话根本不用客套，记者们都直入主题。"天亮了"，李毅脸上的表情瞬间凛然。这之前迟尚斌指他败坏球队风气，带着小队员彻夜喝酒通宵达旦，他也说过一句英雄版的语录："莫须有。"岳飞泉下有灵，也会觉得这家伙的引用恰如其分。这次的"天亮了"是他的独创，不存在版权问题，仅仅这三个字，就让迟尚斌那张激昂的国字脸瞬间变成了囧。而后李毅成了大帝，在百度百科里，这样写道：此词汇在网络用语里专指极富内涵的中国球员李毅。这句之后，汉武大帝、康熙大帝、隋炀大帝，全都委身其下，与他们相比，迟尚斌实在没有任何理由觉得委屈。

也许，迟尚斌还能记得这 103 天当中的每一天。

2005 年 2 月 20 日：迟尚斌正式成为健力宝 2005 年赛季的主教练，并搬进笔架山基地宿舍的 305 号房。随后和谢峰及部分球员进行了长时间的交谈，力图充分了解球队情况，但最重要的是安抚人心和劝说大家接受新的工作合同。

2005 年 3 月 9 日：在亚冠首战战胜磐田喜悦队后，决定加强对球队的严格管理，队员们因为亚冠比赛后只有半天的休息时间而感到不满。

2005 年 4 月 13 日：健力宝队在联赛中取得 3 连平后，迟尚斌再开杀戒，王新欣、张永海二人被罚离队。从来自球队内部的消息称，在宣布相关决定的会议上，迟尚斌不仅语气相当的坚决，而且神情相当的激动。

2005 年 4 月 17 日：在联赛鲁深之战中，周挺因为被换下场，当着几万名球迷的面在赛场上怒摔球衣，公开挑战大迟的权威。

2005 年 4 月 25 日：深圳队在联赛中主场以 0 比 1 的结果败给了北京国安队，迟尚斌一直被满场深圳球迷的"下课"声所包围，并表示相信任何正直的球员、正直的人都不会因为整风整纪而受到什么影响。

2005 年 5 月 4 日：在与联赛的深川之战中，迟尚斌几乎封杀了所有深圳健力宝队的大佬球员，然而他的"铁腕措施"带来的是 3 连败。更可怕的是，0 比

2 输给川军实际上意味着健力宝所有大佬向迟尚斌宣战：只要迟尚斌继续担任主教练，深圳队就会继续输下去。深圳队员与大迟划清界限，大佬发话不许进球。

2005 年 5 月 15 日：深圳健力宝主场对辽宁队，在迟尚斌与队员之间矛盾迟迟得不到解决的情况下，深圳队一如人们所料的那样在主场 1 比 3 再负辽宁队，中超已经 5 连败，其中主场 3 连败。

2005 年 5 月 17 日：迟尚斌被深圳健力宝俱乐部免去主教练职务，成为本赛季中超联赛第二个下课的主教练。与此同时，健力宝足球俱乐部代理董事长杨塞新发表有关辞去代理董事长职务的声明，坚决地与迟尚斌站在了一起。

2005 年 5 月 18 日：面对媒体的提问，本来不打算说任何话的李毅，却说出"天亮了"这样的经典语录："他（迟尚斌）不是曾经说天就快亮了吗？现在真的是天亮了！既然天都已经亮了，还有什么好说的？！"

2005 年 5 月 19 日：迟尚斌召开新闻发布会，向媒体揭开了深圳队目前的内乱。此事引起了体育总局的高度重视，崔大林在会见迟尚斌时，表示对汇中天恒的决定感到遗憾。而随后他也致电谢亚龙，安排了谢亚龙、南勇和迟尚斌以及杨塞新的面谈。

2005 年 5 月 20 日：杨塞新首次抛出"球霸"概念，足协可能将取消李玮峰国脚资格。刚刚被深圳健力宝俱乐部解职的迟尚斌连同愤而辞职的俱乐部代董事长杨塞新赴京"上告"，并拜见了总局局长助理崔大林和足协两位巨头谢亚龙和南勇。杨塞新向几位领导"控诉"了深圳俱乐部"球霸"的恶劣行为。

这样一桩快要尘封的往事，其实在当年又是一次重量级的揭黑事件。迟、杨二人通过向足协的陈述、接受媒体采访，以及在网上登载博文的形式连番爆料，矛头直指深圳队在头一年夺冠过程中贿赂裁判，直指李玮峰、李蕾蕾等大牌球员参与赌球。

几天后，因为反响强烈，足协再次派出以南勇为首的调研小组赶赴深圳。但是，这注定又是一次例行公事，从潘苏通到李书福，再到迟尚斌、杨塞新，中国足坛从来都不缺乏各种身份的、敢于站出来挑战规则的人，但是，又有哪一回，这片天能够被捅破？

## >>> 足球圈被盘口黑帮控制全过程

汤乐普被粗暴地弄醒后，睁眼一看，两支枪已顶在他的脑门上，冷冷的，真枪。他刚要挣扎，就被猛烈地打了一下，一个大汉说："老实点，跟我们走。"

有人被枪指着头，有人被砍倒在街头，有人被绑架，甚至有人被活埋，这样的事情不是香港黑帮电影的桥段，而是从 2003 年末代甲 A 开始，中国足坛时常出现的耸人听闻的由涉赌引发的暴力伤害事件。所有暴力行动只有一个目的，就是胁迫球员或教练配合，完成盘口要求的比分。

中国职业球员中，很多人因此进入了"演艺圈"，成了一名演员。对自己的演技有信心的"演员"，当然可以在完成角色的同时，自己也有针对性地下注，可一旦演砸，后果就会相当严重。在中超元年，国家队的一位队长就因为在预定角色中演砸了，让赛果脱离了盘口，被庄家绑架。

香港电影圈的影帝影后们如果听说这些故事，一定同病相怜，刘德华也曾被枪指着头去拍戏，刘嘉玲更是被绑架后拍下了裸照，最终只能就范，据说两人当年一同被黑帮胁迫到荷兰拍摄了电影《轰天龙虎会》，该片因为充斥着暴力镜头，居然被很多人认为是香港所有黑帮电影中最出色的一部。

"大家或许会好奇，那是什么年头？让我告诉大家，那正是香港电影界最好的时刻，也是最坏的时刻！连黑社会都来赶这趟浑水。"曾任香港金像奖数届主席的文隽，在刘嘉玲大婚后，谈起那部电影产生的社会背景，称作为香港支柱产业之一的香港电影产业能有今天的成绩是众多演艺人努力的结果。但在上世纪 80 年代末、90 年代初，香港电影业因受黑帮参与投资和掌控，致使演艺人的生存受到了严重的威胁。

中国足球职业联赛的"盘口时代"和香港电影的"黑帮时代"，像一对进错了时空穿梭机的兄弟，处在不同时空，却从骨子里散发着神似的气质。

越红越遭殃，刘德华成为黑帮最大目标，成为被黑帮胁迫最多的明星之一，有一个阶段他拍摄了不少"烂片"，就是因为身不由己。这个规律在足球圈，同理可证。

**一、谁拿枪顶着汤乐普的头？**

之前我们曾在成都保卫战里提到过汤乐普，在这次打假扫黑中，他并不被关注，事实上，他是不折不扣的受害者，也是我们能掌握的少有的正义者，至少目前为止。我们不是司法部门，无法实证其真实发生，所以以下惊悚的情节只是向司法部门提供的线索。可以透露的是，这个故事早在2004年G7风暴的一次会议上就传了出来，作为俱乐部老板的众多与会者都知道它的细节。显然，这对打击青岛黑是有帮助的。

如果你在网上搜索，仍然可以轻易得到这样一段简短消息："2004年10月20日，青岛队主场0比1负于天津，排名倒数第一，旋即主教练汤乐普向俱乐部辞职，他并没有过多地讲述辞职的原因，只是撂下了'再过一段时间后，我有话要说'，回到家中。"

这样一条常规得让人视觉疲劳的消息，在每个赛季、每支球队、每个教练身上都会出现，而汤乐普也像任何一个赛季、任何一支球队、任何一个下课教练一样，之后什么话也没有说。那个消息像一个庸俗的泡沫，消散在联赛的垃圾报道中。也曾有人怀疑汤乐普辞职与青岛足球黑幕有关，但没人敢大胆想象，事实上在汤乐普辞职之前，发生过一个很像油尖旺才会上演的电影情节般的故事：

> 那是一个没有比赛的日子，因为上周末的比赛太过诡异，刚刚在队里开了抓内鬼整风大会的汤乐普回到家中已很累了，很快上床睡觉。子夜，房门被人打开了，进来五六个彪形大汉，黑衣，其中有两人拿着手枪，他们似乎有特别的东西可以打开房门，悄无声息，一点都没有惊动正在梦中的汤乐普，他们甚至熟知汤乐普的卧室，很快就走到

他的床前。

　　汤乐普被粗暴地弄醒后，睁眼一看，两支枪已顶在他的脑门上，冷冷的，真枪。他刚要挣扎，就被用力地打了一下，一个大汉说："老实点，跟我们走。"汤乐普反抗，球员出身的他虽身强体壮，但根本敌不过这些大汉专业的擒拿功夫，瞬间他就被按倒在床上，后脑勺上被顶着枪，听着倒计时3、2、1……汤乐普被绑架了，蒙上眼睛，塞进一辆汽车的后座上，开了很久，绕了很多圈子，开到一个他从未到过的房间里，坐下。

　　之后的情节无法得知得太详细，汤乐普也对这段事实讳莫如深，可以知道的是，那帮人在进行了黑帮例行的恐吓与身体接触后，警告他：以后不准在队内查内鬼了，不准对某某、某某某进行纪律处罚，要让他们每场比赛都上场，当然，具体上场时间得听我们的，总之，不要多管闲事，不要挡着我们的财路。

　　那帮人不准汤乐普回家，要让他赔偿经济损失，而且还说他们熟知汤乐普家人的行踪，包括哪个单位、哪个幼儿园，以及他们的活动规律，报警也没用，青岛的警方都是他们带头大哥的哥们儿……

　　汤乐普很清楚，这些人就是队中那几个队员的后台，青岛最大的庄家，他知道，青岛庄家的实力在全国范围内也是数一数二的，而这个庄家在青岛则是龙头大哥。他还知道了，他被绑架的起因就是前几天下午，他在队里做出对某几个队员实行"三停"的决定，因为对于打假球的队员，不准上场，是最好的制约手段。赌球与赌博不一样，赌博可以遥控，赌球则需要球员亲自上场才可完成既定任务，而且越老资格的队员，越能按时段、按数量地放球。

　　那是几个老队员，其中有的还入选过国字号。

　　现在能掌握的内容是：汤乐普并没有同意这个要求，就被继续软禁。一天一夜过去后，俱乐部发现主教练不见了，或者是有人巧妙地通知了俱乐部，最终由俱乐部老总出面，前往庄家指定的地点，在作出某种承诺后，放掉了汤乐普。

　　为了家人，汤乐普没有再像以前那样严厉地在队中清查内鬼了，这时他该明白，其实"内鬼"这个说法是很不准确的，因为这支球队并非少数人在打假球，潜规则是明规则，他，才是这支球队中的"内鬼"。青岛颐中贝莱特队的成绩仍然诡异，那些队员看着他的眼神充满嘲弄，终于在按照盘口所暗示的比分0比1输给天津之后，汤乐普知道大势已去，他甚至搞不清俱乐部管理层和这些队员私下是什么利益关系，是否也有其他人遭到过和他一样的绑架，所以，他选择了辞职。

翻阅那时的报纸，发现一则有趣的花边新闻：青岛颐中的管理模式和比赛一样诡异，不仅主教练，甚至连总经理说话都是不作数的，实际掌握俱乐部管理的人员叫迟伟，财务总监，不仅有签字权，引进内外援也得听他的，甚至派谁上场、临场战术指挥，这个叫迟伟的神秘人物也要参与，前任总经理秦宁和继任总经理孙能文，都无法左右他。

关于青岛足球，至今没有人太关注这个叫迟伟的财务总监。

辞职之后整整一个月，汤乐普要么借酒浇愁，要么和孩子在家里玩，有记者曾想采访他，他犹豫再三，只是说：我可以拍着胸脯表示，虽然在执教上我有一些责任，但在大是大非问题上我问心无愧。然后三缄其口。

报载，事实上在他辞职前，关于球队参与赌球假球的传闻已经满天飞，各种有关球员放水的报道也不断传出。关于球队的一举一动，汤乐普已经变得非常敏感。有一场比赛前，汤乐普获悉盘口不利于青岛队后，马上就对阵容进行了调整，最后的结果青岛还是输了，当时的他就已经绝望了，他曾经说过这样一句话："我没有任何能力去改变什么，除了辞职还能怎样？"

曾经有一个青岛颐中俱乐部的官员公开说，钱，他曾经看到过一麻袋钱，几十万的钱，这样的巨资谁能够抗拒啊？

汤乐普简历：1963年生，曾是中国足球专业化时代赫赫有名的快马，速度不亚于郝海东，高效率得分手。1992年之前曾在沈阳部队踢球，当年回青岛，是原海牛队的主力前锋。1998年担任青岛城运会代表队主教练，1999年率队夺得西安城运会冠军；2001年，担任山东省九运会足球队主教练；2002年成为青岛贝莱特队教练，2004年担任青岛贝莱特队主教练。

关于汤乐普因抓内鬼被黑帮用枪绑架的故事还没有完结，如果你认为这中间有股正义和悲壮，结尾则出人意料。因为10月20日那天，并不是汤乐普一个人辞职，另外还有领队关正斌、助理教练冷波。冷波是前山东队主力前锋，一向看不惯球场假赌黑，他说："我们绝不同流合污，我们要跟汤导一起离开这里，哪怕回家煮饭，我也不能和这帮人一起去糟践了足球。"冷波不堪忍受青岛足球被假赌黑控制的黑幕，出于对足球的忠诚，和汤乐普同时递交辞呈。

5年之后的11月16日，冷波因涉嫌赌球操纵比赛，与领队刘宏伟一起被抓。

历史，很想思考一下这中间到底发生过什么，但最终，只是咧嘴笑了一笑。

### 二、青岛，谁是最深的老大

青岛，也叫"琴岛"，很浪漫的名字，很漂亮的城市，很爽口的青啤，很血腥的足球。

走在蜿蜒舒缓的坡路，看砖红色的墙面偶尔露出女贞树，高耸的哥特式建筑讲述着这座城市的历史，但汤乐普就是从这条路被押走的，孙葆洁就是在这些建筑里被暴打的，马永康就是在路边被乱刀砍伤的，最后缝了六十多针。

马永康在烧烤摊被冲过来的一群人砍的过程，看上去那么的欲盖弥彰，因为砍完之后，其中有一个人还说，哦，打错人了。圈里人都说，马永康是得罪了老板杜允琪。杜允琪是青岛海利丰的老板，早年没出名前被人称为"琪哥"，后来被人称为"老板"。最近几年他生意做得越大，越没有人敢直呼其名，甚至出于某种保护帮会老大的需要，连提都很少提。但他非常有权势地存在着，不仅控制着青岛，也控制着全国的赌球活动，他是这个圈子里少有的文武双全的巨庄之一。

所谓"文"，就是他开的庄实力很强，多大的注都敢接受，据说有一次一注就接了2000万，一年下来流水近百亿。所谓"武"，就是谁得罪了他，或者不按他说的比分去打，就会被砍，被绑了推到湖里去。

除了马永康被砍之外，张翼飞在南京也被砍了，之所以选在南京下手，是因为这样会安全一些，不会让人联想到是杜允琪做的。在南京的一家酒吧，同伴见张翼飞上完厕所后脸色很不好看，像是跟谁吵过架，不一会儿就过来几个人，一通乱砍，还专门挑了张翼飞的脚筋。我们专门到过那家南京著名的酒吧，问过曾目睹砍杀过程的服务生，他说，当时砍人的那伙人说是张翼飞上厕所时对他们有不恭敬的语言，可能是语言不通吧，后来就打起来，但其中有个个头不高的男人抱住张翼飞就摔在地上，一看就是练过功夫的，而且手脚很麻利的就嗤的一刀，扎在脚脖子上。这个过程中，那伙人中的其他人则使劲把张翼飞的同伴们隔开，手上都拿有家伙。

张翼飞动过三次手术，但很难痊愈，现在走路都很困难，作为球员他是废人一个。

有两种说法：一是张翼飞没有按老板说的比分去打，自己还有反水行为，所以老板一怒之下派人废了他。支撑这种说法的是，如果张翼飞不打假球，老板会警告他不准乱讲，最多是派人打一顿教训他不懂事罢了，如果计划得这么仔细，而且专门找到南京这个外地城市，肯定就是有深仇大恨了，如果张翼飞心中没有事，肯定不会像现在这样不了了之。所以更可能的是他也打了假球而且伤到了老板的利益。

另一种说法是：张翼飞这人为人正直，不合群，有点猛张飞的意思，由于坚决不跟黑帮合作，所以被废掉。

我们无法得知哪种说法是真的，但知道张翼飞被挑断脚筋不是偶然事件，青岛的庄家一向以暴力著称，而且组织性极强，往往作案之后连蛛丝马迹都找不到。

比如说著名金哨孙葆洁在青岛酒店里被打。那是早年海利丰还在乙级联赛的事情了，当时在昆明，孙葆洁没有答应照顾海利丰的要求，而且还以严词斥责之，导致海利丰当年没有冲上甲级联赛，所以老板就怀恨在心，但由于昆明作为乙级联赛的赛区，人多嘴杂，不好下手，所以直到两年之后，这名裁判因执法甲A联赛来到青岛，便遭遇了黑手。

裁判的下榻酒店和行踪是保密的，但是这帮人不仅知道酒店和房间号，而且熟悉孙葆洁的面孔，直接冲进房间就一通暴打，还对同屋的另一名裁判说"今天只打他一个人，你别多事"，打完之后就逃之夭夭。报案后警方赶到，去查酒店录像记录，但只看得到一些模糊的背影。这证明，这伙人在青岛的势力并非足球，已渗透到酒店甚至体育管理部门了。

青岛，事实上已变成中国足球的一个拉斯维加斯，圈中人戏称，白天堵车，晚上赌球，这是一个赌城。

圈中人都知道青岛有三个势力最大的庄家，各有各的势力范围，各有各的人脉，据说有一个庄家的范围主要是其他外地俱乐部，跟外地一些著名球员关系非常好，比如同曾经的国脚M关系非同小可。M并不在青岛踢球，但那一年他所在的球队正处于打假扫黑之中，眼看就要被主教练实行"三停"了，那个主教练虽然也曾跟一些老教练打过许多默契球、关系球，并不排除金钱交易，但是这段时间正以一个正面形象出现在媒体报道中，他与某些球员的斗争已到了白热化的程度。

这天M的球队来到济南比赛，一辆豪华汽车停在楼下，当主教练走出来时，就被接走了……等他回来后，这名球员便成为球队中的正面人物，而且那段时间场场主力。一些了解内幕的球员说，因为M是青岛庄家的小弟，庄家把这名教练非常礼遇地请到了青岛，盛情款待，许以好处，并说明利害关节，这名以正派人物著称的教练立马对M来了180度的大转弯。

这说明，庄家并非都使用对待汤乐普那样的手段，也会恩威并重。他们的组织之严密达到吓人的地步，一般下线是不能与上线亲自接触的，只能电话联系甚至只能通过网络联系，呈典型的金字塔结构。最上面的是老板，老板只控制七八个主要分庄，称为"后庄"；后庄再分出去庄家在网络上与人做生意的，熟称"前庄"；而前庄又去发展自己的下线庄家，称为二级代理；再往下是散庄，散庄一般会有三五十个固定用户，这样下来，一个老板实际就可以控制几万个用户了。

不要小看这几万用户。据山东省体彩中心副主任张云海介绍，根据估算青岛市一年流出的地下赌资就高达200亿，是山东省体育彩票和福利彩票一年销售总额的两倍。与此相对应的是，山东省足彩每期销售额从1000万降到了如今的100多万。而青岛方面的人士称：官方的估算远远少于实际数字，如果从下注额度来算，数字恐怕是200亿的10倍以上。

　　外界对足球意义上的青岛有个错觉，其实足球青岛是个全国概念——以青岛为核心，辐射到全国，除了北京、上海和势力强大的沈阳之外，青岛庄家几乎把手伸向了全国，甚至新疆的玩家都会在青岛的门户上投注。

　　青岛也是全国第一个可以赌球赊账的地方，因为这样可以吸引更多的赌民，如果逾期不还，就派出打手逼债，其实这跟放高利贷没有什么两样，而且性质更恶劣。他们不怕人逃单，因为在赊账之前，总会有一些手续来抵押，比如房产，比如汽车，比如证券，还有的就直接把欠债者的企业作为赌资抵押。有一个汽配店的老板因为受不住引诱，开始下注赢了五十多万，逐渐加大赌注，但是 2006 年正好是世界杯和中甲联赛最激烈的时候，他一个夏天就输掉了六百多万，还不起，汽配店就被封门，而且人还被追杀，打断了一条腿，后来被迫写了字据把店面作为赌债偿还，这才保证了人身安全。

　　这种办法在 2005 年后迅速推广到全国，而可以赊账的庄家，往往都是地下庄家，而非正规澳门博彩公司的代理，这是一个特别明显的特征。

　　当然这些都比不过李章洙的经历，这名韩国教练在中国执教这几年一直以性格鲜明著称。他并不知道青岛的水深，还经常跟朋友说在青岛生活就跟韩国一样，可正是在青岛贝莱特执教的时候，他因受不了队员们失常的表现，常常大发其火，不跟俱乐部商量就对那些队员实行"三停"，遭到了警告。

　　后来不仅是警告，而且还有具体的威胁，具体事例这里不容细表……总之，李章洙，这个当年敢用头去顶训练不认真的球星高峰的性格教练，这时候怕了，他想离开青岛，可是合同在身也不敢轻易造次，何况他说出来的理由没有人会相信，他觉得身边的人都像卧底，他一个人都不敢相信。在跟韩国同胞谈及此事时，同胞劝他必须火速去韩国领事馆报案。

　　第二天，李章洙去了领事馆，他没有报案，只是备案：如果哪天李章洙不见了，或者被人打了，这一定是青岛的庄家派人干的，因为我不准他们教唆球员打假球。不出意外，这个备案现在在韩国领事馆还存有档案，可算是中国足球第一起公开的涉外事件了。

　　刘宏伟、冷波、邢锐，这些曾经在中国足坛大名鼎鼎的人物，现在都被警方控制了，他们交待出来的事实，肯定波及全国，几乎每一家俱乐部。

### 三、肇俊哲怒砸袖标是因为正义吗

肇俊哲，本姓爱新觉罗，其祖先包朗阿是努尔哈赤祖父觉昌安的五弟，血统最纯正之正黄旗。当努尔哈赤在小河边杀鹿举事时，肇俊哲的祖先是喝第一碗鹿血的人；女贞族的马队跨过长城时，他的祖先是第一拨把箭镞射向北京方向的勇士。

也许我们该叫他为爱新觉罗·俊哲，虽然时过境迁，先祖传承下来的基因不能使他在马背上弯弓搭箭了，但他有一脚远射功夫，一度，他是辽宁队和中国队首选的定位球专家。

在所有球迷和媒体的口径中，爱新觉罗·俊哲都是正义的代表，他为人纯朴，不擅言辞，嫉恶如仇。所以，2004 年 9 月 29 日，他不满门将刘建生与某些后卫对深圳队放水，怒砸队长袖标，慨然在比赛过程中退场，赢得了球迷一片赞美。并因此赢得了当年中超先生评选，连肇俊哲自己也承认，砸袖标帮他在和其他竞争者的 PK 中，赢得了更多的人情分。

要讲清楚这件事情，必须把时间回溯得更早：2004 年年初，著名的穷鬼，无钱也无基地的辽宁队在张海邀请下入驻深圳队的三水训练基地。那是辽宁队自建队以来享受过的最好待遇，每天住着五星级宾馆，三餐都有生猛海鲜，而且，这块足球基地原本是健力宝一块高尔夫球场改建而来，草坪质量之高，几乎可以跟皇马、巴萨媲美。

守门员刘建生第一次踏上这块球场时不相信自己的眼睛，就使劲拔下一把草，感叹：妈呀，这是草，还是铺的绿地毯呀！

辽宁是如此奇怪的一支球队，它兵强马壮，实力超强，可就是每年会输掉很多球，大家知道，这是因为它在卖球。它高超的实力不是用来争冠军的，而是把比分卖给想夺冠军的球队，就像一个高材生，他的能力不是用来考上名牌大学的，而是帮人代考以赚取金钱的，在中国足坛，此即所谓的"以球养球"。2004 年也不例外，它获得了一个从未有过的机遇——张海来了，号称"资本大鳄"

的张海通过张曙光力邀辽宁队入驻三水基地，免费提供包括吃喝拉撒以及训练用具在内的一切条件，而且就连辽宁队背后的所谓赞助商中誉公司，也是张海入股控制的公司。

这就形成全世界足球史的一道奇观：交战一方住在另一方的营地里，由另一方提供粮草、兵器，甚至连军饷也由另一方提供。战争的结果不言而喻。无论是深圳队员还是辽宁队员，都已经知道了各自的关系，就是在那时候，一位深圳队员就知道了辽宁队内部开会时的口风：今年与深圳队的两场球肯定都得放了，老板（张海）让咋打就咋打。

不过在赛前，很多不知情的局外人还对辽宁队抱以非常大的期望。澳彩起初为这场比赛开出的盘口也是小心翼翼，考虑到深圳队主场作战，但中誉队有挟4比0大胜实德的余威，盘口在赛前一天一直在主队让平半和让半球之间变动。但就在比赛开打前的第二天上午，盘口突然急剧变化，迅速变为深圳队让一球、一球半、两球，这表明有人疯狂地下注深圳健力宝一边。而到比赛开打前一小时左右，盘口已经变为深圳队让两球半，这意味着深圳队必须在比赛中至少净胜辽宁队三球以上。从盘口看，这场比赛根本就是两支不在同一档次球队间的比赛，事实上辽宁队是当时很强大的一支球队，能胜它两球的球队很难找到。

比赛开始后，所有人都傻了，深圳队迅速打开了局面连进两球，如果不是杨晨、李毅分别错过两次必进的绝杀机会，上半时比分至少是4比0，而最后3比0的比分也让押上盘的人全部安全地赢钱了。赛后有消息传出，健力宝队与中誉队两方都有大量内部人士押上盘，结果自然全都大获全胜，其中一名俱乐部官员一夜过后账面便多了100万。

肇俊哲怒砸队长袖标就是在这样的背景下发生的，为了更好地还原当时的气场，我们尽可能使用当时的报道，从中抵达我们想追求的真相。

报载，2004年9月29日，两队在抚顺再战，此时张海已因健力宝内部问题下课，但人们并未因此而淡化对两个队派系的猜疑和议论。由于赛前质疑之声已经传得满城风雨，加上中誉队的确有些输不起这场球，于是传出的风声是双方商量好此役打平，当时的地下盘开出的盘口也恰恰是平手。比赛开始后，深圳队果然漫不经心地将球倒来倒去，辽宁队也心不在焉地防守，双方踢得都文质彬彬，几乎都没有做出铲球等激烈动作，这似乎是一场练习赛、训练课。看上去，对比赛的结果队员们似乎早已心中有数，双方好像也很默契。

然而，这种默契被一个意外事件打破，导火索是不懂事的老外。下半场开赛仅 1 分钟，在深圳队的漫不经心中，辽宁队的外援前锋阿比齐却突然远射得手，这个意外事件，激发了辽宁队的斗志，也激怒了深圳队员。如果 1 比 0 的比分保持到终场，那么下注的人将一赔到底。也许，辽宁队员们原本就对什么派系不感冒，而且急需用一场胜利击退流言。

比赛立刻紧张起来，并充满了火药味儿，肇俊哲和吉马差一点儿动起手来。但是，辽宁队员在领先一球的大好形势下，却表现得并不一致，教练也将进球功臣阿比齐换下场，换上了一名后卫。在这种情况下，辽宁队恰好丢了一球，正是这粒失球，直接导致辽宁队队长肇俊哲怒火冲冠地摔掉队长袖标意欲退场。

当肇俊哲像一头被激怒的狮子在场上咆哮时，场上不少辽宁队球员的激动情绪都在那一瞬间被小肇带了起来。先是在肇俊哲把队长袖标掷向郭辉的时候，郭辉立刻十分用力地丢给了王亮，而王亮则更是恶狠狠地走到场边把袖标摔到了地下。随后，几名球员试图再给小肇戴上队长袖标都没有成功。最后还是小将徐亮从场地的另一侧大老远跑过来捡起了袖标戴在了左臂上。

而在随后的比赛中，辽宁队的球员在场上过于急躁，进攻中更是毫无章法可言，甚至大家开始有意识地把皮球交给肇俊哲，由这位精神领袖来完成最后一击。但是，对进攻的影响还不是最大的，就在比赛即将结束的时候，谁也没想到，辽宁队竟然出现后卫张永海与门将刘建生配合失误，结果导致辽宁队第二粒失球。

比分变为 1 比 2 了，这个比分让两支球队下注的人全部傻了眼。赛后据知情人士透露，这场比赛导致不少队员血本无归，其中有一人直接损失了 80 万元之巨。

这是一场电视直播了的比赛，所有的球迷都知道，这里面一定有盘口在作怪，现场的警察也一定知道，只是当时特定的时空条件，让大家假装淡定，比警察看到一起追尾还淡定……

这件事的后续是：

主教练马林对于肇俊哲摔袖标一事也不愿评价，他的回答是："场上究竟发生了什么，我也不清楚。"

在辽宁队当了5年领队的苏晓东随即被俱乐部免职，原因是"工作不力"。

接任领队一职的是辽宁运动技术学院的副院长周铁民，他在断然否认了派系足球的同时也表示，辽足现在的这种局面主要是一部分球员参与了赌球造成的。

为什么商量好的平局变成了深圳队2比1取胜呢？江湖流传的说法有两个版本：一是说深圳队中有人最后关头坏了规矩，他太想拿到这3分了，于是在辽足球员比赛场上发生内乱之际突然加强进攻，但这个趁火打劫的3分却让一大批下注者几乎疯掉；另一种说法是，有人操纵了比赛，首战时先让两队队员赚得盆满钵满，当做是派发奖金，而次战时操纵者便收紧了自己的口袋。

由于这是传言中张海系的两支球队之间的比赛，外界很自然地将怀疑对象指向了张海，认为是他在幕后操纵比赛。事实上张海此时对球队的控制力远远不如以前，这么诡异的过程就算在他权力鼎盛之时也不能完全做到。在他被捕之前，曾问过他关于这场比赛的真相，他只是笑笑，说了一句：我不能告诉你什么是真相，但肯定不是记者和球迷想象的那个样子。

无论如何，我们感谢肇俊哲在球场上的正义之举，他受到了压力，但是获得了声名，他是黑暗之中的辽宁队一个依稀的灯塔，让人看到这支行尸走肉般的球队，还有一丝灵魂。

可是，除了上述两种版本，还有另一种悄悄在圈子里流传的说法：

肇俊哲怒砸队长袖标的原因，确实是他这个队长已无法控制这支球队了，但这个"无法控制"，指的是过去熟悉的小兄弟们已不听他的招呼，居然自己玩自己的了。也就是说，在盘口开出平手盘时，肇俊哲下的注是上盘即辽宁队胜深圳队，所以当队友们放水一球时，愤怒的他撕下袖标。有人说，当时他嘴里大骂的是，你们他妈的就是想输，这队长，没法当了。表面上是怒斥假球，其实是怒斥小兄弟们各自为战，各下各盘，根本不把他这个队长、大哥看在眼里。

支撑这个说法的理由有两个：一、如果小肇是正义的，那么在第一回合辽宁队输成 0 比 3 时，他为什么一点都不愤怒，不仅没有任何不满的言论，反而积极享受着深圳方面的款待，配合着 0 比 3 的到来。为何第二回合刚刚被扳平，他就出离愤怒？二、即使在第二回合里，上半场双方都无心恋战一球未进，也没有见肇俊哲为平局而愤怒，为何第 81 分钟被扳平后，他就怒砸袖标，这样的情绪变换确实让人费解。

当然，我们不会相信肇俊哲参与赌球，上面这个说法，只是一个流言而已。

### 四、贾秀全，联赛中倒掉的大哥

带头大哥肇俊哲的袖标被摔在地上的一瞬，已经变成了黑色，作为他对逝去兄弟情的最后哀悼，那之后的五味杂陈，反而让他硬起心肠，全当没有这个事情。然而，兄弟情死后的头七，又一个圈内著名的带头大哥倒掉，10 月 6 日，上海申花宣布涅波出任主教练，之前带队的贾秀全下课。

又一个带头大哥的倒掉，跟肇俊哲摔下兄弟情一样，不是偶然。

"平生不见贾秀全，纵是英雄也惘然"，卫冕冠军成绩不佳，扳倒贾秀全，这个理由足够。但申花队内部却议论纷纷。有小队员摇头晃脑，夸大他们之前对此君的崇拜，那种感觉不亚于在上海你一定要见见范志毅。但随后的一句话却有些嘲讽的意味："他和江湖传说中的完全不同，差远了。"这样的评价在申花去济南打客场，陈刚当众和贾秀全互相指骂后，成了话题，很多人公开讨论，全然不顾代理主教练的面子。

"2000 年来申花时的他极富性格，有时候还会和我们动动粗，但是这一次他的性格却发生了不小的变化"，早年跟贾秀全接触过的队员这样形容对此人怪异变化的不适，以至于在认定这也是贾秀全败走主因后，有人忍不住去追查，4 年间在此人身上究竟发生了什么……

在中国足球名人堂里，贾秀全至今都能称得上是中国第一后卫。在他那个年代，离职业联赛最近的年代，他可以被公派到南斯拉夫踢球，也能在日本大阪钢巴队踢上一线主力，就他的身材与力量，光靠勇敢不行，光靠脑子也不行。所以后来他自己当起教练来，真正能入得了他法眼的却没几个，逼得他时不时想骂人："你们到底会不会踢球？"碰到几个悟性太差的，也懒得细说，送过去一句话："盯人怎么盯？给我寸步不离地跟着，就算他上厕所也跟着。"

跟去厕所的说法实在僵硬，和当年叫嚷着"不知道球往哪踢，就往门里踢"的施大爷异曲同工。可是，貌似一脉相承，贾秀全踢球的时候也不买施大爷的账。1993 年，贾秀全从日本回国，进入施拉普纳执教的国家队。第一天，笃信"不知道球往哪踢，就往门里踢"的施大爷训练射门，在门前摆放了一张条凳，让球员们从上面跳过去再射门，贾秀全怎么看都觉得这位大爷是在耍猴，坚决不从。第二天，大爷又训练防守，先问贾秀全，中后卫如何面对二过一，贾回答，站好位置，等待队友回来协防。大爷直摇头，"不对，无论如何都必须冲向拿球的那个人。"贾秀全二话不说，扭头就走，他有充分的理由相信，这老头绝对是在胡说八道。

这要放到现在，就是个典型的球霸，但当了教练后还根据睾丸酮测试结果挑选队员的贾秀全就是这样一味纯良地刚直。因为这份刚直，他脱口而出过"3号隋波"，虽然后来他对隋波，也有如宋卫平对龚建平般的愧疚感，但那是他为自己的个性付出的代价。

1998 年 8 月 22 日，时任陕西国力队主教练的贾秀全，在球队客场 2 比 3 负于云南红塔后大为光火，并称"个别队员表现奇怪，场外东西很多，防不胜防"。新闻发布会上，《足球之夜》主持人刘建宏抢先提问："贾导，你认为这场球哪名球员发挥失常？"贾秀全不假思索，脱口而出："3 号隋波。"按照贾秀全后来的解释，他脑子里从来就没有闪现过"假球"这个字眼，他只是对隋波的糟糕表现感到生气，毕竟那是他悉心培养的一名球员。但是，这段对话放在央视上反复播放，却成为一时经典。一方面，留下了贾隋之间的一段江湖恩怨，另一方面，也被认为是一时失语之下，偶尔闪现的假球尾巴。那是一个人们开始遍寻真相而不得的时期，一句机锋便足以让所有人津津乐道。

随后，国力俱乐部声称赛前有人曾企图收买本队球员，并有录音带为证。这盘录音带上录有巴西华人王素微企图收买国力三名巴西球员的电话记录。然而，这盘本应成为假球案有力证据的录音带却从某种意义上变成了国力队保级的护身符。隋波随即被俱乐部"冷冻"，为了证明自己的清白，隋波选择转会并继续参加联赛，当年年底在摘牌大会上他被北京宽利俱乐部摘牌。但是在联赛中并没有什么突出表现，平庸了一阵后，隋波戴着中国足坛第一起问题球当事人的帽子黯然选择退役，离开中国足坛。他留下一封公开信，自称没什么天赋，也没什么雄心壮志，只是想踢球混口饭吃，但最后还是被砸了饭碗。

中国足协在对此进行了 131 天漫长的调查后，宣布：收买企图没有得逞，整个隋波事件是媒体的炒作，录音带不具备法律效力，没有必要公布。可对于贾秀全,那却几乎称得上是一次与过去的告别。在这个他曾经无比得意的圈子里，他突然发现，其实有很多事情，自己原来完全无法控制。

那之后，有一次贾秀全与自己在八一队的老领导吃饭，熟知其秉性的老领导给了他一个建议："你这人太直，看人看事都容易抓住一个角度不放，经常就收不住，你可以试一试，戴副眼镜，这样会增加一点跟别人之间的距离。"这个方法有点玄妙，贾秀全偏偏就照着做了，虽然时常走起路来看起人来有点犯晕。他需要时时给自己一些心理暗示，也许应该让自己变得内敛一些。

后来执教八一，带队常驻在广西柳州。老朋友过去看他，发现这家伙手上戴着佛珠，每天练练书法，房间里摆满了从柳州山上遍寻得来的奇石。朋友不免心里发笑，像是当年每天拿着大砍刀，在大街上飞奔砍人的古惑仔，突然间就一脸慈眉善目地在禅房里烧香礼佛。

这个江湖不会允许带头大哥按照自己的意愿修身养性。2002 年，贾秀全突然从八一队主教练任上辞职，事发仓促，全无先兆，只有最亲近的朋友，才知道这是一个伤到极点的结果。贾秀全少年进入军营，八一体工大队的生活，独处一隅却情意深厚，多年来所带球队也颇具"子弟兵"风范。但当时的八一队已经赌球成风，悬浮在市场体制之外的八一队，并不能让球员们长期接受道义与纪律的规范，赌球往往成为这帮球员缩小与外界反差的"增值业务"。在这支球队中，甚至存在着几股"势力"，互不通气，到了场上，先观察自己的队友，琢磨今天到底又是谁在"做球"。贾秀全对此并非毫不知情，他不是不懂江湖，而是在变了味的江湖中努力地固守着自己的底线。这很像是"小马哥"的方式，如果需要，他还可以像当年一样单枪匹马冲出去为朋友流血，但后来者并不认同他们的壮怀激烈。

2002年联赛下半程，八一队客场对阵上海申花前，两队分别以15分和12分排名积分榜倒数第三和倒数第二，这样的形势下，素来有些来往的贾秀全与吴金贵，决定在赛前约在浦东一个僻静处见个面。

当天的场面特别像"潜伏"里余则成把汽车开到巷子深处，并不停留，而是直接把卷有佛龛照片的书扔进接头人的车窗。贾吴两人在约定地点停下车，都没有开车门，只是摇下车窗，并不开腔，几秒钟四目交投，随即心领神会，各自竖起一根指头。那当然不是中指，两人各自伸出的一根食指代表的是1比1，这意味着，他们都并不想在对方身上拿到更多的分，同是难兄难弟，只想安稳度过而已。虽然整个过程只持续了几分钟，而且没有任何金钱交易，但两人的紧张程度不亚于余则成，毕竟两队主帅赛前私会一旦被媒体发现，实难说清。

更让他们说不清的是，那两根指头定下的比赛，后来几乎要用10个手指数清。8月18日上海滩的那场屠戮之后，贾秀全恨不得像当年的许文强一样，割下自己的手指。比赛进程充满了疯狂的意味，重新回忆一下那场比赛的"盘口"，与每一次比分改写后的"走地盘"，就不难理解八一队球员的肆无忌惮。1比7，没有人去注意他们的主教练，站在场边被愤怒折磨得发青的脸色，"小马哥"仿佛看到那些昔日的小弟们，纷纷跑到他面前说："告诉你，老家伙你过时了，其实卖白粉才能够赚大钱。"

那场比赛打下来，贾秀全几乎虚脱。经此一劫，他神色黯然，无心恋战，一种强烈的挫败感，在他的心中不可遏制地蔓延。6天后，贾秀全辞职，并且暂时离开了联赛这个是非之地。

这之后刚猛的贾秀全渐渐改了路子，倒像是在练太极。在一些熟悉的人看来，也像是给自己裹了层厚厚的装甲，话少了，也不爱笑。这也正是他在2004年的申花，与鲁能比赛后脱口而出"2号陈刚"的主要原因。球员生涯无尽荣光的贾秀全，自信，甚至有些狂傲，有自己的处世原则与价值观，认为所有的人和事，都在自己三步之内,伸手可及,应付自如。但是,此后十几年职业圈内的执教经历,却是常常不期而至的挑战与刺激,坚持与放弃,其实就是每一个人站在底线上与规则的角力。

2007年11月28日,谢亚龙正式宣布贾秀全离开国奥,他的位置由殷铁生接替。官方给出的原因是,在队里负责练防守的贾秀全,没能完成既定训练指标。但真实的情况是,早就对杜伊心生不满的龙王,希望贾秀全帮他制定全面训练计划,以备随时取代杜伊。这个提议被贾秀全拒绝了。没有永远的敌人,也没有永远的自己人,他早已明白这个道理,拒绝被操纵。

### 五、国足队长被黑帮绑架

很难统计,在2001年底至2004年底这段盘口肆虐的4年之间,发生了多少绑架案,但像汤乐普这样因为反对赌球被黑帮绑架的,结局虽有些无厘头,却是唯一的正例。

其他的是因为欠钱,或者因为未完成庄家的任务被绑架。庄家和任何一部港台黑帮片中的老大一样,很容易就使用古老的惩罚手段,绑起来,埋掉,或沉到湖里,或者敲掉牙齿,也有一些连同家人一起绑架。比如有一个东北实力派球员小D因连连错误估计形势,加之有些场次被主教练封杀在替补席上,无法亲自上场放水,这就让庄家输掉近千万元人民币。庄家认为这名球员其实是反卧底,是和另外的庄家一起联手做他。于是小D被绑,扔到祖国一片非常著名的湖泊里喂鱼,与此同时他的女朋友也被绑架,疑似遭到性侵犯。多年以后,这个年轻时异常帅气的球员,已经很落魄了,像一个东北赶大车的人,绝口不提当年踢球的事情。

但这些都没有涉及到非常著名的球员,直到国足队长的出现。他,是在2004年因欠钱,被南方一个庄家绑架的。

是否要告诉公众这个真相,我们经历了一个月的争论,与自我争论,这是一个极度纠结的过程,每一天早上起床,都要否定头一晚慨然的决定,然后再否定……甚至在讨论稿目时都不敢大声说出这个人的名字,因为这名球星在中国几乎家喻户晓。

最后是抛硬币决定的。但大家几乎同时作出妥协，说出这个真相，因为要为历史负责，但不说出他的名字，他的场上位置，他所在的俱乐部，他的年龄……原因有两点：一、我们没有录音和录像；二、我们不想因此让一个曾经的穷孩子，现在的球星好不容易建立起来的温暖家庭家破人亡；三、我们也答应过举报者，不能说得过细，因为一细，就知道这是谁说出来的。

就当我们伪善吧。我们只能尽可能在职业操守和人情冷暖中，进行中庸的选择。

很多人见过这个球星的父母，非常淳朴的老人，一脸的诚惶诚恐，他们出现在儿子订下的五星级大酒店的时候，曾经被保安拦住，因为他们缺乏住在五星酒店里的人们那种跋扈般的自信。为了更好地宣传儿子，在记者面前也是一脸谦卑，拜托好好写他们的儿子，儿子不懂事时请多包涵，偶尔还会用上一些"感谢改革开放""可持续性发展"这样自以为很主流的词语来接受采访。

关于这个家庭为让儿子能踢上足球所付出的努力隐去不谈，他们如所有望子成龙的中国父母一样，献出了全部。他们至今不知，儿子曾经因为欠钱被绑架。这个球星的妻子肯定也不知，因为至今她还花钱大把，频频购买名包名车，并不知老公曾因钱被绑。曾亲眼见到，他在国外拉练时，花两万欧元（折人民币20万）一口气买了6个限量版的LV包，因为他的妻子是著名的包包迷。

那是在中国国家队客场打完香港队后的一天，因为屡屡完不成庄家的目标，他被绑走了，庄家说要挑断他的脚筋。此时俱乐部的集训已经开始，无人知道球星的行踪，直到球星哀求庄家能否打个电话，让人来取他，日后才有机会上场比赛还债。

庄家一直把球星绑了三天，但毕竟这名球员名头太响，才让他打电话给俱乐部。可这家俱乐部此时已经很穷了，工资都发不起，否则球星也不可能去踢假球，筹措很久，一名S姓的副总才带着很少的钱来到指定地点，但晓之以理，动之以情，阐述了"留得青山在，才能还赌债"的道理。很难知道当时庄家与球星之间达成何种赎身的条款，放走了这名球星。

声明一下，这是一个未经证实的传闻，唯一能证实的是：这名国足队长在一场世界杯预选赛后（2004年中港之战后），神秘消失了好几天，引起球队内部极大轰动，无论是带头大哥一样的主教练，还是球队中最好的朋友，都不知道他去了哪里，回来后，他也绝口不提这几天的行程。但是这件可谓中国国家队建队史上最严重的绑架案，却在G7风暴中无意中被透露出来。我们曾找这家俱乐部的其他球员证实过，他们默认了这件事情。而且，一个对赌球内幕很熟悉的广东知情人，还证实了这名球星后来甚至去找过医生，并把病历拿到了手。

这家俱乐部的另一名老板曾经在报纸上暗示，手里掌握有国足队员赌球的证据，可惜没有下定决心公布出来时，他自己也因为某个原因，消失在这个圈子里。

据说足协高层也是知道这起绑架案的。不过，足协的高官是不会证实这个故事的真伪的，永远不会。

但是，球星在后来世界杯预选赛里的表现如同梦游，错失进球机会，从而间接导致国足失去进军世界杯机会，他在之后几年的国足比赛里有多次表现异常，丧失关键进球机会。也许是跟他的脚筋总在关键时刻想起差点儿被挑断，从而条件反射式发挥失常有关，也许，就是和这起绑架案中，和庄家达成的协议有关。

该名球星，技术全面，能攻擅守，曾担任国足队长。

忍不住很黑色地想，足协在最近两年动辄就在一支队里任命四个队长，这几年担任过队长的已逾十人，是不是就为了防范这时有人暴露国足队长曾因赌被绑。点到为止，连"点到为止"这句话都说多了，只是想还原历史，还原这段圈子里极隐秘的"无头案"。

队长不止一个，根据郝洪军提供的线索我们得知：某一天夜里，沈阳极具"人气"的庄家"一爷"在几名牵线人的簇拥下走进上海一家光线暧昧的酒吧，角落的一张桌子旁，两名球员早就候在那里——其中一名是曾经帅绝足坛的张玉宁。

上海足坛在那一段时间到处充斥着东北球员的身影，张玉宁在2003年年初落定上海后，上海的东北帮已经初具规模。如果可能的话，应该调查一下那几年东航的财务报表。庄家们频繁地在东北和上海的上空往返，绝对给东航的营业额做了巨大的贡献。

只不过，那一次"一爷"很生气，他印象中吊儿郎当的张玉宁居然直接拒绝了他的 20 万，"一爷"勃然大怒，觉得张玉宁居然不给面子，当即要手下人卸他一条胳膊。几个牵线人一看不妙，赶紧起身圆场，七嘴八舌说着"算了算了算了，都是沈阳老乡"之类的话，好不容易才按住即将暴怒的"一爷"。张玉宁勉强脱险，找了机会抽身而去。

在媒体一直为张玉宁打造的散漫随性的性格背后，竟有这样一个拒绝跟庄家合作的故事，这出乎所有道德家的意料，但让人百感交集的是，另一个向来以好球员形象示人的年轻人，也就是那天和张玉宁一起去酒吧的球员，一名著名后卫，最终却收下了那 20 万。而这名后卫，几年后又涉嫌另一起涉假案，传闻俱乐部老板已把相关材料报到了警察局。

他，也曾是某支国字号球队的队长。话到这里，我们只能打住了……

## >>> "11·17"背后的魔影

　　无论同胞香港队还是裁判都给足中国队机会了，甚至还判了一个点球给中国队，奇怪的是，中国队员郑智却没有罚进这个价值万金的点球。

和以往任何一次国足兵败不一样，2004 年 11 月 17 日这一天的失败，被普遍认为是"弱智失败"，面对弱旅和同胞的香港队，国足不是败在技术和身体上，而是败在一道简单得连小学三年级学生都算得清楚的算术题上。

　　我们尽量地把这道题解释得通俗一些：在世界杯预选赛亚洲区小组赛里，在只能出线一支队的情况下，中国和科威特积分和关系相同的情况下，最后得比进球数。在最后一轮前，科威特进 9 球失 1 球，净胜 8 球，中国队进 7 球失 1 球，净胜 6 球。这个简单得连看球史超过半年的球迷都能掌握的常识问题，中国足协却没有搞懂。他们一直以为赢香港队 7 球就可，最后比分是 7 比 0 时，他们还以为要打附加赛。

　　最后的比分是：科威特 6 比 1 马来西亚，中国队 7 比 0 香港。虽然净胜球方面我们与科威特持平，但是进球数上，科威特以总共 15 球超过了中国队的 14 球。中国队没机会了，连算术题都算不清楚的人，上帝是不给机会的。

　　其实这两场比赛都是一场默契球，中、科双方都在使用足坛潜规则。与马来西亚人交好的科威特并没有 6 比 1 战胜对手的实力，当然中国队也没有 7 比 0 战胜同胞的水准，但各自都与对手心照不宣，对于势必出现的大比分暗自有底了。说句大实话，中国队和科威特队就是要玩轮盘赌，看谁把对方算死，因为谁也不敢为了捞净胜球和进球数上来就打对手一个 10 比 0，但又必须在这两个数值上最终抢得优势，打个比方：这好比既要当婊子，又得立牌坊，如果真玩过火了，打出一个类似当年甲 B 五鼠的 11 比 2，亚足联即使不管，国际足联也会插手这种肆无忌惮的默契球。

　　当时中科双方都派了人员前往对方赛地，就是监看即时比分以决定本队得打出多少球才够。中国足协派了技术官员李飞宇和曾民去科威特观战，唯一的任务是最快速度播报即时比分，他们使用了网络和手机两种工具确保通讯。

　　公平起见，两边同时开赛。但科威特人上演了"补网记"，因为他们那边的球网破了，按照国际足联章程这必须修补好后才能继续比赛。懂行的人都知道这只是为了争取时间，谁拖延多哪怕 5 分钟时间，也可以视另一块场地的比赛情况，决定本方打进几个球。

　　科威特一度还玩起烟幕弹，让马来西亚人进球，这是为了麻痹中国队，让中国队误以为科威特人和马来西亚人并未默契。果然，不一会儿后，科威特人掀起了进球狂潮，最后以 6 比 1 结束比赛。

而中国队也采用了相应拖延战术，比如受伤倒地、比如推迟出更衣室时间，最后甚至比科威特还晚结束比赛两分钟，但这珍贵的两分钟时间，却没有能让弱智的中国足协和国足算清楚，仅以7比0领先香港队是不够的，因为，这时候中科之间虽然净胜球同为13球，但科威特人进球数为15个，中国队只有14个。

国足主帅阿里汉跟守门员教练徐涛还在场边伸手比划着"7"这个数，有人说这给场上队员一个错觉，认为7个球够了。很久以后曾问过徐涛，他解释说，其实只是想告诉队员7个球不够。事实上，当李玮峰攻进第7球跑到教练席上庆祝时，李树斌使劲把他推回去，大声告诉他"还差一个"，可这时，中国队就是迟迟打不开对手球门。

有特别爱国的人赛后悲愤不已，说那两分钟时间，无论采用何种方式比如假摔，比如大声告诉自己的同胞香港队的门将放一个，都可以保证中国队出线。

但这些都没用，因为无论同胞香港队还是裁判都给足中国队机会了，甚至还判了一个点球给中国队，奇怪的是，中国队员郑智却没有罚进这个价值万金的点球。

4年以后，一个叫邵佳一的球员在昆明，也把一个价值万金的点球罚丢了，从而导致中国队无缘出线。

两届世界杯预选赛，两个要命的点球罚失，两个中场核心球员，在大好形势下，上演了冰火两重天。

我们没有任何理由去怀疑这两个点球有问题，但是仍然无法阻止坊间有一个说法像魔影一样纠缠，这个说法是：

不仅世界杯预选赛，中国队屡屡在大赛中错失良机，是跟场外因素有关系。比如说"11·17"之前某场比赛，中国队领先对手一球后，就不思进取了，连阿里汉赛后也直言"看不懂领先后队员的表现"，而这时开出的盘，正好是中国队胜一球的话，买主队的盘赢钱。

当然前提是，帮中国队至少取得3分，这样他们在道德上是安全的，没有出卖球队利益，更没有卖国。他们乐观地认为，客场仍然能够拿下足够的积分和小分，中国队必然从小组出线。

但是，在客场对科威特的比赛，因为孙祥一个冒失的滑铲而输掉了 3 分，从而彻底改变了乐观者之前的计划。平心而论，他们在中港之战时是拼尽全力的，竭力想弥补错误。

也就是说，"11·17" 少一个进球数的弱智悲剧，其实是在几个月前的某一场比赛中，就注定了。

# 第四部分
## CHAPTER 4 >>>>
# 操盘时代

时间：G7革命后至今

洛杉矶某高尔夫球场，一名球童向编剧吉尔罗伊走去，前者正是历史上著名的体育神仙布兰登·林克，他拥有一种不可思议的能力：可以预知比赛的结果，命中率高达80%。过去，林克每小时薪水仅有10美元。但在和体育咨询商人沃尔特合作后，两人迅速肥得流油……这个故事被搬上银幕，便是美国电影《利欲两心》。

从2001年"10·7"到2004年"11·17"，中国足球没有从一个胜利走向另一个胜利。庄家手握神奇的指挥棒，利益所向，球员、教练、总经理云遮雾罩。事实证明，即便没有天赋，他们中的一部分人也会勤能补拙，表现得如同林克一样棒。

欢迎来到中国足球的中世纪。用这三年的资料，且让我们来拍一部最流行的新闻纪录电影，光是片花就足够让人迷离：在某球队休息室的马桶水箱里，静静地躺着塑料袋包装好的手机，感谢诺基亚，科技以人为本，交流让庄家永远比下注者更早知道真实的趋势。

一只手伸进马桶水箱,没有像《教父》里那样取出左轮枪,但汤乐普还是被一把真枪顶住了脑门。故事充满了黑色幽默,当他和冷波因不满球队假球盛行一怒而去,仿佛风尘双侠比肩江湖,后来,冷波因涉嫌赌球案被拘。

球场的清洁工每天都在打扫这里,没有一次发现手机。"我负我该负的责任,但我真的不知道那里有什么。"当这位老大妈说话时,还有球员在墙角发抖,因为他曾经用了她的身份证,说是开个股票户头,实际是办了储蓄卡,随时随地,可以查询"我的5万"是否到账,毫无后顾之忧。

这时候电视发出回响,阎世铎在深圳大剧院宣布,联赛取消升降级,俱乐部因此失去了方向,人尽可夫。两年后的规则,活生生将重庆逼进输球进中超的死胡同,欢迎来赢我,多进几个。慷慨赴死,但求速死。民不畏死,奈何以盘口拒之?

王珀迈进西安朱雀门,他正在用数年前忽悠得来的剩余资本装富,以此控制陕西国力。

实践出真知,枪杆子里出政权,不管是宁波、哈尔滨、太原,还是呼和浩特,他坚信永远都要有一支听话的球队。中国联赛的简单可以如此表述——陕西队2003年只打了一场比赛,客场0比0平红塔;2006年山西队只打了一场比赛,主场2比0胜广药。然后,凭借这个获得了要挟叫卖两年的资本。

数年后,青岛领队刘红伟身陷囹圄亦忍不住调侃,中国足球大差了……一些人坚信,以这样的联赛锻炼出的中国国家队,绝不会在对香港队的比赛中算错净胜球;但同时我们也要相信,即便算对了净胜球,中国队也一样无法通过最后一阶段的十强赛。

3年来,究竟踢过几场真球?人们怪罪郑智的点球,谢亚龙怪罪邵佳一的点球,其实中国足球败局已定,不过是被一枪打死还是一炮轰死的问题。

　　乱象频出的 3 年，倒显出了投资人的平静。G7 的沉思，一度被当成了白痴的无动于衷。2004 年，林乐丰代表实德老板挺身而出，他说的借口带有极强的社会责任感："如果不罢赛，球场就会乱得'出人命'。"以人命的名义，G7 出手，想要建立自己的职业联盟，更纯粹地体会足球的快乐，攫取利润。

　　多么耻辱的 3 年呵，当曼联经营部来人开宗明义，足球就是主要靠票房和电视转播费，在场的中国总经理都气得昏了过去。职业联赛的"分红"，像是把狗尾巴割了一段又塞在它嘴里，痛，吃不饱，还耻辱。

　　这一时刻，圈内突然明白，前几年散户以为得计，以为自己才知道钱是永恒的朋友，其实钱是所有人永恒的朋友。只不过，当庄家动辄使用麻袋装钱来使人折服时，徐明还在教徐弘用另一种方式看待足球。他让后者去看攻心联：能攻心则反侧自消，从古知兵非好战；不审势即宽严皆误，后来治蜀要深思。但这深奥的以战止战，全盘控制的哲学，又如何能是普通教练朝夕能体会？

　　足球是娱乐，足球是商业，无论这场 G7 运动是对足协的"革命"，还是可能因自己要来"操盘"被定为"反革命"，已经箭在弦上。所有有趣的故事都在夜晚发生了，夜奔，夜宴，徐明夜入国安。

　　而此时，徐明看了一出歌剧《红楼梦》，出门之后是一场大雪，他想：大地白茫茫一片真干净。

## >>> 被无形化解的G7行动

> 他对那句台词记得很清楚，中国足球也是这样，很多风光的东西真有可能在一夜之间——"大地白茫茫一片真干净"。

很多重大的历史，确实是因为一些小细节而改变的。比如"11·17"，比如G7革命，它们其实可以看做是起源于孙祥的那次意外的滑铲，或者周伟新判罚的那个点球。

### 一、两个小细节导致的 G7 风暴

让我们把时间倒推到 2004 年 10 月 14 日，当时中国队客场挑战最重要对手科威特，如果孙祥那记滑铲成功了，中科就会打平，那么后面中国队只需 1 比 0 胜香港就出线了，根本不会发生后面所有的事情，不会发生徐明夜入国安，不会发生张海雾中狂奔，不会发生中国队两届世界杯不出线，也不会发生球员被活埋、健力宝队员被当街追杀。

但孙祥那记滑铲就是失败了。他说，这是因为草坪上没有洒水。平心而论，孙祥并没有说谎。

国内的球场一般是要在赛前洒水的，这是为了皮球运行速度更均匀，铲球时也滑行得远一些。即使在水很珍贵的西亚国家，赛前也会在草坪上洒点水。不知为何，10 月 14 日草坪上没有洒水。第 48 分钟，科威特前锋右路带球推进，这是一次并无太大威胁的突破，孙祥飞身下地，孙祥个子不大，但速度和能量很足，一般情况下他可以滑出五六米没有问题，但是，这一天，草坪上没有洒水……

所以就像谁在身上安装了一个刹车，孙祥在滑行两米多时，刹那间生生停住了。那个情形相当古怪，一时间孙祥愣住了，科威特前锋也愣住了，不过他并未停下脚步，继续带球奔向底线，传中……中路进球了。

这个因滑铲失误导致的 0 比 1，必然把中国队逼上"11·17"。之前的章节我们说过，中国队煞费苦心算着小分，但事实上，就是孙祥那一记滑铲后，有经验的人都说，中国队没戏了。因为科威特与马来西亚人是一种信仰，足球间往来也很频繁，在中国队净胜球、进球数均落后的情况下，要想翻盘几无可能，道理很强悍，如果中国队敢打香港队 5 个球，科威特一定会打 6 个球。

事实证明这种悲观论调十分有道理，中国队最后的表演，其实是在为自己制造一个悲壮的葬礼而已。

所以，有先见之明的人会走到中国队前面，比如徐明。就在孙祥那记滑铲后，远在科威特的足协副主席南勇、国家队、中国记者们都得到一个消息：徐明夜入国安，并准备联合召开新闻发布会，公开宣布向足协挑战。

2004 年因为那个 10 月，成为了中国足球政治格局上最劲爆的一年，因为作为足球资本大亨的各个投资人们，已经无法容忍中国足球的假赌黑。虽然事实上从俱乐部层面上看，他们也是假赌黑的积极参与者，但是他们也苦不堪言，因为他们根本无法控制这个越来越大的怪兽，而人们都明白，中国足球的体制才是制造这种局面的根源。

所以无论北京国安还是大连实德，都把"割除足坛毒瘤，改变足球体制"作为最响亮的口号。从技巧上，徐明和李士林认为自己抓住了一个战术上的大好机会，因为中国足协此时正处于内外交困的阶段：内，有假球、赌球和黑哨横行；外，有中国兵败科威特。全国球迷、媒体甚至中央高层领导都对中国足协表示极度不满。

两个小细节决定 G7 风暴，一个是孙祥的滑铲，还有一个是：早在 10 月 3 日，北京国安在与沈阳金德比赛中认为裁判周伟新点球判罚不公，当场退赛。

而中国足协在 14 日这天，处罚北京国安 30 万，扣 3 分。北京国安于是宣布可能退出中超联赛，而徐明就是在这个背景下走上前台的，他也宣布，支持北京国安的行动，也不排除退出中超联赛，并书写《告全国球迷书》，希望对中国足球进行彻底的改革。

关于徐明和北京国安的动机，直到现在仍有很多人表示怀疑，之后我们将有深入讨论。现在先讲一下那些天发生的故事：

1. 10月5日晚19时10分，国安宣布退出中超联赛。

2. 10月5日至14日期间，北京国安先后与实德、冠城、鲁能、天津、辽宁等5家俱乐部老总取得了联系，寻求支持。

3. 10月14日19点45分，国安董事会以"足协违反程序、处罚决定明显失当"为由，作出了不接受足协处罚的决定。李士林给上述5家俱乐部的老总去了电话，希望能够参加晚上国安召开的新闻发布会。

4. 10月14日22点50分，中信副董事长李士林来到俱乐部，10分钟后，徐明惊现国安俱乐部。国安号召12家中超俱乐部紧急召开联赛会议的倡议书出台。

5. 10月14日23点30分，国安俱乐部正式召开新闻发布会。李士林表达了拒不接受足协处罚结果的态度。徐明立场鲜明地表达了实德完全支持国安的态度，之后将矛头直指足协。

这场本来旨在抗议裁判不公的行动，渐渐成为向足协要权益，从体制上改变中国足球假赌黑的一次风暴。当然，他们的革命性一直在遭受质疑，反对者轻易就可以拿出证据：比如大连实德跟四川冠城、深圳健力宝跟辽宁中誉的关联关系。而这，正是一种假球。

之后的章节我们会详细讲解这场风暴的合理性和荒诞性，但那一个月的风暴，已惊动国际足联。虽然中国足协通过有关渠道告知这只不过是罢赛事件的延伸，但国际足坛纷纷把这当成是中国足坛体制变革的一个信号。它标志性的事件是：

10月17日，"所有的革命成功应该是自上而下的"。

10月17日，徐明坐在上海滩高耸的"长峰中心"21层那间硕大无比的办公室里，向全中国公开那一系列具有革命意义的纲领性文件，炮火直指中国足球陈腐、落后的体制——"这是一场革命"。在徐明的安排下，实德集团的相关人员花费了十几个小时，制定出13个文件，涉及到9项实质性内容的共8万文字："中国足球革命方案"。

请大家记住，这正好是"11·17"一个月前，也就是说，这场革命只进行了一个月后，中国足球彻底没戏了，但也就是这一天，中国足协却变得十分强硬，利用中国官场游戏规则，巧妙消解了 G7 的行动，这证明，中国足协在球场上不行，在官场上却很厉害。

......

不用详细叙述那一个月发生的事情，反正后来这场风暴莫名其妙失败了，后来"11·17"了，再后来张海因健力宝案件被抓了，徐泽宪因生意上跟三林集团的分歧淡出了，加之中央高层有声音传出，担心这场足球风暴会引发社会不安，这一点很关键，所以 G7 迅速退出舞台。

我们之所以在一本打假扫黑的书里重点提及 G7 风暴，正是因为 G7 风暴与假赌黑有着密不可分的关系，他们本身就是其中一部分，可他们不是原罪，他们在自身也无法忍受的时候提出变革要求。但是，拥有强烈行政色彩的中国足协、体育总局断然否决了这个要求，因为，这两个官僚机构首先要保证的是自身权威和利益，为此他们不惜以鸵鸟政策来抵挡。

### 二、G7，假赌黑传闻总爆发

在张海被抓之前，有人曾私下问他："你们这些关联关系到底有没有打假球，这些老板们到底有没有跟赌博公司联手赌球？"张海回答："关联关系的默契球，肯定有，跟赌博公司联手，想过，但仔细研究后发现，这不可行，因为老板不可能亲自去找球员，得通过总经理，总经理得找带队的教练或球队主力，这个环节太多，容易走漏风声，而且一环一环都得花钱，举个例子，赢一场盘口最多赚 1000 万，分到上述几个环节后，老板赚到的不过两三百万而已，试想我们投入上千万做球只赚两三百万，这种高风险低回报的投资，是不可行的，我可以发誓，没有跟赌博公司来往过。"

张海补充："实际上商量好一场球去下注，根本赢不了 1000 万，因为赌博公司是靠抽水头赚钱的，盘口里某场比赛突然下了一两千万不正常的赌资，庄家就会把这个水提得很高，也就是说，如果我投 1000 万下去即使结果对了，最多也只能赢二三百万，加上总经理、教练、队员一分账，到我手里最多 50 万，谁会为赢 50 万，下注 1000 万呢。"

找熟悉赌球的人调查过相关比赛，当时的水头确实如张海所言，这证明一点：由俱乐部投资人出资进行赌博，并不是一件划算的事情。其实如张海这样安排默契球的，只是想在日后控制整个大局，而并不像尤可为、王珀那样去赢盘，因为成本太大，而回报太小，中间环节稍有失误就会走漏风声。

有人向辽宁队、大连队、四川队相关人等打听过，回答差不多。这些人的说法当然不可全信，但足以厘清，在 G7 风暴之时，他们想要的利益究竟是什么，光从道德上谴责他们是容易的，但是，我们更关心的是真相。

在 G7 风暴中有很多假球的真相：

有一天，G7 的老板们正在北京开会，各地的联赛正在进行着。突然，与会的四川冠城名义上的老板李丹阳接通了远在成都的一个手下的电话，听完报告后，李丹阳对冠城真正的老板徐明说："他们发现看台上有一个神秘的人，支着一台电脑，一直在给外面报比分，还说着不够不够，还得多打 1 个，很快，比分变成 2 比 1 了，这人是不是庄家派来的？"

这场比赛就是著名的四川冠城主场 VS 辽宁中誉。赛前人们普遍认为，作为辽宁队真正老板的张海，出于与徐明的交情，一定会命令辽宁队放即将降级的四川队一马，而盘口显示，庄家确实看好实力明显弱小很多的四川。

过了一会儿，李丹阳又接了一个电话说："下半场开始后，那人还说不够，然后比分变成四川 3 比 1 领先辽宁了"。又过了一会儿说："那人说还是不够之后，两支队分别进一球，比分变成 4 比 2 了。"正在开会的 G7 们都停下来，李丹阳干脆不关手机，就开着免提让大家听，那边还在爆料，说不够，于是比分从 4 比 2 变成 4 比 3，再变成 5 比 3，最后定格在 6 比 3！

这明显是赌球，徐明和张海都气得打电话大骂带球队的教练，这个故事的尾声是，有关人士立即与辽宁省体育局联系，而当时带队的正是辽宁省运动技术学院的副院长周铁民，辽宁方向立刻做出决定处罚有关队员，当时把"有前科的和关键位置的"定为重点突破对象，所以最后锁定了刘建生，他符合上述三大条件。刘建生正是因为这场 6 比 3 而成为无业游民的，再后来就吸毒，与黑社会彻底厮混在一起，最终被判刑。但刘建生只是这场大比分的替死鬼，因为进了 9 个球的比赛，显然不是某个队员能操控的，他只是一个小角色。

这段故事，是在 2006 年被透露出来的，透露的人并不知到了 2009 年会打假扫黑，也跟 G7 毫无关系，不会刻意为几个毫不相干的人开脱，它说明的真相是：那场著名的 6 比 3 其实是庄家操控的，和 G7 们无关，但 G7 也脱不了干系，肯定是庄家知晓张海将放徐明一马之后，火借风势，借机做出一个超级大比分出来，风卷残云般赢了一个漂亮的盘口，所以 6 比 3 也可以叫做是庄家 PK 俱乐部老板的结果。

它形象地说明：G7 老板们想搞的是格局，想操的是足球政治的大盘，而球员和庄家们想搞的是钱，在各方不同的目标下，就制造了类似乒乓球项目的比分。

有了这场比赛，之后 G7 的老板在风暴会议中一个主要的话题就是：互相印证彼此的问题球，从而带出了各自球队大量的猫腻比赛。这也是一场斗争，是球员和老板的斗争。

其间的事情还有：

17 日上海德比战中，王国林一拳打肿了陆俊的脸，因为怀疑他不公；还有著名的力帆球员休息室内开战——0 比 3 输给辽宁让力帆队十分窝火，赛后力帆队全体人员走回休息室的时候，一名后卫刚坐下来，一名前锋队员就上去踹了他一脚，怒斥他在场上的失常表现，幸亏外援多莫科斯及时拉住，双方才避免了进一步冲突升级。

G7 一名老板当时说得很清楚："手里握有一位著名国脚打假球的材料，合适的时候会公诸于众。"但他没有公布，因为他自己也不干净。

"11·17"后，G7 进入萧条期，勉强进行了一次"长隆会议"表示对足协不作为的愤懑，又是中远俱乐部的总经理王国林突然发难："我们要在最后三轮抓出一个假球赌球黑哨的典型来！"王国林的发言是在几乎没有太多过渡性语言环境下提出的。当时，投资人方面已有联合捉假的默契，并称手中掌握了球员踢假球的证据，其中认为有不轨行为的球队分别是深圳和天津两支球队，两支队的某些球员就是在 8 月 22 日的"中超杯"比赛中打出了一个默契的 4 比 2 的比分，比分跟赛前的传言吻合；作为回报，深圳健力宝队在 10 月 31 日的中超联赛中 0 比 1 负于天津队，也跟赛前的传言吻合。由于偶然因素，投资人方面还得到了一盘双方球员"交易"的录音带，所以证明了这两场比赛确实是两场不正常的比赛。张海还宣布：手里有一份国脚赌球的证据，适时即将公布。

在张海被抓之前，他最后一次出现在报纸显要位置是这样的消息：

> "是张海吗？你小心点！请你最近不要乱管闲事，不要乱说话，说多了对你自己不会有什么好处的！" 11 月 11 日中午，刚刚回到广州市区的张海就接到这样一个匿名电话。而事后张海了解到，来电的是"庄家"，之前提到的那份录音资料惊动了"地下庄家"，他们怀疑是张海暴露了内幕。
>
> 张海追问："你是谁，为什么这样跟我说话？"对方终于挑明："你不要对外界乱说，说多了对你我都没有好处，而且你的人身安全没法保证。我们做球的什么都能来，劝你不要自找麻烦。再说这也不关你事！"恐吓的电话刚刚挂掉，又有别的电话打进来，原来有深圳健力宝队的队员在看到了那篇报道之后，向张海表露自己的看法，急切地表示自己没有参与此事。

若干球员参与赌球被曝光的当天，天津康师傅队还在休假当中，泰达俱乐部总经理张义锋当天就表示："如果他们有证据让他们去告好了，我们要声明，泰达俱乐部将保留追究的权利。"但天津泰达一直没有使用追究的权利。

力帆老板尹明善甚至在央视自曝家丑，他在做客《新闻会客厅》时，坦承："有队员已经向俱乐部写了参与赌球和打假球的揭发材料和交代材料。"

在力帆前段时间连续出现蹊跷比赛之后，力帆俱乐部私下就开展了调查，其实这些材料涉及了很多队员，俱乐部常务副总陈宏也表示，如果司法能够介入，那么这些材料也可能作为证据提交司法机关。但是，这些材料一直没有司法介入。

### 三、"大地白茫茫一片真干净"

G7 注定是要失败的，在失败前夜，是一场对台戏：那是一个大雾弥漫的晚上，徐明带着张海从北京城直奔香河而去，那里是罗宁在等待着他们要开最后一个会，研究怎么利用最后的力量把阎世铎赶下台；而香河还有一个会，各地体育局和足协正在准备发起对 G7 最后一击，并出台一部中超公司的基本条例，来制约徐明、罗宁、张海的职业大联盟。

就在那天晚上，来自高层的消息表示，领导对阎世铎很不满，现在正寻找继任者。在国安香河基地，罗宁、徐明和张海很高兴，他们认为，虽然 G7 失败了（不过他们从未用过这个词，他们认为是战略大撤退），但赶走阎世铎也是胜利成果，另外一个成果是，降薪和暂停升降级基本成立了。特别是降薪，是这些老板们很想看到的。

那是 2004 年底，很快翻到了新的一年，旋即张海被抓，G7 各奔前程，有的退出，有的勉强支撑。

新的一年下了一场罕见的大雪，徐明忽然想起，这次风暴的开头，也就是 2004 年 10 月 16 日那晚，他专门跑到上海大剧院看了一出舞剧《红楼梦》，他对那句台词记得很清楚，中国足球也是这样，很多风光的东西真有可能在一夜之间——"大地白茫茫一片真干净"。

## >>> 张海、徐明：梦碎"乌托邦"

阎世铎满脸微笑听代表们念完了几万字的演讲稿，听到酣处，阎主席突然变脸，一拍桌子："你们把中国足协的权威置于何处？"然后一帮人无语，散会，走人。

### 一、健力宝：张海的资本游戏

张海为人十分神秘，这位 28 岁、一脸佛相的年轻人 2002 年 8 月收购健力宝，走到人们面前时，所有人都觉得这简直是一个"天外来客"。直到 3 个月后，一位自称张女士的西安人，给《足球》报打来电话，声称自己 10 年前就见过张海，而且还"上过张海的课，他的眼睛和笑容我绝不会忘记"。

张海原籍河南，父母都是外语教师，他六七岁时在班禅喇嘛安排下到青海，拜在密宗夏琼寺夏日东仁波切座下，后来进入西藏，受到红、白、花教上师的传承。张女士的记忆没有错，资料显示，张海其实在 1992 年 9 月就曾经来过西安办讲学班，作"带功报告"。上世纪 90 年代初，这曾经风靡全国。1992 年 5 月，刚刚 18 岁的张海就在湖北荆门创办了中国内地第一个藏密瑜伽健身中心，叫作"中国荆门张海藏密健身中心"。根据 1993 年其讲课时的宣传资料上的数字，张海到 1993 年春已经给数十万人讲过课，按最低标准每人 40 元的初级班算的话，10 万人就是 400 万的收入。加上在其他地区频繁的"跑场"，每次大约一周时间，连门票带资料费、"开光"费、治疗费和纪念品销售所得，几十万没有问题。这成了他的第一桶金。

"大脸大耳，常含着似有若无的笑意，声音低沉柔和，其外交辞令和姿态使他犹如从雾中走来"，这是当时国内经济媒体对张海的描述。张海一直对自己的发家史讳莫如深，实际上，后来他拿着这第一桶金去了香港。混迹数年，于 1997 年进入内地，通过收购成立了在内地股市上赫赫有名的深圳凯地投资管理有限公司，开始构建其被业界称为"凯地系"的投资王国。直到张海被抓后，经济界才真正搞清楚了他的背景，他个人是有些积蓄，但真正让他不足 30 岁便在股市上翻云覆雨，仍然得益于他藏传佛教的身份。就像"红花会"反清复明之前，总得想办法找个放牛娃冒充一下"朱元璋第18代孙"一样，张海的出身与一脸佛相，让他得到了在广东根基深厚的"叶氏家族"的青睐，正式成为叶家在前台的御用操盘手。这使他的命运出现了飞黄腾达的改变，但也最终使他被人丢卒保帅，始乱终弃。2005年张海被抓后，他在广州军区战友歌舞团唱歌的未婚妻黄鹭四处为其鸣冤："那些事都是他们一起做的，为什么大家都把他摆上了台？"

之后，"凯地系"在股市上频频出手，2000年和2001年，凯地先后染指中国高科、方正科技、中科健、银鸽投资以及深南光、深天马、飞亚达、中航实业、香港中联系统等多家上市公司。其间，张海曾任东方时代投资有限公司董事长、中国高科董事长、方正科技董事等职。2002年年初，张海逼近曾经红极一时的健力宝，以一副从资本市场向实业领域降落的姿态，连施妙手，款款走到公众面前。

当时，曾经一手缔造了中国足球的一个神话——派健力宝队留学巴西的健力宝总裁李经纬，已经在企业转制的过程中与三水市政府彻底闹僵。在与另一方买家新加坡第一食品集团的竞争中，张海以实际行动展示了他的"实力"与"诚意"，在未做任何收购调查的情况下，即通过委托方浙江国投划出1亿国债作为首期收购款。而三水市政府也既未请财务顾问提供中介服务，亦未对买家的资信进行调查。事后的调查证明，张海在这次股权交易中，自己没有出一分钱，以国债方式首付的1亿元因被冻结，并未到达政府的账上。在政府"追债"的压力下，张海急迫地寻找着能够填上这笔钱的下家。很快，他便说服了香港上市公司裕兴电脑的董事长祝维沙，并由他拿出2.38亿元资金为张海偿付前两期的收购款。而另一个商人叶红汉也随之出现，以白云山上一处物业入股，三人以4∶3∶3的比例，成为健力宝集团的新主人。

健力宝就这样被28岁的青年张海以"空手套白狼"的财技握于手中。这之后的过程近乎疯狂，张海先是以重装上阵的新饮料"第五季"显示出自己专心实业的决心，并且以健力宝足球队为推广重心，2003年甚至赞助了健力宝龙之队与皇马的比赛，在当时轰动一时。而与此形成鲜明对照的是，张海在收购投资方面的支出更高达 20 亿元，仅银行借贷就高达 10 亿元以上。在多元化投资的同时，张海还控制成立了大量与健力宝有业务往来的周边公司，通过转移支付等方式将大量投资款项在这些公司之间的转移中"化公为私"。

像某种暗夜里的生物，终于走到了阳光下面，却也同时走上了一条没有退路的独木桥。一些聪明人逐渐开始看清楚游戏的玩法。这应该被称之为一种"烂尾楼模式"，比如说，你空手收购一栋烂尾楼，首先说服一笔资金买下"楼花"，并把这笔钱付给了原来的发展商。然后你又到银行里用这栋楼得到一笔贷款，用其中的一小部分找了支廉价的工程队，让他们每天在楼里敲敲打打，作势要把烂尾楼完工，而把更大的一部分投进了股市，希望借鸡生蛋。

中国经济发展的过渡阶段充满了类似的游戏，有时候，只能用运气来解释这些游戏者的不同命运。一脸佛相的张海没有得到属于自己的好运气，两年后，健力宝开发的新产品堆满仓库，也没有给公司带来实际的利益。

分析张海的游戏，是一件有意义的事情。人们其实愿意去作出一种假设，如果历史可以重来，如果真是徐明和张海实现了自己在 G7 革命中的想法，那中国足球又将怎样？也许，他们同样会把中国足球的命运交给运气去裁决，但可以肯定的是，张海以自己在资本市场翻云覆雨的经验，的确差点为中国足球找到一个可能的新玩法。他没有想到的是，远离意识形态的足球领域，其实比泥沙俱下的经济领域，更加不可撼动。

2004 年的健力宝已深陷债务泥潭，处于崩溃边缘。当年 8 月，祝维沙与叶红汉两位合伙人把张海赶下台，但却阻止不了事态的恶化，几近停产的健力宝迅速成为舆论关注的焦点，捅出了天大娄子的张海已经无法置身事外。事后看来，积极投身 G7 革命的张海，已经是在进行自己的最后一次模拟试验。当时的张海，已经无事可做，显赫的外衣，其实从来没有改变过他作为一个马前小卒的角色。

**二、张海被捕，被中断的足球冒险**

2005 年 3 月 23 日晚 8 时，一辆黑色奔驰开进广州农林下路上的东山食府，酒店保安几天后都记得，后面悄悄地跟着三辆警车，而餐厅经理林女士则记得走进来用餐的三个人，"走在最前面的那个个子高大，一脸佛相"。那顿饭三个人吃了足足三个半小时，各点了一份500元的红烧鲍鱼，又各点了一份500元的鱼翅，再加上牛排、猪脚等，结账时总共4000元。张海没有亏待自己，平时吃饭并不铺张的张海，在这顿豪华的告别宴上，一定意识到了危险的临近。

11点30分，张海等3人走出酒店大堂，早已布控完毕的15名便衣警察非常轻松地将张海带上警车，而对于这一切张海似乎早有准备。有目击者称："当时现场没有任何搏斗，张海笑呵呵地被便衣警察带上了警车，他被带走前问了一句话，要证实一下抓他的人的身份才会跟着上车。"

站在经济领域的角度上，这不过是又一个"职务侵占"和"挪用资产"的案例，这两项罪名将给张海带来漫长的、15年的铁窗生涯。但是，站在足球的角度上，这却是一次被中断的冒险。整整两年时间里，张海致力于把健力宝集团改造成"健力宝系"，而足球是他的另一项"实业"，被贯之以同样的运作模式。当时的辽足总经理张曙光，与张海私交甚笃，两人的女友都在广州军区战士歌舞团，一个是舞蹈演员，一个是歌唱演员，在张曙光的撮合下，张海已经与辽足老板曹国俊谈妥，1500万买下曹在辽足的股权。了解内情的人也曾透露，张海与中远老板徐泽宪之间也形成了默契，准备入股上海中远。那时候的张海是否还真有本钱完成这些动作，不得而知，但是，相比于大多数或凭兴趣、或借以打广告的足球老板来说，张海很清楚，只有形成合力，才能牟取利益，这与资本市场上的"造系"其实原理一致。

2003年，健力宝集团注入球队的资金共计7000万，但仅仅赚回了2000万，这样的投入与产出比，在资本行家张海眼里，简直是无法接受的事实。中国足球低廉的造血能力，往往被投资者所忍受，因为绝大多数投资者，无论国企或民营，都以另外的方式获得了回报，所以缺乏真正改变现状的动力。按张海的说法，足协拿走了电视转播权，控制了联赛的整体赞助商，控制了每个球场最好的19块广告牌，并以此限制了各俱乐部大量的赞助来源，"这是一个多么野蛮的行业管理？"

张海在健力宝的经历，使人们并不能对他在足球方面寄予什么期望，但是，在足协把中国足球搞得如此糟糕的前提下，人们似乎并不反感这样一位具有改革冲动的角色存在。在 G7 革命中，受到挑战的足协，曾经一再告诫那些支持的声音，资本之于足球，往往视之如珍宝，却弃之如敝履。言犹在耳，但是，如果真有张海这样一位"操盘手"，假"系"出击，合纵连横，又会是一个什么样的局面呢？

### 三、徐明、张海蓝图中的阳谋

有一种过于美饰的说法，G7 革命特别像三国演义。徐明是曹操，张海是刘备，徐泽宪是孙权，而双博士张曙光则是诸葛亮。但其中徐明和张海才是真正的核心，这两人惺惺相惜。

有天晚上，看着身边整整 50 万字的文件，徐明疲倦地对张海说："张海啊，其实这中国的联赛也就是你、我之间的争斗，但我们俩宁在新体制下做降级队伍，也不做旧体制下的冠军了——我觉得这样下去太没意思了。"张海也疲倦地对徐明说："你拿了三个冠军，我一个也没拿过，我进入足球圈就是想拿冠军，但我现在不想拿了，在这样的环境下拿没意思。"

于是，两人相视一笑："都说我们是革命派，其实我们不是来革命的，而是来求阎主席救我们一命的，真的，投资足球已让我们活不下去了，现在，真是连死的心都有……"

用足球圈的人来比较，徐明太像中国的阿布，而张海则更像曼联的格雷泽尔。两个人从不同的角度发现了足球潜在的意义，殊途同归地走到了一起。

徐明 21 岁开始创业，10 年间率领实德进行了两次成功转型，到 2003 年，实德集团的净资产近 60 亿，营业收入达 52 亿元。而徐明本人，也因此成为中国最年轻的亿万富豪，身家达 26 亿元。2004 年，徐明更上层楼，在即将发布的《2004 胡润强势榜》十强榜单中占据一席。很多人都曾传说徐明是温家宝的女婿，徐明对此笑而不答，不知道是故作神秘，还是这传说根本就是他让人传播的。

做生意的人需要一些玄乎的马甲，在这一点上，徐、张两人又是异曲同工。

1999年实德开始参与大连足球，2000年，王健林把大连万达俱乐部正式转手给徐明。第一次接受媒体采访时，徐明便旗帜鲜明地放下一句话："谁都说足球不好搞，搞足球赚不了钱，今后有哪个老板不想搞了，第一个通知我，我来买。"此语气壮山河，更重要的是，反映出徐明最初整合资源的思维。当时正是实德集团在大连迅速发展的阶段。建材工业是实德集团赖以发家的主业，在2002年5月，大连实德集团为适应全国化学建材市场的需求，在把大连化学建材工业园做强做大的同时，在成都、嘉兴、天津、珠海建设化学建材工业园，形成了五大生产基地。而2002年，正是实德买下川队，以四川大河名义征战甲A的时候。当时徐明利用足球打开了西南建材市场，建成成都化学建材工业园，完成建材产业布局。2003年实德则把"实德二队"赛德隆变成珠海安平，为珠海的工业园"助威"。就在G7革命流产后，徐明仍然第一时间赶到重庆，一方面与政府商谈共建石化项目，另一方面，也约见了当时心生退意的力帆俱乐部老板尹明善。生年属鼠的徐明绝不猥琐，想象中就像曹操，把自己的产业园和足球队，当成80万水军，铁锁横江。

徐明和张海的不期而遇，是两位造系者思想结合的契机。如果G7所提倡的"职业联盟"得以实现，那么徐、张两人将是"实业挂帅，资本开路"的美好组合，也许某一天他们会分道扬镳，但他们为足球赋予的纯行政体制之外的思路，未必不是一次可资借鉴的尝试。

### 四、土崩瓦解的革命阵营

1984年洛杉矶奥运会后，胡耀邦总书记接见体委主任李梦华，并叫上刚刚获得奥运冠军、并已夺得五连冠的女排主教练袁伟民。其间，胡耀邦特意提到，小袁不错。不久组织部来人找袁伟民谈话，不久，袁伟民从副处级干部连升四级，成为体委副主任。

中国并不缺乏这样的传奇，就像当年胡耀邦也曾在深圳蛇口接见炮兵团长袁庚，开始了蛇口开发区一段辉煌的历史，新中国神奇的经济发展史中遍布着这样的故事。但于中国体育而言，只有那个政治挂帅的年代，才会出现袁伟民的神话，但却成为绝唱。至于足球，早到贺龙以下，就不可能再放到意识形态的高度来加以对待，这注定了一套一成不变的框架，死死地封闭了所有改变的可能性，我们不可能想象，哪位国家领导看到大连足球搞得好，随口说一声，让小徐来当足协主席吧。这意味着，足协管理足球，首先必须守住既得利益，并且封杀所有可能危及既得利益的改革派，在某种情况下，出于"活水养鱼"的原理，甚至可以允许适度的交易。证监会不可能不知道股市里存在着无数的"操盘手"，但杀与不杀，视大小程度而定。

徐明和张海，就是在谋求最大的可能性。他们的胃口，他们的见识，都注定他们不会满足于一般的小打小闹。造系，是他们的手段，如果情况理想，职业联盟得以成立，就意味着资本的话语权得到体现，G7就是欧洲足球的G14，可以在公开的层面上推行足球的产业化，这是上策。如果状况糟糕，足协管理体制雷打不动，那么实德系加上张海系，再辅以时日，就是中国联赛中最大的"地下操盘手"，聚合度越高，就预示着利益最大化。

但这是不可能实现的"乌托邦"。明面上讲，职业联盟是对足协权力的挑战，中国足协以行业协会之名担行政管理之责，至少在现阶段，还没有看到退化为英足总的迹象；暗地里说，如果小系并成大系，就是大到足以跟证监会抗衡的操盘手，是另一个来自民间的中国足协，那还了得？

当年，足协联赛部主任马成荃曾经几赴成都，查找徐明制造关联关系的材料，最后果真扛回来一麻袋证据。但现在看来，这一麻袋证据其实只是为了让事情办得更讲究程序一些，缺了这一麻袋，难道足协就没有别的办法？讲理，是因为还有兴趣跟你讲理，就像G7革命最后的结局，阎世铎满脸微笑听代表们念完了几万字的演讲稿，听到醋处，阎主席突然变脸，一拍桌子："你们把中国足协的权威置于何处？"然后一帮人无语，散会，走人。

轰轰烈烈的G7革命，在一定程度上的确代表了某种先进思想的斗争性，但徐明、张海等人天生的趋利性，也必然使自己成为一种专制体制下的黑色幽默。G7革命毕竟暴露了他们的行藏，如果不是当初这些人怀抱着让理想登堂入室的冲动，而是以自己比足协高明得多的市场嗅觉和资本手腕，暗度陈仓，不知道又会是一番怎样的风景？

纵观国际足球的发展史，大都在结束了小作坊、小乡镇的原始模式后，便迅速进入以大资本为核心的产业化阶段，但中国足球特有的行政色彩，有力地阻止了"资本主义社会"的来临，徐明、张海这些如同苏秦、张仪一般的"大纵横家"，也被彻底剥夺了话语空间。之后，张海被抓、徐泽宪淡出、徐明全面收缩战线，昭示着一个阵营的土崩瓦解。再之后，专心经营世界杯出线的阎世铎完成了历史使命，交出了接力棒，专心经营奥运成绩的谢亚龙走上前台。在两任行政干部统治的数年里，职业联赛仅仅作为一种"业余爱好"而存在，再也无人表达过对市场的渴望。

在一片肃杀当中，王珀、尤可为这些根植于传统足球土壤上的、小富即安的游击队，却像野草一样疯狂地生长。

## >>> 王珀、尤可为：操盘手的江湖

巴西老头来到成都，但被勒令只能待在酒店。卡洛斯心怀愤怒，但比愤怒更能让他安静的是恐惧。一个谎言深深地将他圈了进去。王珀说，不要以为中国有法律保护你，"我有能力让你在公海消失"。

操盘手的时代已经到来。

2008 年，马来西亚皇家警察宣布，飞车者将不再被称之为"飙车党"，而只是超速违章者。这个名字"太酷了"，不少青年甚至引以为荣。但这个操纵盘口的新职业听起来似乎更风光：操——盘——手。

G7 思索，起事，斗争，失败……时不我与，足球的规模化经营进入低谷，

不少俱乐部的投入都紧缩了。

而操盘手获得了更多生存空间，王珀、尤可为等人粉墨登场。从时间上而言，王珀比 G7 更早出道，2004 年前后，操练成型的"经营模式"，让他笃信有了球队就有了一切。王珀拉起了一张大网，新的"生产力和生产关系"就此起步。一个固定寄身的球队，相当于一块可持续耕种的土地。原先，只有夺冠、降级等关键时期才能有做关系球的余地，同时在庄家那里借机发财，而现在，就算是一场无关紧要的比赛，因盘口的存在，也随时具备了敛财的功能。

## 一、王珀，羊吃狼和羊吃人

1955 年出生的王珀属羊。2003 年之前，大连人王珀很"温顺"。时不时会给大连老年球队甩一万两万，赞助他们到外地比赛。人们回忆，称他"打电话时总是在说，给我打个 300 万、500 万，像是做大生意的"。

王珀是个聪明人，盘口到来，他立刻看到了球队的力量。他的欲望非常直接：要拥有一支球队。

而这时候，陕西队老板李志民遭受到了前所未有的经济压力。此时，一身富豪气质的王珀被视为救星。大连人不费吹灰之力就入主陕西国力，他留给外界的印象很直接，特别爱说话，"张口就是几个亿"。

朱雀体育场是"西北狼"陕西国力的主场。朱雀代表南方，延着古城西安的朱雀门，继续向南，当年是唐明皇李隆基逃命的方向。

2003 年陕西国力队从空中延着这条线飞向成都时，王珀发誓一定要让陕西足球丰衣足食。"我们国力是一支威风的球队啊。"当时，陕西球迷对足球的热情亦无法用言语来形容。端起水杯走进朱雀体育场，几万人呐喊的声浪，可在杯中掀起涟漪。

并且，王珀想要和所有人迅速"融合"。队员王长庆，教练王涛，都被他单方面认成了"干儿子"。他还说，自己是某国家领导人的"干孙子"。而在给当地一名老记者拜码头的电话中，王珀大义凛然："我就是来收拾这帮打假球的烂人的！"对方感动之余，没有来得及回应，他又说："如果打假球，也要在俱乐部的领导下打！哥没有什么本事，但跟着哥赌球，一年挣个 100 万没有问题。"瞬间，他又成了"哥"。

为了震慑住陕西队，王珀私下透露，马科斯的妻子在西安酒店被袭受重伤，就是因为巴西前锋"不听话"，所以找人收拾了他的家属。数年后，人们才猛然惊觉，2001 年王珀还不知道在哪，马科斯究竟如何和他神交已久？王珀可以把任何事情都说得无比严肃。在一次座谈会中，他一语惊人："我们的技术比不上皇马，但我们的管理一定要超过皇马！"

"如果这些都吓不倒你，没准他会告诉你最近几年西安的沙尘暴都是他带来的。"一位球员说。

语焉不详，故作神秘。这些都是王珀上世纪 90 年代的老套路。当年王珀在大连中海直公司任职时，曾直接到赵本山发迹的本溪等地"扶持乡村中学"，留下了尚未兑现的 10 万元捐助支票，这些坑蒙拐骗的功夫，早已炉火纯青。以他原先工作的"中海直"为例，他故意放话，让别人理解为"中国人民解放军海军直属"，实际上，那是"中国海洋直升飞机专业公司"。

毫无疑问，当王珀以放乱箭的方式罗织出一万个自抬身价的故事时，有些东西确实起到了作用。他的做派让人想起了戈培尔的名言："谎话重复一千遍就成了真理。"这场比赛之前，他当着电视台记者的面说巴西主教练卡洛斯"病了"，因此自己要亲自"指挥"。实际上，巴西老头来到成都，但被勒令只能待在酒店。卡洛斯心怀愤怒，但比愤怒更能让他安静的是恐惧。一个谎言深深地将他圈了进去。王珀说，不要以为中国有法律保护你，"我有能力让你在公海消失"。

上世纪 90 年代，公海聚赌拓宽了香港导演的思路，赌桌从固定到游走起来，对赌片的影响很深远。王珀此语，带有很强的电影色彩。连云港和西安地理上在同一纬度，是空间上距离西安最近的出海口，尚有 1149 公里之遥，更不用还"公海"了。卡洛斯不是《原罪》里的邮购新娘，不需要坐船来去，这辈子都没有去过连云港。他虽说在西安曾经征服了球迷，算是见过世面，但仓促之余来不及查地图，既然有"公海消失"之虞，没有细想就折服了。后来，在王珀和卡洛斯"杯酒释前嫌"的桌上，有人注意到，卡洛斯仍然眼神游移，心怀忐忑。

即将在成体指挥球队的王珀，赛前一天与一位浓妆艳抹的女性前往文殊院。此时，他根本不像一位急于带领球队冲超的球队老总。他运气不错，居然在大街上遇见了几名成都记者。不过这对于王珀来说，并不尴尬。就在尘土飞扬的路边，王珀侃侃而谈，他没有涉及卡洛斯患病和客场的难度，而是高屋建瓴地讲起了西部足球史。空气中飘来炸臭豆腐的味道，和他的谈话高潮同时到来："我希望四川冠城队保级成功！"

第二天，盘口在短短的几小时内从四川队让半球，跳到让两球至两球半，国力果然1比5输足。"希望冠城保级"的王珀满面春风，他中气十足，在成体喧闹的大厅里成为焦点。咖啡馆的服务生小心打听这位贵客的底细，并看走了眼："我还以为是四川队的副总呢。"

这场球赢了多少钱，具体不得而知。有据可查的记录显示，澳彩不得不赛前连续调高盘口，显然是有人一直在追击冠城取胜，造成了两边的极度不平衡。庄家一度试图通过升高盘口，让天平恢复原状，但仍然不能阻止下注者对冠城的追捧。可以想象，赛前有多少人逐级知道了冠城即将取胜并大胜的消息，几何级数目增长的下注者，让庄家猝不及防，连连升盘。

江湖首战，王珀就打怕了澳彩。后者一度封闭了对陕西国力的盘口，但该队一直活跃在很多地下庄家盘口上。

**二、"王珀，我求你，滚出陕西吧"**

全队系统地打假球，从中渔利，还需一个基本条件：球队不能只会输球，还应具备赢球的能力。

接下来的日子里，危机四伏的陕西国力能暂时成为一支高度统一的球队，显然是被王珀"共同发财"的牛皮装了进去。之所以他能够当总经理，客观上也是原来的老总李志民被足球拖垮，俱乐部资金不足所致。客场打冠城一战，仅仅是以大无畏的"自杀精神"，将庄家玩得团团转。接下来的比赛，王珀想要陕西国力应该表现出其他的素质。

但在局外，对冠城一役让很多人看透了王珀。2003年9月23日下午，国力主场进行赛前适应场地训练，一名叫胡建文的球迷从高达近三米的看台上跳下。他跪在王珀面前，嗓音带哭，连连磕头："王珀，我求你，滚出陕西吧。"

面对这样的驱逐方式，王珀尴尬不已。等场面平静后，他唱出高调，如果主场拿不下势头强劲的辽宁队，将卷铺盖走人，终生不碰足球。一天之后，国力队果然 4 比 3 击败辽足，赛后辽足怀疑队中有人放水，声言严查但没有后文。有人分析说，这显然是一次买通对方关键球员后的"杰作"。买通对方关键球员的钱，和预定结果后在庄家处赢的相比，完全不值一提。

然而，下一个对手云南红塔才是国力能征善战的广告。10 月 5 日，国力客场挑战甲 A 领头羊云南红塔队。赛前陕西方面有人向戚务生开出"放水价"——红塔队给钱，陕西队才输球。老江湖戚务生闻言大怒："你们有什么资格给我谈价钱？"讨价不成，国力赛前准备会上掀起"腥风血雨"，队员接到死命令：无论如何都要死拼红塔，哪怕一开场撂倒对方一两人也行。王珀说，如果谁不拼命，就废了他。

这番话后来成为他恐吓球员的把柄，但在当时，没有人提出异议，原因很简单："当时的情况就是那样，如果没有'外水'，国力去哪里找钱？"

双方最后战成 0 比 0。客场逼平领头羊，让其他球队对王珀心存忌惮。完全可以这样说，这是王珀用小米加步枪攻克的第一座大城市，由于多数球队担心无法完成任务，王珀的索求之后得到了频频响应。此后的章节我们将提到，王珀入主山西陆虎时，采取的也是这种招数：先狠命打出一两场关键比赛胜利，然后借此作为"广告"，加以勒索。2006 年客场和广药的比赛，就是在这种模式下得以发生的，王珀供认，那场比赛，和对方"确定"胜负后他还和王鑫一起前往番禺下球，根本顾不得去现场观战，以达到效益的最大化。

这时，陕西球迷一度产生错觉，以为王珀并不是"专门"来打假球的。国力两场一胜一平，在冲超道路上显示了良好的势头。但此时，王珀满脑子都是钱。以下的比赛，国力成绩惨不忍睹。10 月 12 日到 19 日，国力 3 战 3 负。1 比 2 输天津后，国力队有人回到基地非常"满意"，得到了"想要得到的东西"。重庆媒体透露，该队和国力的比赛可能涉及金钱交易。就算是王珀声称被裁判黑了的 0 比 2 输青岛的客场比赛，也有传言表示，在赛后几天，国力人士还飞往岛城，收获"成果"。这场比赛，也是王珀亲自指挥的。

和三连败相映成趣，球队马上掀起了抓"内鬼"运动。这其实是在再次统一思想。"如果要打假球，一定要在俱乐部的领导下进行，不能拉帮结派！"

抓内鬼还有一个附加的好处，俱乐部可以名正言顺让更多年轻球员上场了，因此成绩也差得"有理由"。一球败走上海，输给了国际队，国力的理由便是"阵容中年轻球员过多"。此时的陕西队根本不顾及是否能冲超的问题（次年中超开幕，冲超不成，实际上就是降级），接连输给北京（主场），上海申花（客场），沈阳金德（主场）。唯一没有卖球传闻的是 11 月 9 日主场对北京现代的比赛，那场比赛，王珀赛前表示，如果输球自己将"坐到看台上去"。但危机中的他居然得到了一条大幅标语的支持："人生能有几回搏，再展狼威看'王哥'"。笃厚的陕西球迷一度差点被标语热情带去另一个气场。后来当事球迷透露，这是受人雇佣后的作秀，王珀自己在叫自己"王哥"。

王珀频频卖球，地下投注传闻不断，陕西国力除了降级，也没有其他的去处。此时的王珀"羽扇纶巾"，坦坦荡荡，"我要用自己的汗水和心血帮助国力重新崛起。"

这等于是说，他还要继续让球队在中甲"赚钱"。

### 三、"通天教主"刀口上舔血的日子

假如王珀能够真的"均贫富，分田地"，陕西国力应该在中甲能够稳定下来。但不幸的是，球队内部的裂痕终于暴露。2004 年 4 月 21 日，志在冲超的国力队 2 比 4 负于武汉队。赛后国力内部爆出矛盾，俱乐部指责后防线上球员卖了这场球，造成"没有收到钱"。而有队员则称俱乐部早就有人收下别人的 30 万，指责队员，不过是想将这些"输球奖"分给大家。

这是王珀进入陕西后第一次处于分裂期。总之，像他这样一个对金钱如此挚爱的人，显然不太考虑崩盘的可能。5 月 30 日，国力队客场 1 比 2 负于厦门蓝狮，督战的王珀像疯子般冲进了休息室。据说，队中一名球员被北京的地下

庄家以 10 万元搞定，而和他本人以及与之合作的庄家却损失惨重。王珀冲进休息室，对主教练尚青劈头盖脸就是一通指责，两人当众交火，后者回到西安后提出辞职。

6 月 27 日，国力主场与处在保级区的青岛海利丰对垒，赛前传出客队希望国力让球的风声。面对传言，王珀信誓旦旦，极力否认，但国力队终以 0 比 1 输球的事实无可更改。这下，从甲 A 时代就积累的愤怒彻底爆发了，陕西球迷群聚在体育场门口，高呼"国力解散"。当时的陕西省体育局局长李明华坐如针毡，他说："国力队的表现太让人失望。"地方体育局负责人的话，终将国力逼得不得不上演"出西安记"。

此时，王珀的神侃功夫再度显威。他四处联系，宁波方面同意接收。

1600 公里外的宁波，距离"公海"更近了。时任西安安馨园队主教练的卡洛斯尽管远离了王珀，并声称赛前就知道国力会输球，仍然闪烁其词，只敢说"有一个人"是中国足球的蛀虫，"此人不除，中国足球永无宁日。"

我们说了半天王珀以操纵球队、赌球为生的故事，外人一定认为，他已经富可敌国了。事情非常具有讽刺性，如果和陕西国力有关的一些人只赌本队的球，他们还可能赢钱。但在混江湖的过程中，王珀渐渐觉得已经"通晓"中国足球，他和一些陕西队成员因此跨界有了下注中超比赛的"业余爱好"。

这一年的 9 月 22 日，国力队球员群情激愤，起因是他们受到指使去下一场"有赢无赔"的中超比赛，结果却血本无归。庄家追讨逼迫甚急，球员们不得不向老板李志民讨要欠薪，后者当时只能算是挂名老板，出了这样的事情，王珀的位置受到威胁势所必然。经济危机当前，国力不得不矢志创收，后来的比赛几乎没有赢过。每次输球，几乎都伴随着一些古怪新闻。2 比 4 输给了长春亚泰，球员却及时下发了一个月工资。输给珠海中邦，双方又在宁波一家酒店的 KTV"联欢"，参会者主要是俱乐部工作人员，王珀和国力几名球员也去了，总共 11 人，消费了两万多元。输球后还要庆祝，其中的道理不言自明。

"通天教主"王珀，因此过着刀口上舔血的日子。坊间流传，2004 年国力远走宁波期间，王珀欠了某地下庄家一笔赌债，一直拖着没还。庄家盛怒之下，派人直接杀奔位于宁波的国力驻地扬言要取其项上人头。号称黑白两道通吃的王珀，来不及去取那套大校军装的行头，立刻软下来求饶。并要求拿自己的座车抵押。没想到，对方怒斥那辆挂着大连黑牌的旧大奔根本不值钱，令王珀限期还债。后来，王珀让国力队两个队员陪庄家游玩，自己四方举债还了钱。从他后来遭到很多商业合作伙伴追债的情况来看，"通天教主"并非是故意不还，而是以球养球失败的结果。一次王珀被追债居然在沈阳街头翻墙逃跑，消息传开，圈内毫不吃惊。

其实，王珀有时候被玩得很惨，只不过他无奈之余，只好装纯情。2003年一场比赛，王珀说他已经给"铁哥们"（对方主教练）打了电话，对方允诺肯定要放水。不幸的是，对手"意外"地没有输给国力，每次提到这场比赛，王珀总是给自己圆场，说："消息是准确的，但外援不懂事进了两个，干嘛要派外援上场啊。"而他，其实是被这"铁哥们"忽悠了。

### 四、"防火防盗防王珀"

2004年年底，王珀又在动脑筋了。酒店方面，他们还差着20万元，还欠当地的一些朋友的钱。为了逃离，王珀精心策划了细节。离开宁波的过程更像是个小品，当时王珀的朋友还派部队的卡车送走了他们。在此后的两个月里，他们一直相信王珀说的，球队出去参加拉练了。

但从此国力就没有再回宁波。这一举动，让给他和宁波方面牵线的朋友深受其害。也正是在这座城市，王珀第一次露出了马脚。当时，他在租住处和邻居吵架中，睡眼惺忪地摸出了自己的"大校"证件，而对方正是一名真正的海军上校的妻子。随后，她通过有关部门查了一下王珀的资料，发现这完全是一个假证件。

王珀每年都在迁徙。2003年入主陕西国力，2004年上半赛季，他和陕西国力在西安"坚守"，丧失主场支持后，在朋友的帮忙下来到了宁波。2004赛季结束，国力球员王长庆、谷红星和赵昌宏三人向足协提出诉讼，称国力拖欠工资。这个时候，王珀已经找到了下一个愿意接收他们的城市：哈尔滨。

2005 年，中国足协发文给已落户哈尔滨的国力，要求他们在当年 4 月 1 日解决拖延球员工资等问题。这个截止到愚人节的文件激发了王珀的灵感，他根本无力解决问题，却选择了和足协展开口舌之辩，"我要请 20 个律师去北京"。截止时间到，他只好眼睁睁地看着球队"消失"。

这段没有球队的日子，对王珀来说太可怕了。他对一位朋友说过，不管如何，一定要组队打比赛，否则没钱可赚。

2005 年赛季乙级联赛决赛，西藏惠通没能闯过安徽九方队的堵截，在离中甲一步之遥时倒下了。随之，王珀帮他们"买壳"，目标锁定了大连长波。惠通付出 800 万买下长波，重新走上了中甲道路，主场放在山西，定名为山西路虎队。此时，球队的成分已经非常复杂，但对"一定要比赛"的王珀来说，也顾不得这样多了。后来被捕的刘红伟在央视说"中国足球水平低"并非纯粹的调侃，王珀的这支山西路虎球队由长波、国力以及西藏队等多方球员组成，后来却让财大气粗的"正规军"广药不得不花钱买道。

联赛的猫腻已是小菜一碟，内部斗争倒还让王珀头痛一些。2006 年底在闻知要被"下课"时，王珀赶紧自救，声称可以在内蒙拉到千万资金，并力主将主场迁往呼和浩特。后来王珀被迫下课，但是陆虎还是如愿进驻青城。

下课不下课，对王珀无关紧要。在当年的中甲联赛上，他没有任何官方配发的工作证件。4月，在与江苏的比赛中王珀现身教练席。主裁判李玉红让他离开，王珀充耳不闻，等到工作人员过来时，双方干脆动起手来。此后一轮做客杭州，杭州赛区故意给他设置了难题。主队人员在入口散发王珀照片，防其进入体育场，这就是著名的"防火防盗防王珀"。

其实，在这段游离的日子里，球员们依然暗示有些比赛可能和王珀有关。在客场同广州医药队的比赛中，呼和浩特竟然以 0 比 7 败北。比赛的过程和比分甚至要比 2006 年那场比赛还要假。广药队在开场仅 35 秒钟就取得进球，这也创造了中甲联赛进球的最快纪录。全场比赛呼和浩特队几乎不设防，仅仅 20 分钟，他们就以三球落后。赛后，呼和浩特队的教练组集体辞职，而面对那场比赛，球员不停地说："有些事，不能说，不能说。"

2007年上半个赛季，球队排名榜尾，王珀又回来了。一听到王珀"复辟"，球队立马炸了锅。他们认为，他担任球队总经理只会将球队带入"假黑"的深渊，一位不愿透露姓名球员说："我们可不愿被利用，更不想做出违背体育道德的事情。"而王珀上任后，刚刚上任两周的主帅栾义军还未执教一场比赛即告"下岗"，这也算是中甲的奇迹。

王珀回来时说的"600万资金"，大家将信将疑，当确认一分钱都没有看到，球队直接走向了末日。

2007年8月4日，中甲联赛第14轮，延边队主场对呼和浩特队，直至比赛前，王珀一直在试图捏合出一个阵容，此时再也指挥不动。"十几个人，来十几个人就可以了。"但是，不少球员在机场就逃之夭夭，比赛最终"流产"。事后，俱乐部告知中国足协，他们不再参加2007年中甲联赛剩余比赛。如此潦倒的境遇，在中国足球历史上还是首次。与G7革命的罢赛相比，这次"流产"和裁判、俱乐部派系纷争都没有什么关系，而是王珀再也无力"黏合"球队了。

本来，原来的球队成员大多来自大连长波、西藏惠通、陕西国力三支球队，而在呼和浩特后，球队更是引来多名辽足球员，四种力量交织在一起，王珀本事再大，也不免挂一漏万。6家俱乐部（陕西国力、西藏惠康、大连长波、哈尔滨队、山西路虎、呼和浩特队）覆灭的罪过，只好由他"风雨一肩挑"。

一位辽籍球员说得更直接："王珀来了就是让我们打假球，而当时队伍里面也有人在赌球，他们之间关系就水火不容了。"

### 五、一场官司，了犹未了

因涉嫌在山西对广药的比赛中商业贿赂，王珀目前已经被警方拘留了。在此之前，他打赢了一场官司的一审。

2005年3月18日至4月15日期间，《足球》连续刊发《追债九年，王珀害我妻离子散》《西安事变，本溪小市谈"珀"色变》《证据可送王珀蹲15年》《王珀连打三个电话求饶》《四面楚歌，王珀官司不断》及《我目睹王珀开价500万元》等6篇该报记者的署名文章，在罗列王珀的罪行中，包括赌球和操纵比赛。

随后，王珀在哈尔滨中级人民法院提起诉讼，状告《足球》"报道严重失实，恶意丑化原告形象"，并"索赔精神损害抚慰金人民币 10 万元，经济损失 90 万元"。哈尔滨中院经审理判《足球》败诉，要求被告《足球》报社在报纸头版显著位置刊载向王珀的道歉声明，以恢复名誉，消除影响；并赔偿王珀精神抚慰金 5 万元。《足球》上诉至黑龙江省高级人民法院，但高院维持了原判。近日，《足球》的二审代理律师表示："有关王珀赌球的真相，《足球》当年是否有违新闻规范，是否侵犯其名誉权，都有望随公安介入而真相大白于天下。按新《民事诉讼法》第 179 条，我们有机会向最高法院申请再审，撤销生效判决，改判驳回诉讼请求。"

当初一审判定王珀胜诉，他的表现更是令人啼笑皆非。《体坛周报》写道："哈尔滨中级人民法院一审判定王珀胜诉。这也是涉足足坛三年多来始终非议不断的王珀唯一一次赢得为自己正名的'战争'。""也许是为了表达洗刷'恶名'的决心，也许是出于对西藏足球的热爱，王珀说：'我计划把这 5 万块钱全部捐给西藏体育局，希望他们能够把这笔钱用到西藏青少年足球运动员的培养上。'""我实在是被诽谤、中伤到了妻离子散、家破人亡的地步，不通过法律实在找不到解决问题的办法了！那段时间，我在大连家中几乎连楼都不下，整天把自己锁在 12 楼的家中，只有方便面是我的朋友……"《体坛周报》甚至连续跟踪报道这位充满爱心却饱受误解的人物，不惜跟其他报纸大打笔仗。

4 年前，记者重访他"忽悠"过的本溪高中。县电视台记者郑大勇的摄像机中，还留有大量王珀当年身穿海军大校服参加活动的影像。最让他记忆深刻的就是那次王珀赞助县高中的"义举"，王珀把一个写着 10 万元的木牌子送给县高中的师生。鲜红的红领巾戴在王珀的脖子上时，王珀显得很神气，那一次，王珀甚至从沈阳拉来了歌舞团女演员助兴，然而在秀了一把之后，一分钱没有到账。10 年了，仍然只有那块木牌子。

**六、尤可为，犹可不为**

10 月下旬，尤可为的消失给足坛带来了地震级效应。

全世界好像只发出一种声音："尤可为去哪里了？"从厦门打到成都的电话

充满了惊惶,打电话的人甚至不断表明,只是受"圈外"的朋友之托,要找他"有点事"。

据谢菲联球员说,10月27日在毛家湾基地还见过尤可为。这是他最后露面的时间。此前两天,他在四川大学体育场观看了辽宁队客场和四川的中甲比赛。尤可为和很多球员关系都很好,只要能抽出时间,他肯定会和老朋友见见面。2009年9月2日的"吊射门",尤可为也在四川大学球场。那时候人们当然不知道,2007年谢菲联冲超的关键客场,他曾经和青岛海利丰前领队刘红伟坐在一起,策划。

媒体当然不是第一个知道尤可为被捕的消息。此时,成都谢菲联董事长许宏涛已在"国外"。他在第一时间就知道尤可为被警方带走,于是匆匆踏上"去英国开董事会"之旅。那个时候,谢菲联甚至还没有完成当地政府对他们提出的联赛前10名任务。10月30日谢菲联客场1比0击败山东鲁能,获得中超第7名。不过,这支球队的高层却无心庆祝,乃至不知所踪,蛰伏。

11月25日,在央视播出的王鑫等人涉嫌的商业贿赂案中,人们终于再次见到了尤可为,此时他的身份是广药主场5比1击败山西路虎队案的"中间人",这一界定,暗示他在圈内的关系千头万绪。而他本人在12月11日央视《焦点访谈》中成为主角,他被认为是2007年成都客场2比0拿下青岛海利丰的主谋之一。

不过,和同时期被骂上了天的王珀相比,尤可为的名声要好很多。

**七、他就是"90年代的容志行"**

如果没有央视的再次普及,提起尤可为的名字有点耳熟,但具体什么样子,很模糊。

被红色通缉令追回中国的王鑫,其职业生涯中的大部分时间在沈阳队效力,但他却是一名大连人。1994年职业联赛开始第一年,沈阳六药只赢了一场球,就是1比0击败了大连,打进唯一进球的是王鑫。

当时的沈阳队队长就是尤可为。1994年甲A秩序册上,寥寥数字:尤可为,9号,身高180厘米,体重72公斤。此时的他已经进入职业生涯末段,俄罗斯主教练谢尔盖仍很喜欢这位老球员。他的一位队友这样评价他："老尤不爱多说话。你如果看到他，感觉这个人不是大哥，也不是小弟，每个人都和他合得来。"

2008年马克坚去世，送别的人群中，尤可为最为低调。作为马老的爱徒，他写下了这些：

> 前不久在成都搞了一次中国足球元老赛，马老也来了，后来我还陪他去吃了锦里的小吃，还去了一趟峨眉山，老爷子完成了自己的一个心愿，爬上金顶后他很高兴，叫上我一起合影……没想到，这一次竟然是我和他的最后一次见面，马老当时那个高兴劲儿至今还常常浮现在我的脑海里。看着照片上他慈祥的面容，想到这样一个像"父亲"一样关怀我帮助我、在我岁月的长河里打下鲜明烙印的前辈突然离我们而去了，我禁不住潸然泪下……

有如此细腻的情感，尤可为有人缘，绝非浪得虚名。

在施拉普纳时代，沈阳队球员进入国家队是件稀罕事。在沈阳，存在明显的两条不太对等的选人系统，省队优先，市队第二。尤可为在回忆马克坚时实话实说，表明自己来自"二流球队"，但这不妨碍他随队参加了1993年泰王杯。退役之后，尤可为于2000年出任云南红塔领队兼助理教练，2004年任丽江东巴队主教练，2005年至2006年任厦门蓝狮队领队、助理教练。2007年高洪波在亚泰夺冠，本来他们两人可以继续合作，但亚泰拒绝了尤。那一年，尤可为来到谢菲联，在被警方控制前，一直担任成都谢菲联副总经理。可以这样说，最近这5年，尤可为效力的球队非夺冠即保级，常常左右联赛大势。

上世纪80年代，尤可为就入党了，那时候标准很严格。作为一个球员，尤可为踢球不但爱动脑子，身体好，而且作风非常正派。老四川队队员回忆，有一次他们和沈阳队踢球，门将何大旗踢了尤可为，双方发生了纠缠，开始打架。唯一没有打架的人就是被踢的尤可为，他没有骂骂咧咧，忍痛站了起来，要大家住手。因此圈内比较认可他的为人，一度有人评价："尤可为，就是90年代的容志行。"

岂止是他同时代的球员这样看待他，9月2日发生在成都的"吊射门"，被媒体认为是第一次尝试吊射本方大门的张天罡，自己都还处于风口浪尖，但在尤可为被捕后，张天罡站出来为其鸣不平。在原来的厦足，张天罡属于为数不多的和尤走得较近的球员。在外人看来，尤可为很少介入具体训练工作，但他会给张天罡开"小灶"，张天罡觉得尤可为人不错："很多技术都是他教我的，他平时很好说话，网上说他现在下注之类的，我觉得有些夸张。"

但张天罡同时也表示，尤可为被调查，自己并不惊讶："整个足球圈就是这样，有很多不可告人的东西，为了球队，尤导做出一些事情是可以理解的。"

在张天罡所说的可以"理解"但"不可告人的目的"里，有些因素在感情层面确实能够打动人心。尤可为他们那一批沈阳队的球员，最终因在"转干"问题上被耽误，现在还是"工人编制"。

沈足退役老将集体维权时，尤可为的名字也出现在其中。他退役早，发现问题早，因此与有关方面就球员退役保障的交涉自然也早于其他队友。沈阳队职业联赛的初期在人民体育场，但他们的编制属于原五里河体育中心，后者早就因城市规划被炸得荡然无存。

为了拿到一些应得的补偿，老沈阳队队员和有关部门多次交流，某位球员甚至背着自己瘫痪的老娘求有关方面网开一面，此情此景，令人心碎。好说歹说，有关方面答应为这批退役老将补交养老保险，依据运动成绩、工龄等相关标准一次性拨发补偿金，上限不超过9万，最低的只有1500元。在尤可为出事后，有人一度表示："如果不搞这些，老球员的生活实际上是很难的。"

不过，托人补办沈足方面的养老保险，尤可为更多的是表示和大家共进退，实际上他的经济情况是比其他人好的。"有时候大家聚聚，都是尤可为联系，很多事情都是他出钱。"当年的队友对于尤涉嫌操纵假球被刑拘感到非常惋惜，"王鑫和我们也是队友，他进去我们没有什么感觉，但是尤可为不一样，我们没有觉得他有什么不好。"

尤可为执教红塔时还开着一辆夏利，离开昆明，只卖了8000元。但他在成都担任领队后一年，居然购进了一辆价值过百万的奥迪 Q7。

最后出事显然不是由于社会"仇富"，而是这些来源不明的收入最终指向了：赌球。

### 八、尤可为和厦门的 11 场问题球

11 月 25 日，尤可为以"中间人"身份在王珀、王鑫商业贿赂案中出镜，他没有说话，但仅有两秒的出镜却让那些与"11 场厦门假球"有着直接关系的人，瑟瑟发抖。尤可为供认，在他任职厦门蓝狮助理教练和领队期间，光是 2005 年厦门蓝狮冲超那一年，就有 11 场球有问题。这些比赛当时都没有和尤可为挂上钩，而在他落网之后，被一件一件捅了出来。

1. 2005 年 4 月 30 日，厦门蓝狮 3：1 青岛海利丰

这之前两场比赛，厦门两场比赛仅得 1 分。这场如果再不能取胜，那么他们就将可能彻底掉队。赛前，本场比赛开出的盘口为厦门队让对手平半，这在厦门队之前连续两场不胜的背景下已经很合适了。可到了开场前，盘口一下子变成了厦门队让两球，他们只有净胜三球才可以保证赢盘。最终 3 比 1 的结果为走盘，并没有人会因此而受损失。只是在大球上做足了工夫。本场比赛大球分界线开到了 3 个（一般为 2.5），最终两队进球一共 4 个，刚好大球。

比赛中的第一个进球至今让人难忘。第 5 分钟，赵铭的射门打在了对方防守球员身体上，而此时门将却早早出击失位，皮球缓缓弹进球门，1 比 0。最终厦门队 3 比 1 击败对手，本场比赛过后，厦门队也开始了自己在联赛中的 10 连胜，一举奠定了冲超的基础。厦门队主场让对手两球，这样的罕见盘口在主场迎战一些弱旅的比赛中也没有出现过。反倒是和海利丰这样的强队出现如此深盘，让人不解。

2. 2005 年 5 月 14 日，广州日之泉 0：1 厦门蓝狮

本场比赛之前，广州队已保持了近三年的 35 场主场不败纪录。地下庄家略微看好广州取胜，主队让平半。

比赛中，主席台上出现了一位手拿报话机的人，这就是厦门队的领队尤可为。

在厦门队里有两个报话机，持有者就是高洪波和尤可为。比赛开始后，在看台上居高临下的尤可为不停地对着报话机报料："广州队收缩得比较紧，他们是想先防守好再打反击，我们先在中场倒倒脚，找到破绽之后再攻，肯定有机会。"但现场人士回忆，尤可为在比赛的过程中并非一直在使用步话机，他一直也有手机。赛后，他仅仅谈到了步话机："用报话机的方式就是图个宏观观察，这是高指导要求我们做的。"

第41分钟蓝狮领先后，比赛变得耐人寻味。厦门在比分领先后频频拖延时间，其助理教练也4次冲入场内拖延时间，加上最后两队的冲突，田野在冲撞李伟之后的假装受伤，这些已经足以让比赛缩短了10分钟之久。可是广州日之泉的球员此时也意外地有耐心和对手"耗"。温小明在一次射门不中后倒地望天唏嘘，而不是马上跟进逼抢和伺机补射。

5轮比赛之后广州队主教练麦超下课，当时他的球队刚刚5连胜。而在让他休息的三点原因中，第一个就是日之泉高层对主场输给厦门的比赛"很不满意"。

3．2005年5月21日，厦门蓝狮3：2成都五牛

主流博彩公司开出盘口：厦门队让对手球半，也就是说，厦门队只有净胜对手两球才可以确保赢盘，否则买成都五牛的人赢。厦门队在上半场9分钟和20分钟接连打进两球，第30分钟成都五牛扳回一球，比分变成2比1。上半场结束前5分钟，厦门队再下一城，比分变成3比1。但在下半场，厦门队就发生了让人意想不到的变化，外援前锋被换下场，全队在后场相互传球，很少有实质性进攻。成都五牛在第80分钟又进一球，比分改写为3比2。之后的10多分钟，两队对进攻失去了兴趣，不停地倒脚将这一比分保持到终场！这场比赛中，时任厦门队主帅的高洪波也被球迷喊起了"下课"。

赛前的盘口为厦门队让球半低水，如果五牛队仅输一球，买该队的人就会赢得高水位彩金，并且主队也将拿到自己想要的3分。比赛的过程中盘口走地的变化证明了这条主线，当厦门3比1领先时，走地盘口是成都五牛让半球／一球，水位超低只有0.05。换言之，如果成都扳回一球，买成都下1000元才赢50元。在概率论里，意思就是这种情况很容易就会发生。更为重要的是，如果

成都队将和对方的比分差距缩小到一球，赛前下注成都的人就会赢得很"充实"，3比2果然成为现实。

4. 2005年6月28日，四川冠城6：3厦门蓝狮

这可能是中国足球策划的"传世之作"。比赛的背景必须交代：这是该年度足协杯双方的足协杯比赛，第一回合四川冠城队0比3输给了对方。回到南充主场，厦门队出局的可能仅有一种——输3球以上。如果是仅输3球，只要厦门队取得客场进球，就一定也可以得到晋级机会。该场比赛的大球赛前分界线是2.5球（打出3球或以上算大），但临场居然水位极度下降，最后抵达0.2左右（买1000元，如果打出大球，只赢200元）。

这场比赛也是新南充体育场的第一场职业足球比赛。赛前，球迷们穿过还没有清理的四周苞米地，进入场内观看球赛，给比赛本身带来了更多"山寨"成分。由于南充长时间不举办球赛，主队球迷对冠城6比3取胜极度高兴，然而，他们并不懂得这个比分下四川队依然将被淘汰。不设防的进球大战，有些细节的荒诞超出了想象。一次，四川队前锋一次进入禁区射门时，厦门队的门将居然还在低头整理自己的球袜！6比3的比分敲定后，最后几分钟，双方的攻势云收雨散。按照常理，此时还需要进球的四川队仍要积极进攻，但他们在对方球员受伤时，极为绅士地将球踢出了界外，用一种异乎寻常的平静迎来了结束。

5. 2005年8月20日，厦门蓝狮3：2河南建业

厦门主场对河南建业的比赛，上半场两队都没有进球。照常理，下半场的大小球一般只在一球／一球半左右。但博彩公司居然大胆开出了二球半的大球，也就是说，和全场90分钟的大球是一样的。果然，下半场蓝狮开场5分钟就进球，随后他们又接连取得两个进球，比分变成了3比0，一下子就完成了本场比赛大球的任务。本场比赛当中，河南队部分后卫似乎也乐得"风流"。之后，厦门蓝狮又礼送对手两个进球，最终两队战成3比2。

6. 2005年7月9日，上海九城2：4厦门蓝狮

厦门的表现继续配合盘口，11天之后，厦门客场迎战上海九城。厦门队打进上半场第2个进球，将比分改变为2比0时，上半场的大球2.5居然水位只

有不到0.3。当时比赛已经进入第37分钟，也就是说，开出这个盘口的庄家，对45分钟之前再打出一个进球充满自信。后来有人透露，尤可为曾经把几名心腹球员叫到身旁，让他们一定要注意，"上半场要打成2比1"。果然，九城上半时就扳回一球。

中场休息时，他让休息室内的替补球员离开。按照规矩，一般而言，中超和中甲的替补球员，在中场休息时都不会进休息室，而是在场上练球。显然，这些滞留在室内的替补，已经对球队的非正常表现有所发觉，也想了解一下内情（同在一队，利益共享）。当尤可为发现个别替补球员不情愿离开时，他第一次表现出了狠劲："想跟我玩邪的？还嫩着呢！"

这一天没有人知道他为何这样"豪爽"，当比分打成4比2时，厦门队换人。有人透露，尤可为站在场边，恰到好处地叫了一嗓子："别进球了。"最后的比分，就是4比2……

7. 2005年9月10日，青岛海利丰3：2厦门蓝狮

本场比赛之前，厦门蓝狮队已经在中甲前12场比赛中取得11胜1平的佳绩，其中包括10连胜，气势如虹。赛前，青岛队领队刘红伟曾表示：尽管对手已经10连胜，但我们俱乐部对这场比赛已下了'必杀令'，如果获胜，将对海利丰地产队重奖。不过很多人都还是相信厦门会乘胜追击，赛前的盘口也倾向于厦门队取胜，厦门队客场让平半，赛前大球开到了3球。

比赛开始后，一系列让人看不懂的现象发生了，前55分钟，青岛队2比0领先厦门队。比赛在最后3分钟高潮迭起。第87分钟，厦门队打入一球，1比2；随后，青岛队利用反击将球吊到禁区，厦门队的两个中后卫解围失误，厦门队门将"站位靠前"，对方轻松吊射入网，3比1。比赛最后一分钟，厦门队鬼使神差又攻入一球。比赛的最后3分钟疯狂进球，而3比2的比分，与赛前传闻的大球盘惊人吻合。

厦门赛季的10连胜正是从主场3比1击败青岛开始的，当时冲超大业已定，这场球被业界认为是"还情"。也正是在这样的背景下，刘红伟赛前能够如此气定神闲。值得一提的是，青岛在随后的中甲赛季频繁出现最后时段进球的"好戏"。

而据传江湖上开始流行的一种"保证金制度",就是从这个赛季开始的——为了确保两队主客场各拿3分,先打主场的球队赢球后要给中间人或对方一笔30万、50万不等的"押金",以逼迫对方在客场顺利输球。

8．2005年10月5日,厦门蓝狮0:5大连实德

比赛前,厦足就表现出放弃足协杯的征兆。赛前一天,下午3时,3天前客场出战大连的全部主力进行了一个多小时的高强度训练。很明显,上述主力不可能出现在比赛中了。但厦门队的首发还是令人大吃一惊。在11人中,仅有张天罡1人是双方首回合交锋的首发。

比赛临近,盘口直奔实德让一球,且水位极低。在走地盘中,实德水位居然在0.01~0.05之间。而大小球盘分界是高达4球,最后的比分证明庄家对即将发生的事情了如指掌。实德5比0狂胜。

9．10．11．……

据悉,山西路虎在2006年赛季和广药"接洽"时,尤可为正是中间人。由此产生了他超级人脉影响下其他场次的怀疑。这其中除已经曝光的2006年8月19日 广药5比1大胜山西的比赛之外,2006年4月22日,青岛海利丰地产3比0大胜山西路虎,以及当年8月26日青岛海利丰客场3比5"投桃报李"输给山西路虎的比赛,都被认为有尤可为的影子。第一场比赛之前,王珀的路虎主场2比0击败广药,被认为是最大冷门,但临开始有庄家居然开出路虎受让半一。次战青岛欠薪已经广为人知,但两队果然再奏"笑傲江湖",不但打出超级大球,也实现了坊间传说主客场各胜一场的"诺言"。

### 九、全世界都想知道高洪波在哪

尤可为出事了,高洪波还能不出事吗? 在尤可为这个铁杆兄弟出事时,正带国足出战亚洲杯预选赛的高洪波敏感得像一根针。记者们发现一个黑色幽默,对高洪波提问时不仅"尤可为"这三个字,甚至连"有可能"这三个字也尽量要避免,因为这会使他立马变脸。

人们对现任国足主教练高洪波的怀疑是有道理的:2005年高洪波挂帅厦门

蓝狮，尤可为是那支球队的助理教练、领队。还不止工作关系这么简单，几乎人人都知道，高不离尤、尤不离高，是这些年来特别是厦门时期最大的特征。所以尤可为出事，媒体第一个想到的便是高洪波，如果尤可为操作这么多的比赛，而高一点都不知情，显然缺乏说服力。当然也不乏有人帮高洪波辩解，其核心理由是：高洪波不可能有问题，因为高洪波的某个个人习惯使他会对尤可为失察，这个习惯就是——高洪波不喜欢坐飞机。如果不是出国，他都会选择乘坐火车这一交通工具，而高洪波和队伍分开的时间，恰恰是尤可为钻空子的大好机会。

以我们坐飞机的经验，还涉及到一定时间的关机，而火车这种方式，通讯状态是一直可持续的。这是一个基本生活常识，坐火车并不是制造和指挥假球的技术障碍。

何况一个铁的事实是：尤可为供认不讳的那 11 场问题球里，并非全部都是客场。厦门队打主场时是不需要坐火车的。11 场问题球中那 6 个主场，如何用这个理由解释？

高洪波和尤可为从少年时代就是队友。1985 年，中国青年队获得亚青赛冠军，尤可为当时立下汗马功劳。那届在阿联酋举行的亚青赛，中国队 2 胜 1 平夺冠，高洪波更是出彩，包办中国队全部 5 个进球，荣膺赛会最佳射手。同年举行的世青赛，中国队首战 1 比 3 不敌墨西哥，随后闯入八强，在八强赛中一球小负东道主前苏联队。这是一支让人难忘的中青队，主帅张志诚，主力队员有高洪波、高仲勋等，其中也包括尤可为。20 年后，他们在厦门队再续前缘。

可是尤可为出事，厦门足球队一夜之间仿佛从来不认识他。担任过厦足 6 年总经理的卢光瑞的表态，体现了当时尤可为和高洪波结伴闯厦门的事实。他说，由于事情过去了很久，他已经不记得尤可为这个领队"具体负责哪方面工作了"。而且，他证明，尤可为不是俱乐部请来的，而是高洪波带过去的，"具体负责的工作也是高洪波安排的，所以我们俱乐部不清楚他负责的具体事务。"

卢光瑞的说法有遮遮掩掩之感。据厦足人员回忆，尤可为的职务可不是一个闲职，领队加助理教练的他，不仅要做球员的思想工作，还要参与训练、商量出场名单。不过尤可为对外一向低调，很多球迷甚至不知道他的名字。这在此后成都的冲超之战中得到印证，在成体沸反盈天的那一时刻，没有人记得尤可为在哪里。很多年来他都一直这样，刻意保持和公众的距离。

我们很想认为高洪波没有问题，可一个专业概念是，按球队规矩，所有比赛的主力阵容都是主教练确定，在那11场假球里，有一部分原因就在于厦门居然派出替补球员。人，决定比分，而人，是高洪波决定的。但那场著名的厦门对大连的足协杯比赛却很奇怪，这是一场非常关键的比赛，谁胜，谁就能够进军足协杯决赛，从未进军过全国比赛决赛的厦门队，居然派出了替补。据调查，这一周的大多数时间，高洪波都和球员在一起，但临场指挥时，高洪波却不见了人影，这似乎在说明，这场比赛并非高洪波指挥。可问题是，如此重要的一场比赛，高洪波为何又不亲自指挥而交由一个助理教练上阵？俱乐部对此人事巨变难道不知情吗？

了解厦门作假最好的切入点，在于2005年足协杯半决赛次回合。首回合厦门尽遣主力，客场1比1逼平大连队。作为中甲球队，站在可能获得全国杯赛冠军的门槛上，这本来被外界认为是一场必争之战，但厦门队的首发却令人大吃一惊。在11人中，仅有张天罡1人是双方首回合交锋的首发。此外，队长李鲲，外援乔吉姆、埃孔全部无影无踪。庄家开出初盘：实德让半球，应该说，考虑双方的实力对比，这是一个正常盘口。但比赛临近，盘口飞涨，越过半一，直奔实德让一球，且水位极低。在走地盘中，实德水位居然在0.01～0.05之间。在相应的水位下，下注实德1000元，实德如果两球取胜，只能赢10～50块钱。大连队攻入一球之后，走地盘口依然为大连让一球0.01～0.05的水位，也就是说，此时跟进买实德，总比分应该看好实德净胜3球或以上，同时，大小球盘分界高达4球。如此奇怪的盘口难得一见，但最后的比分证明：庄家对即将发生的事情了如指掌。实德5比0狂胜。需要提一句的是，这场比赛实德核心扬戈维奇不能上场，这本来是厦门取胜的最好机会。

我们曾试图从若干举报人和圈内知情者那里得到有利于高洪波的印证，比如高洪波与尤可为有矛盾，所以愤而离开指挥席，或者高洪波因俱乐部试图放大连一马，而选择道德回避，再或者高洪波突患急病。但在两人搭档厦门期间高洪波没有患过任何急病，也没有发生任何矛盾传闻。而以高洪波与尤可为在球队事务中的铁杆关系，事无巨细均有过问，这种关系其实比夫妻还要水乳交融，因为丈夫贪污，老婆确实可能不知情，但如果会计倒腾公家的钱出来，出纳很难不知情……

我们查到那场比赛的一个背景，某俱乐部官员公开表示，让替补出战是为了10月8日同浙江绿城的冲超关键之战，不能因为足协杯而耽误了冲超。但回顾历史，当时中甲还有3轮，厦门队以57分高居榜首，排在第二的长春亚泰为55分，第三名浙江绿城为51分，在后面的3场比赛中，即便对手3战全胜，厦门队只需要3分就可以确保升级。

在这次打假扫黑中，大家一直盼望抓出一条大鱼，大家的目光都盯着厦门队若干悬案。直到本书截稿时，一度敏感的高洪波终于开始在不同场合表达自己的清白，但是清白是需要实证的。上述11场问题球特别是他缺席足协杯半决赛，很难让人完全相信这名现任国家队主教练的说法。

一个小细节是：2006年厦门中超保级，年底政府方面不再支持足球。高洪波离开了球队，并和亚泰签约（他的预感是非常准确的，由于缺乏足够的支持，厦门在2007年降级）。据悉，尤可为也很想去亚泰和高洪波继续工作。时下，有粗心的媒体将这一年亚泰夺冠算在了尤可为"辅佐"的功劳上，这让亚泰非常生气。亚泰董事长刘玉明透露，当初他们拒绝了尤可为。他甚至透露细节：亚泰对高洪波说过，如果尤可为来，他也不要来了。言下之意，不言自喻。

这段时间的打假扫黑表面看波澜不兴，实际已一触即发的时刻，我们也希望作为国足主帅的高洪波没有问题，本文也不代表真认为他有问题。但这样的时刻，高指导应该站出来澄清点什么了，让我们放心，他真的是一个天使。

### 十、潸然泪下，余波未歇

12月11日，在被问及作为一个曾经的国字号球员为何如此对待足球时，尤可为潸然泪下。

在谢菲联俱乐部内部，一些员工认为尤可为是用眼泪博同情。但整个谢菲联也处于惴惴不安当中，尤可为在俱乐部担任副总期间，还负责代表香港谢菲联出战的青年队。而此时，一位同在该队负责的教练被捕，让整件事情的性质尚处于不明朗状态。

2009 年春天，港媒报道指出，"内地玩家"投注香港联赛风气渐长，这让一些内地"庄家"乐于直接买通赌球盘口涉及的球队。当时，谢菲联俱乐部公开辟谣，称香港媒体报道的当地联赛"假球案"未涉及谢菲联队。主教练张伟哲接受采访时表示，他对这件事情有所耳闻，但没有特别关注。"这些事情实在和我们没有任何的关系。但是对于那些无端猜疑我们的人，无论是我还是俱乐部中的每一个人都是感到愤慨的，这样的行为是对于我们这些努力踢好球的孩子们的伤害，更是对于支持青少年发展的俱乐部的一种不负责任的污蔑。"

参加香港联赛一年的费用据称是 500 万，这些青年工资在 2000～3000 元人民币之间。但香港方面传闻说，每场香港联赛来自内地的投注可达数十万港币。

这支球队的一些成员也是四川全运相应年龄组的球员，因此尤可为也参加了全运会的一些督战比赛。他出事后，也出现了一种声音，宣称各地体育主管部门颇有追求的全运会足球赛也并非铁板一块。毕竟，甚至在更低一级的 U16 全运会足球赛，庄家都开出了盘口。全运会附加赛一度被中国足球要求迁移到香河基地，谢绝观众，闭门比赛。

相关人士透露，尤可为被捕之前，他的个人账户曾经被长期监视。10 月下旬，他的账户曾出现几十万的入账，当时，打款的人和尤一并被警方控制。

## >>> 蔡晟，喝茶记者无意刺破的"吊射门"

这名高中锋出身的教练开口，给人以恍如隔世之感："我们从凉爽的青岛来到了炎热的成都，天气让我们很不适应……"比赛当天，气温20℃，多云，凉风习习。

数张避孕套广告牌屹立于青岛颐中球场，但这座被圈内誉为"赌球之城"的堡垒，长期并未中招，显然不是杜蕾斯的功劳。在"黑皮"们严密的联络系统和操作方式之下，韩国"铁头"李章洙当年含恨而去。他认为，自己的格格不入已经触及到了某些人的根本利益，"如果我出了事，请告诉使馆，肯定是有人整我。"

2008年，小制作电影《疯狂的石头》风靡国内，一口青岛口音的"黑皮"，没有在偷窃奇珍异宝时被捕，却因连日潜伏饥肠辘辘，为一个面包砸了柜台被追上了高架桥。

生活的戏剧性令人瞠目结舌。艺术和现实哪一个更虚幻，一时颇难回答。

青岛堡垒最终崩塌，人们刚刚听说的是2007年尤可为和刘红伟的交易。其实，2009年9月2日发生在四川大学体育场戏剧化的"吊射门"，叩开了青岛足球的秘密之门。最后3分钟，张天罡、杜斌和李明纷纷向自家大门吊射，圈内后来不少人感叹："是什么样的利益驱使，才能让从来都'作风严谨'的青岛海利丰如此胆大妄为？"

盘口，当然是盘口。当现实不能和盘口挂钩，等待发生的就只有明火执仗了。

然而，一个不被外人所知的秘密是："吊射门"差一点就根本不为人所知。此事之所以最终曝光，是由多个小概率事件接连发生注定的。从某种程度上，我们只能这样理解，你想要不发生什么，就一定会发生什么。在著名的墨菲定律指引下，"吊射门"的每一个细节，气若游丝，但环环相扣，最终连接成了一桩超级大丑闻。

这一天差点成为只有一位青岛记者到场的比赛。由于连战连败，四川队已经危如累卵，而身处中甲根本不可能得到关注。当地的媒体每次只发小新闻，有时甚至以"一句话"来处理，这极大打击了当地记者积极性。要不是跑四川队的记者们当天在四川大学有个茶局，而正好无聊之际来到现场，吊射门将无法有足够数量的见证者。

在此已经不用详述三人最后时段的具体动作。比赛第90分钟，四川0比3落后海利丰，李明的吊射终于激起了球迷"假球"的群啸。这时，第四官员举起补时两分钟的牌子。对某些人来说，未来的两分钟仍然有希望——之前，用一位现场球迷的话来说："海利丰差不多疯掉了。"他们一共吊射了本方大门3次，其中在第二次和第三次之间，还利用四川队队员受伤重新发球的机会，没有将球还给对方，进行了一次闪击。不过，这次快速进攻被四川队扼杀后，李明不得不再次回吊。

海利丰最后时刻明显想要为四川"代劳"进一个，理所当然被外界认为是盘口的原因。事后人们了解到，比赛进入到75分钟，大球的盘口开到了3.5球。5分钟后，比分仍然没有发生变化。当然，大球的水位正在逐渐攀升。据悉，这场比赛有人在这个时段重下了大球，而且是"百万级"的重手。没有人具体指出这就是青岛海利丰人士，但该队在最后时段不惜"玉碎"也要打出4球的手段，不能不引起怀疑。尤其是老队员杜斌最后阶段上场后，青岛队丢一个球的态势已经比较明显。可惜的是，这时候的四川队已经被3比0打懵，输掉这场比赛基本上保级无望，绝望的四川队哪里抓得住青岛海利丰最后时刻的"疏漏"。

更糟糕的是，第四官员举补时牌的时候，比赛监督从看台上跟跄赶来，制止了补时的决定。他显然也不想再让这场闹剧演下去了。自己攻击自己的球门，上世纪80年代的中国球坛曾有此闹剧发生，职业联赛以来，如此尴尬还是第一次。当天球场的风不停将广告牌吹倒，赞助商叫来两个工人处理。经过尝试，他们觉得用钉子将其钉在地上最好，这时，看到比赛最后阶段的奇景，一个工人惊愕中将钉锤砸到了自己手指上！

比赛就在3比0的比分下结束了，赢球的青岛海利丰球员如丧考妣，比输球了即将降级的四川队还要沮丧。当然，一种异乎寻常的愤怒也在积蓄中。队员冯绍顺气愤地将一瓶矿泉水砸到了地上，当记者们走向李明提问时，他一路小跑，回了休息室。

如果蔡晟知道中甲四川大学赛场几乎不需要开发布会，他一定会后悔不迭。中甲的规则要求，每场比赛后一定要有双方主教练参加的发布会，但中甲赛事的报道在报纸上通常很简单，几乎没有记者参赛，赛事组织者此前就懒得组织了。但是，这一天记者们几乎是"胁迫"着组办方，一定要有发布会！

即便如此，蔡晟仍有机会走掉。当四川队主教练秦勇来到现场时，青岛海利丰官员抗议说："怎么不是主教练魏群？要是这样我们也不参加了。"蔡晟转身要走，但在场很多人拿出出场名单，提醒他，因为执照的原因，四川队的主教练的确是秦勇而不是魏群。百般无奈之下，蔡晟再度坐了下来。

这名高中锋出身的教练开口，给人以恍如隔世之感："我们从凉爽的青岛来到了炎热的成都，天气让我们很不适应……"比赛当天，气温20℃，多云，凉风习习。参加发布会的人不少还穿着长袖，除了说"炎热"的蔡晟，每个人都在外面站了两个小时，依然神清气爽。屋子里陷入尴尬的沉默，也许是为了配合主教练对天气的分析，有人附和说："蔡指导辛苦了，辛苦了……"

对随后连珠炮式针对吊射本方大门的提问，蔡晟的解释主要由三部分组成。第一，这是回传。至于为什么要在压住四川队时站在中场回传，是因为要确保3比0的胜果；第二，至于为什么要在第二次吊射本方大门后又抓住了一个不太"道德"的机会，想要去进对方的球，是因为球员需要"临场调整战术"；第三，球变成了空中球，是因为场地不平，球员没有控制好。青岛的天泰体育场场地糟糕在业界有名，四川大学体育场草皮也不好，但在本场比赛的前80分钟里，海利丰球员未有一次因场地问题出现如此大的偏差。作为前国脚，当被问及是否看到过如此糟糕的脚法时，蔡晟沉默了。

和几天后在青岛接受CCTV《足球之夜》记者采访的沉着相比，蔡晟此时的表现太过疏忽。几天后在自己的主场，他说，根本就没有"吊射"。"你的意思就是媒体报道不实？"央视记者问道，蔡晟回答："是的。"

如此大场面的喜剧，怎能让蔡晟独舞？几天后，中原某媒体爆出了前海利丰球员和昔日队友的对话，爆出队中不少球员涉及到赌球。而此时，海利丰仍然迁怒于四川队。据悉，他们认为整个事件就是想要做球而未做成的四川队给本队扣的帽子。而他们的球队非常纯洁——领队王守业在接受成都记者的采访时说，有关"大球"的概念，他是在比赛之后"专门"询问了其他人后才晓得的。此时连"大球"都不知为何物的王守业，2002年曾上书数千言，要求国家队聘用希丁克作为国家队教练。文中这位老教练数次提到，对于中国足球他"了如指掌"。

还有很多细节是和两队无关的。在媒体的强烈要求下，有关人士几乎是从比赛监督的手里"抢"来了比赛录像。由录像带转换而成的数码视频很不清楚，放在网上之后无法让足协看得真切。于是，中国足协要求赛区提供光碟。第一次，足协没有收到。为了避免再次收不到，赛区派人坐飞机到了北京，单就为了送这张光碟。几天后，中国足协表示，他们向社会各界征寻这场比赛的"证据"，也欢迎在场的记者爆料。殊不知，媒体都已经说得很明白："吊射本方大门，本身就是证据。"

海利丰认为成都媒体出于地方保护攻击本队，但成都媒体也很乐意大篇幅地发表王守业的意见。只是外人到现在都还不明白，为什么海利丰会选择在成都吊射自己的球门。在这座城市里，数家媒体曾不停地攻击实德系，弄得足协都哭笑不得；不管是"大巴"涉黄，还是许辉飞踢环卫工人，以及"四枪振魏群"，成都媒体都表现了相当的客观度。也许不能将此理解为公然挑衅或勇气过人，不过是情势逼人而已。

3个月后，海利丰最新赛季重新集结，蔡晟没有出现。王守业解释："他在家里忙事，很快就来。"数天之后，蔡晟仍然没有到，同样一直没有露面的还有老板杜允琪。有人说，他已经消失了。12月11日，央视播出海利丰和谢菲联案子时，双方的领队和老板四人头像，只有杜允琪是一个黑色的剪影。身边人透露，杜平时从不和人合影，所以罕有照片问世。

这个节目播出时，一位中超老总发出了感叹："说海利丰领队，我还一直以为是王守业呢。"

节目播出结束几分钟，足球圈内的电话几乎全部处于忙碌状态。业界人士都在交流，此事究竟会怎样收场。一位球员回忆，就在这一天，王守业信誓旦旦："一切都听上面的决定。"

此时，杜斌也消失了，有人说，他去了国外。

一天后，刚刚从昆明回到青岛的王守业接到警方通知。这名有"青岛足球教父"之称的教练随即与警员乘坐 11 时 15 分的 CZ3983 航班，飞往沈阳。

前一天，海利丰前主帅左文清也是乘坐同一航班被警方带往沈阳的。此时青岛人心惶惶，一种共同的论调听起来更像是祈祷：他们是去"协助调查"的，涉赌可能性小，而不是被捕了。

## >>> 许宏涛：制造赌城成都

> 10 月 24 日的这个悲怆时刻，背叛的力量排山倒海。许宏涛穿过成体草地，他嘶声大叫，示意球员不要徒劳地抛球上看台。一种憔悴写满了他的脸庞，事后他透露，没有一个人来安慰自己，才让自己真正痛心。

2006 年，是许宏涛的成都元年。

领悟到成都是一个娱乐城市，许宏涛只花了很短的时间。2006 年中甲联赛第一场，初出茅庐的成都谢菲联董事长看到看台上稀稀拉拉数千人，眉头紧锁。他无论如何也不能接受，一个月前当这个体育场举办甲 A 黄金十年商业比赛时，居然坐满了将近 4 万人。比赛中魏群抓住足球，裹在球衣里，像个孕妇一样跑过半场，观众们不以为忤，而是爆发出一阵响亮的笑声。

于是许宏涛许下了第一个诺言：如果成体坐满，他将当众裸奔。

这个诺言比"一定要冲超"还要早，既成都，又英国，完全符合谢菲联的性格。裸奔曾经是英国板球比赛中场吸引观众的秘方之一。《伦敦便利广告晨报》曾登出，每位球员集资 21 先令购买一件亚麻布衬衣作为奖赏，奖励"仅穿一条内裤进场奔跑，最让人愉悦的女士"。

至少，这让人想到了 1997 年小制作的电影《光猪六壮士》。6 名钢铁厂的下岗男工，决定去酒吧跳脱衣舞为生。请注意，故事的背景正是在谢菲尔德。

谢菲尔德联队是世界上第一个俱乐部，成都谢菲联是中国第一家"外资球会"，他们注定有点孤独。如果是像 AC 米兰那样当年 58 场不败的高手寂寞也便罢了，成都谢菲联迫切需要证明自己。许宏涛不到一个月就和成都市足协、市体育局"劝退"了前五牛队盘根错节的股东们，进展之迅速，让他对在这个 1000 万人的特大城市里有一番作为深信不疑。

2006 年，成都没有冲超成功，也没有看到英格兰东家巨资注入，传说在英国不太有用，但可以在中甲拼杀的外援也不见踪影。谢菲联英资背景因此受到怀疑。凯文·麦克比的思嘉伯地产宣称是全英第 4 大房地产商，但在英国财富榜上其实排在 300 名之后，他的全部身家加在一起，还不及维甘竞技队老板投在球队 4 年来的资金。2006 年冬季转会市场，英格兰谢菲联抛出了 500 万英镑购入几名新队员。许宏涛解释说："上市公司要对股民负责，我们不可能烧钱。"

这是他第一次提到东家背景，3 年后，当媒体爆出谢菲联用 15 万现金、15 万汇款，以及冬训折算 30 万的价格买下海利丰客场比赛时，有人再次提到，由于"上市公司"财务严格，许宏涛动用了 15 万个人积蓄。

既然英方不烧钱，这一年许宏涛是怎么过来的，只有他自己最清楚。他当时说："每天没有早于凌晨两点睡觉的。第二天八九点就得爬起来。最痛苦的是，刚睡下英国的国际长途又来了——那边正是工作时间，这边却是睡觉时间。"这部热线必须 24 小时都开着，有时候他甚至想转到秘书台，但后来一想还是算了。

他的妻儿都不知道，这位家里的顶梁柱在成都究竟做什么。或许还会以为他是为了成都的美女，或许以为他在浮华的酒吧里花天酒地。更多的人存在对许宏涛身份和实力的误会，成都一些渴望得到英资注入的商人们，也在金融危机中试图与有老牌谢菲联背景的 Boss 许进行勾兑。

但许宏涛没有背景，只有背影。他的背影显示出他这个人身份的复杂，他的身上有太多角色的交融，他有成功的三大秘笈，让他成为成都上流社会的座上宾：

一、著名经纪人。他有一种魔力，被人认为是六大国脚的经纪人。当人们明白，他其实是在整合资源，利用表姐的英格兰体育经纪人证件时，我们不得不重新梳理一下这些人和他的关系：吴承瑛几乎和他没有关系，而且从来也没有成功留洋；张恩华是霍顿和谢强弄到英国的；郝海东确实是他联系的，著名的"一英镑转会"，但因为生意纠纷，没有及时去，并且后来没有打到英冠比赛；人尽皆知的李铁，其实是被八方环球公司职员马科斯弄去的；孙继海的经纪人是刘艺；邵佳一的伯明翰之旅因劳工证搁浅，幸亏科特布斯换帅，他才迎来了"第二春"。

二、帮人代办子女出国。许宏涛曾是西安市政协委员，而这个头衔来得非常有趣，是靠给一个人办理孩子留学英国，从而成为政协委员的。那人是西安市一个有头有脸的人物，在许宏涛帮了这个大忙之后，立即应许的诉求把他运作成为那一届的市政协委员。这个身份给许宏涛带来很多好处，不仅西安，甚至在成都淘金时，这个前政协委员的身份也帮助他获得了不少信任。据说，许宏涛被抓之前已帮各行各业的要人成功申办了三十多个孩子去往英国的手续，其中帮当地足协官员正在办理的就有一起。而我们无法确知是否只有这一起，这是一个庞大而深不可测的人际关系网。

三、圈地运动。只有身份是不够的，还得有钱，但许宏涛从来没有人们想象中的那么多钱，只是"空手套白狼"。具体做法如下：从英国带来一笔钱，把它扩大 N 倍说给有关部门听，在承诺建立强大俱乐部的前提下博取这些部门的信任，然后融资盘下一块地，再把这块地卖出一部分套现，再用这笔钱与其他一些部门合作，再去套钱……

关于许宏涛如何套钱，可由经济界专题解释。但我们要解释的是许宏涛为什么要打假球。他的幸运是，成都正好是一个房地产价格逐年上涨的城市，加上人民币增值，仅靠外汇差价他在上一年就赚了一千多万。他的不幸则是，由于投资战线搞得过长，使俱乐部缺乏足够的现金维持高水平。他承诺过要打进中超，承诺过要进前10（这是政府提供了2000万赞助的前提），在球队实力不济的情况下，如何保护艰辛换来的地方政府的信任？2007年的交易，就是继续这份信任，也是再次融资的保证。

这个公式很容易就让人明白许宏涛作假，不仅是为了完成成都足球的使命，更是把名次当成一个道具。

但他仍以一个弄潮儿的姿态出现在成都的上流社会中，急需提升城市形象的政府对这个来自英国的富翁非常看重，不断发文件、批地、帮忙找赞助商，甚至连双流那块足球基地，也是政府一个城市开发计划中重要的部分，而政府并没有让许宏涛出什么钱。

当然，成都方面一年只向他提供2000万的赞助资金，对于一个年需求达到3500万左右的俱乐部仍有缺口，所以许宏涛的创业狼狈而感人。

举个例子，他要求办公室所有员工在上下班的路上，必须把目所能及的所有路牌广告的电话抄下来，抄下来后，就在办公室里一个一个拨打，力邀电话那头的企业加入到球队赞助商中，保证物有所值。这是一个类似蚂蚁啃骨头的小概率工作，员工们往往打上三个月也等不来一个广告。甚至许宏涛本人有一次看电影时，在片头广告中看到一个合适的房地产，也快速抄下号码，第二天亲自跟对方联络；他还跟成都另一个以"空手套白狼"为专业的策划人之间，上演了白眼狼对白眼狼的惊险故事，双方打款，反打款，借车，反借车……

确实让人感动，有了解内情的本地人说，这简直是"狗屎财主"，就是说这些做派，像解放前川西坝子上那些靠捡狗屎积肥拿去卖了发点小财的地主，用现在的眼光，他更像在使用一个80后创业阶段原始积累的方法。这样去维持一个职业俱乐部高达一千多万的缺口，当然杯水车薪。于是"全世界球队打假球，谢菲联不打假球"就成为苛谈，传闻中成都谢菲联通过的假球，也就成为可以想象的事情。

这里只让大家明白许宏涛的生存公式，关于这个人在成都更多的惊险故事，会在之后的章节里详细讲解，包括他怎样躲避公安的追捕，怎样误以为自己没事而落网，以及他跟成都双流基地的故事……但在他被抓以前，他不仅是一个好人，而且是一个救星。

2006 年 8 月，传出了职业联赛将分区的消息，这等于是说，足球职业化将被取消。谢菲联俱乐部暗中很正式地询问了足协。这一年他们最终第四，和中超名额根本没有关系。这个细节可以说明，许宏涛已准备向中超进军。和当初进入时的低调相比，许宏涛已经发现，如果不进顶级联赛，不但不会享受到顶级球队带来的其他附加利益，而且根本就无法持续发展。

许宏涛因此变得有点着急。他的一个员工说："他要求办的事情很多，说完了自己都不一定能复述。"这时候他喜欢打断别人的说话，行色匆匆，坐立不安。为了显示自己关系广泛，许宏涛说："上到英超下到英丙，我与九十多家英国的俱乐部都有联系，在业务方面我有信心管理好俱乐部。"

为了积聚人气，许宏涛使用了很多招数。2006 赛季，谢菲联的主教练、队员在每轮比赛中都要挑出一个人，给球迷会员俱乐部一一发信，分析过去比赛的得失，然后，邀请他们下场来看球。

许宏涛收购了紫荆的一个叫 M98 的酒吧，改名为"凤朝凰"。2006 年的最后一轮英超转播，不少球迷都看到了布拉莫巷球场场边的这块广告。谢菲联 1 比 0 击败阿森纳，让成都人对这个酒吧的名字格外清楚。但酒吧还是没有办下去，很快关门。

一个俱乐部需要多少钱，各家有各家的算法。对许宏涛来说，这方面的压力是很大的。2007 年赛季，谢菲联中途一度 3 场只得 5 分，追兵江苏舜天脚步渐近，全队心惊肉跳。在央视曝光买下客场对青岛海利丰的比赛后，有人查了一下谢菲联该赛季的成绩，24 战 16 胜 7 平 1 负，以超过第三名江苏舜天 7 分冲超成功。一个普通人会想，有必要买这场球吗？圈内的一位老教练说，当然有必要。如果不买可能出现差池，为了节省 50 万而错过了中超，谢菲联将永远沉沦。

据悉，正是在这样的心理下，许宏涛要求尤可为一定要做成交易。

中国人笃信"必也正名"，但许宏涛一直身体力行的，似乎是绝对实用主义。一度有传言说，按照 FIFA 的规则，经纪人不能在足球俱乐部任职。后来人们才知道，这一条根本对他没有影响，许宏涛在国内做经纪人生意，用的是自己表姐的体育经纪人执照，为达到目的而"整合资源"，和青岛的交易也比较类似。

如果知道这些，不知道当初为了许宏涛的探索而感动的金志扬会如何感想。在输给对方之后，他仍然非常高兴，"希望谢菲联取得成功，因为这是一种新的足球模式。"

2007 年 10 月 13 日，这种新的模式成功了。成体见证冲超的比赛，满满当当坐下了 36000 多人。有人对许宏涛提起了裸奔，他淡然一笑，只是拍了拍身上的西装。在他面前，成体最大的标语迎风招展，"老许，陕西乡党祝贺你冲超成功"横贯了两个多看台。

快乐总是短暂的。接下来的故事，人们就比较熟悉了。2008 年中超初期，谢菲联三连胜。许宏涛说："如果再这样下去，我们就要打亚冠了。"然而，球队成绩随之一落千丈，直到赛季末才勉强保级。球队的颓势一直持续到次年中超前 9 轮，最终导致了黎兵和俱乐部分手。此时的许宏涛，球队胜利则喜形于色，球队萎靡则坐立不安。

过去的许宏涛是个从容的人，有人曾在苏格兰回英格兰的路上搭过他的车，沿途的牧场，清冽的空气，能见度很高，他还能哼唱一两首当地牧歌。早年的他甚至还很浪漫，在西安大院门口那条巷子里，他和另一个伙伴（现为另一个著名经纪人）正走着，抬头见到一个漂亮的姑娘，他俩分别讲述过当时的心情，稍加整理就是：漂亮得都记不得长什么样子了，只觉得眼前白花花一片，空气凝固，令人窒息。

不知什么时候他已成惊弓之鸟，浑身像揣了一块火炭般坐立不安，他很难在一张椅子上坐着超过 5 分钟，讨论话题时也状态游离，时常跑偏。9 月的一天在一个聚会上见过他，他突然出现，当组织者介绍与座者有电视台台长、报社副总、公安……时，回过头来，他已不见了，前后进屋不超过 30 秒，而且不打招呼，和平时待人接物很有分寸的他大相径庭。

这时，尤可为根本还没有被控制。

也许，他已有预感，碰巧的是，在酒吧不辞而别的时刻，两年前的同一天，正是他与海利丰制造出那场交易球的时间。

冲超一年后，有球员说，仍然没有拿到俱乐部的冲超奖金。和海利丰的协议球曝光之前，在球员中已经有所耳闻。俱乐部一度公开表示，没有给球员全额奖金的必要，因为有些球是俱乐部出面"做的"，而不是球员踢出来的。许宏涛一度非常顾及俱乐部的脸面。第一，作为一个英资的俱乐部，他们不会欠薪；第二，他们不会打假球；第三，如果真的出了让俱乐部脸面无光的事情，能盖的一定要盖住。

2006 年，斯嘉伯中国公司在成都注册了谢菲联置业（成都）有限责任公司，许宏涛任法人代表。当年年底，他们花 1.5 亿元拍下了成都红牌楼地区一块 30 多亩的商业用地，谢菲联的大手笔让人侧目以待，此前这块地的流标价，至少比这个价格还低 2000 万。一个消息不胫而走，斯嘉伯曾宣布将在成都地产业投入 30 亿以上的项目。此后数年，账面上流动的数字是百万级，两年后许宏涛从置业公司董事长位置上隐退，仅任董事。

2007 年冲超，本来被人认为是挽救谢菲联俱乐部的稻草。但让许宏涛感到不快的是，俱乐部收入上升，但经营压力更大。用四川话来说："蛇大洞也大。"打中超的谢菲联入不敷出，一度传出不排除可能要出卖股权的消息。

在此风向标下，任何事情都变得谨小慎微。2009 年赛季中途，成都外援罗德里格斯在深圳涉黄被捕，在其被拘留的 5 天里，俱乐部一直忧心忡忡。下半赛季开始时，谢菲联才决定公布一个社会监督信箱，但始终没有直面此事。

出事前的下半赛季，谢菲联成绩很好，但这时他们又要搬家了。许宏涛在双流修好了足球公园，有人建议说，不要在球队运势很好的时候搬动。他稍微听了一下，决定在主场击败最弱对手重庆诗仙太白后再搬。结果，那场比赛成为了本赛季运势的滑铁卢。10 月 5 日时值国庆假期，居然来了 2 万名观众（平时国庆假日的比赛最多不超过 3000 人），而他们 2 比 3 输给了重庆，赛后爆发了双方拥趸的冲突，成都出动了几百警力才控制住场面。19 天之后，他们在主场"血战到底"，用符合流言的方式输给了一个保级对手：深圳。0 比 3 的比分很惨，球迷狂怒，连地方政府有关部门都惊动了。赛后两天，前深圳队球员雷永驰和惠家康就赶到成都"加盟"，这一次再也无合适人选去给球迷解释。

10 月 24 日的这个悲怆时刻，背叛的力量排山倒海。许宏涛穿过成体草地，他嘶声大叫，示意球员不要徒劳地抛球上看台。一种憔悴写满了他的脸庞，事后他透露，没有一个人来安慰自己，才让自己真正痛心。那天他的表情，比 12 月 11 日出现在 CCTV 上更糟糕。

这场至今尚无定论的比赛，最终给谢菲联在成都的地位蒙上了阴影。据说，有关地方部门大发雷霆。本赛季的两大赞助商成都建工和成都银行都是在地方引导下找到的大股东，成都无论如何也不能接受这样败坏城市形象的比赛。从金融角度，2008 年开始的金融危机对谢菲联冲击比较大，但 2008 年地震之后，成都一直在试图通过各种手段提升城市形象。其中包括举办各种比赛，为了达到这个目的，气质婉约的成都一度差点因举办 WBC 比赛，信心勃勃要把自己这座文化城、围棋城搞成"拳击之城"。在如此大背景下，这两个失败的主场比赛让许宏涛如芒在背。

足球圈有其玄学。成都谢菲联最早驻温江基地，后又迁到毛家湾。这里的主人陈先德据说很会看风水。坊间流言，说他和朱广沪是好友。朱广沪带深圳队时有一次连战不胜，客场又来打四川，焦头烂额之际，陈先德建议对方用自己提供的一根红线缠绕在手指上，可保大门不失。结果真的如愿以偿。

但当许宏涛出事后，大家又觉得他在毛家湾搞的"谢菲联法庭"有点自坏风水。2009 赛季下半程，成都谢菲联开始"挑动群众斗群众"，定期召开内部检举会，让大家对训练和生活中的小犯规相互指正，违者罚款。"法庭"搞得像模像样，第二次就弄来了英式的法官头套、披风。现在球员想起来有点怪怪的，"天天都在审判，结果搞成了真的。"

在播出许宏涛和刘宏伟的那期央视《焦点访谈》里，成都谢菲联最新的基地、谢菲联足球公园的大门成为了主持人侯丰的背景板。侯丰的位置挡住了大门口的一个标志性建筑。那本来有一个足球雕塑，四周有喷泉，往足球上喷水。开园那天高朋满座，成都人最爱开玩笑，对这个雕塑当时有两句戏语：其一，好水的足球；其二，被洗白了。本来是开玩笑，结果，不幸一语成谶。（"水"，在川话里有"劣质"的意思；"被洗白"，近似于"玩完"的意思。）

4年来，许宏涛的成都谢菲联俱乐部设在中日会馆的一层，俯瞰下去，这是一栋圆形建筑，很像福建土楼。2005年，五牛队交给市足协托管。2009年末，谢菲联又交给他们继续托管。这时候仍然有英资不撤离的声音，但谢菲联就像这个圆，起点也好，终点也罢，莫指一处。

## >>> 2007年中超第一假，鸭脖子的义薄云天

> 这场比赛故意"放水"给张军的说法，让裴恩才异常愤怒："我跟张军并不深交，不可能放水。"此语一出，顿成笑谈——放水和交情深浅还有关系？

2007年中超的一场比赛，赛前开出了完全不利客队的离奇盘口，引起媒体关注，球迷督战，被"预知"的输球会因此改变吗？

箭在弦上，不得不发。

2004年，中超元年诞生了顶级联赛冠军俱乐部新成员。深圳队以抛离亚军鲁能6分的战绩，最终登顶。由于多种原因，这支球队没有走向持续辉煌，而是走向了每个赛季都在保级的老套。2007年争议最大的一场中超比赛，莫过于深圳主场对武汉。当时司法介入迫在眉睫，体育总局高层指示中超绝对不能出乱子，给2008年奥运会带来负面影响，深汉之战不为所动，显示了超强的抗干

扰能力。

这场比赛，大多数网上下注公司都开出了深圳队主场让武汉队平半，深圳水位高达 1.76。当时，武汉队刚刚击败鲁能，斗志旺盛，而深圳队在此前的联赛中一场未胜，选择在这个时候开出深圳让球，有点超乎常规。另外，深圳队前六轮攻击力羸弱，武汉队此前在客场也只有一球进账，庄家为本场比赛开出了大小球分界线 2.5，大 1.21、小 0.69 的赔率。过高的大球赔率使得玩家纷纷转投小球，最终比赛以 2 比 1 的比分结束，充分证明博彩公司赛前就"看好"深圳赢球，只在操盘手法上努力把比赛结果引向小比分甚至武汉赢盘的趋势，而"预知"这场比赛的人将会在高水位的深圳队和大球上大发横财。

深汉两队在人员方面颇多瓜葛，深圳队主教练张军就是地道的武汉人。作为湖北足球联赛以来的第一代代表，张军从武钢转战上海豫园、青岛海牛和深圳平安队，退役后担任深圳队的主教练。据说，张军在湖北足球中积攒下来的人脉十分深厚，赛前就传出了张军和裴恩才"交好"消息。另外，深圳队前腰黎斐也是武汉人，本场他首发打满全场。

而武汉方面的深圳气息更加浓厚，被视为"双核"的郑斌和陆博飞都是原深圳队球员，另外一名绝对主力张辛昕也从深圳而来。赛前双方球员约好，不管胜负，赛后一起吃饭。深圳队的很多球员对武汉的"精武鸭脖"情有独钟，以前到深圳客场，郑斌就带过一大袋"精武鸭脖"作为礼物。在这场比赛里，郑斌只上了 15 分钟就被换下，理由是"旧伤复发"。之后不久，张辛昕也被换下。

在赛前的适应训练中，一名跟郑斌熟识的老球迷进入场地，拉着郑斌说："深圳水深火热，请脚下留情。"郑斌顿时一愣，然后呵呵笑了。

陆博飞压根就没有出现在这场比赛中。对球员消失在主力阵容，外界都很敏感。如 2002 年四川大河最后一个主场对阵沈阳金德时，赛前便传出大河的资方实德要回报金德的流言。主教练皮特放着主力中卫徐建业不用，在关键位置上派出了绝对新人朱峰鹏，赛前更是传出马明宇在热身时"受伤"。

这一次，原因更明确。赛季初在从深圳队转会过来的洽谈中，明确规定，陆博飞不能在对旧主的比赛里出场。当时武汉方面有人认为这是彻头彻尾的"霸王条款"！放眼国内外这种先例不是没有，但仅限于租借球员，而陆博飞是买断球员。有人透露，当初武汉买陆博飞时，北京国安其实也有意向，武汉队有意横刀夺爱，但在价格上无法和北京竞争。双方协议主客场各取 3 分。北京志在夺冠，没有答应这种条件，陆博飞因此来到武汉。

但任何人都无法解释，武汉队为何表现得这样疲软。上半场 36 分钟，利用一次角球机会，深圳前锋赵堃抢第二点一记劲射，为球队打进了 2007 年赛季主场的第一粒进球，聚集了上千名武汉球迷的 9 号看台鸦雀无声。如果说这个球的松散防守不算什么的话，第二个进球就更怪了。第 59 分钟，深圳队中场长传至武汉队左路，胡卓伟抢先一步将球得到，看到对方右前卫李健华仍在右路紧逼，胡卓伟转身将球带向禁区，正当他准备开大脚解围时，深足 11 号张文钊上前飞铲，将皮球断下，后面跟上的李健华轻松射门得手。这个莫名其妙的失球让 9 号看台上的湖北球迷无法容忍，他们开始倒戈，高喊"假球"。

多名队员第一次出现在"新"位置上的武汉队，让人大惑不解，在球迷眼中，他们似乎压根就没想赢得比赛的胜利。年初海南集训，武汉队与深圳队的训练场相隔很近，张军常常跑过来跟老裴拉家常，两位教练甚至还开玩笑向对方索要各自球队的队服。然而，这场比赛故意"放水"给张军的说法，让裴恩才异常愤怒："我跟张军并不深交，不可能放水。"此语一出，顿成笑谈——放水和交情深浅还有关系？得知比赛结果以及比分暗合庄家期望，裴恩才一脸不可思议地说："我不知道这是否是巧合，我从深圳回来后反复看过比赛的录像，这场失利跟'假球'无关，我相信我的队员。"

裴恩才对每一个细节都解释得很清楚，郑斌的小腿在训练当中拉伤了，赛前他觉得还可以，全力跑的时候就不行了。张辛昕则是周二睡觉的时候"冻着了"，这几天一直在发烧。

赛后，带队取得中超首胜的张军邀请裴恩才吃饭，后者接受了邀请。为了这顿饭局，张军推掉了新泰顺副董事长李智勇的邀请，他坦然道："我一定要请裴导吃饭，我是湖北人，无论输赢都要尽地主之谊。"

结束时，湖北电视台解说员的评点耐人寻味："武汉队果然输给了深圳队"。

武汉董事长沈烈风后来特别提到陆博飞。"当时俱乐部签署这个约定，也是逼不得已。"他强调道，"我能保证绝对不会有双方各取3分的协议。"

即便如此，双方9月9日在武汉聚首果然分出了胜负，这一次，武汉队1比0取胜。

2006年赛季最后一个主场，武汉队2比4逆转长春亚泰队，给球迷留下了极其深刻的印象。亚泰2比0领先，武汉队连入4球，此后亚泰居然毫不着急，武汉队则频频在后场倒脚，比赛提前进入垃圾时间。两队都无压力，大踢"风流波"，球迷气得高叫"退票"。

2008年赛季，自称一个赛季投入了6000万的武汉光谷退出了中超。他们认为，在和北京的比赛中受到了不公正处罚。此时，降级的压力重如泰山。

2009年赛季，裴恩才作为江苏舜天主教练客场与重庆比赛。后者当时排名倒数第一，这场比赛第90分钟重庆以两球领先舜天。补时阶段，秦升和陆博飞发生争吵，本来是陆博飞主罚的任意球，却两次被秦升"抢"去随便处理了。

据悉，盘口走地趋向，如果打出3个进球，将对庄家非常不利。

在那场比赛里，江苏队王伟龙在禁区内拉倒对方前锋被判罚点球后，陆博飞跑向场边，边喝水边和裴恩才探讨："犯什么规啊，对方背身拿球，完全没有必要。"

在随后掀起的"抓内鬼"风波中，就像2007年深汉之战那样，裴恩才坚称球员没有问题。一个多月后，他基本确定，将继续带领舜天征战中超。

## >>> 国足教练"手机门"

> 一瞬间，俱乐部官员们根本无需审理，直接在脑海里就上映了蒙太奇：每次开完会后，这名球员就会走进厕所，像《教父》里的迈克·考利昂那样，伸手在水箱附近，不同的是迈克拿出一把左轮手枪，而他拿出手机，发短信，下注，满面春风地离开。

明末驿站弊端引发的社会矛盾，直接造就了掘墓人李自成，由此可见，为了信息的传递，有些人付出了何等沉重的代价。

有一段时间，不少球队都喜欢在赛前召集全队看电影，作为枯燥训练后的一种调节。《无间道》深受不少中国球员的喜爱，有球员为这样的细节着迷：通过手指敲打知道对方所说的摩尔斯电码内容。其实这不但需要发信人是电报超级天才，也需要收信人同样优秀。电视剧中盲人阿炳，不但能听出摩尔斯电码的内容，还能区分不同发报人的手法。这几乎等同于一个人可以用鼻子闻出墙壁里的虫子。

这只能说明，信息传递是人类天生的欲望。尤其是当信息事关重大经济利益，甚至性命攸关时，一个人可能会有非常的选择。

每场比赛之后，中超公司会以短信的形式给各队老总发去战报。在综合考虑了电子邮件、传真等多种方式后，中超公司终于选定，人人手中握有的手机成为了最为便利的传输工具。中超公司并不一定赞同李宇春夺冠是拜短信投票所赐，但对手机本身还是顶礼膜拜的。

手机，因此成为足球圈内的手雷。

有人这样解读安琦嫖妓事件曝光关键的情节——他自己为什么不控制好对方报警的手机呢？

但当手机成为廉价品，并且越变越小，谁又能管好自己的手机？

如今再也不是入网费加起来要一万多元的年代了，300元的手机没准比3000元的用得更为长久。盛怒之下，陕西球迷早在2001年就开始朝场内"一掷千金"。2009 年 10 月 15 日，津京德比火爆上演，赛后数千名天津球迷围堵在体育场外，国安队员被困在场内无法离开。有队员回忆说："他们不仅扔水瓶和杂物，有人把手机都扔下来了，我差点被砸到，真是有钱。"

在因涉嫌不轨行为从某北方球队离开的球员中，有一名正是使用手机为自己下注，并涉嫌给一些庄家提供及时信息。据悉，这名球员从年少时就得到了多名教练的肯定，但他对中超的走地盘口非常着迷。在有些比赛的进行间歇，有一部分庄家要看到下半场的教练调整后，再对开出的下半场走地盘口、水位进行再次调整。如果能先于庄家知道球队的调整和战术，势必对下半场的走势有更为准确的判断。当然，如果这时候在原有走地盘口有利的情况下先行下注，将取得异常辉煌的经济效益。不要说动盘口了，中国职业联赛在不动盘口的情况下，水位的变化可以在一瞬间从 0.90 坠落到 0.20，如果你能在之前明白这个变化并能及时下注，一定会抓住富贵的尾巴。

谁能这样及时知道赛前、赛中最临场的战术、人员布置呢？球员当然是其中最便捷的一分子。但在休息室里，球员是根本没有办法打电话的。在一些关键比赛前，他们的手机早就被俱乐部收走了。但是，俱乐部对球员的监控当然不止是收手机这样简单。最终他们发现了一个极大的秘密，这名球员在开会后总是习惯上厕所，并且关上门严严实实，每次都是一个标准的"大便时间"，然后才如释重负走了出来。当然，出来之前会伴有冲水的声音。

虽然这名球员来去厕所，手里都没有任何物品，但如此准时的肠胃功能也着实太可怕，除非肠胃也有一个闹钟，他最终还是引起了俱乐部官员的怀疑。

解决这个悬念有几个途径：俱乐部可以在厕所安装摄像头，如果运气可以，会看到这名球员可能根本不脱裤子就坐在了马桶盖上。但如果其他球员看到了摄像头呢？群体性恐慌？不信任会带来更多的麻烦……俱乐部当机立断，决定对厕所进行彻底清查。在执行之前，官员们决定赌上一把，如果这名球员真有晚清库兵偷银两的功夫，那他们也就忍了。不过以他在场上生龙活虎的样子，也不像是身体的某些部位能藏东西的样子。

这次彻底检查立刻发现了问题。其实也很简单，厕所里能打开的地方也不多。

揭开抽水马桶水箱的盖子，一个严严实实包裹在塑料袋里的手机，就像在商店柜台上一样完好无损。一瞬间，俱乐部官员们根本无需审理，直接在脑海里就上映了蒙太奇：每次开完会后，这名球员就会走进厕所，像《教父》里的迈克·考利昂那样，伸手在水箱附近，不同的是迈克拿出一把左轮手枪，而他拿出手机，发短信，下注，满面春风地离开。

已经无须问是何时投下了这颗"深水炸弹"了，这名球员很快就离开了球队。据韩国媒体报道，朝鲜球员现在是允许使用手机的。在朝鲜，手机当然算是奢侈物品。它不是在专卖店里买的，而是"单位"发的。令人惊奇的是，这名球员的俱乐部并没有公布这些活生生的事实，具体因为什么原因，外界根本不知道。就算是为了刚刚用上手机的朝鲜同行们着想吧。

让球员羡慕的是，甲A时代的手机用户们显得相对自由。尤其是俱乐部的官员，他们在球场想怎么打就怎么打，打给谁别人也不知道。霍顿进入四川队，一个司机也同时兼任了他的部分翻译工作。据称，他曾在海军陆战队服役。此人为人随和热情，人缘极好，而且任何时候都保持冷静、从容。在霍顿执教的某场比赛之前，这名司机突然冲进场内，问一名记者要去一个手机，声称自己的手机没有电了。10分钟后，他归还手机时，打过的通话记录已经清除得干干净净。月底当这名记者打出通话详单时，却发现当时司机打的是一个后面是6连号的号码。霍顿离开后，这名司机就因为私自变卖了俱乐部的车辆入狱，此时才有人透露，他也赌球，并且和比较大的庄家保持联系。

我们显然不是第一个球员手机的聚焦者。过去的一些媒体报道，甚至对球员手机通讯录上的社交圈进行了分析。记者分析电话远比教练来得粗浅，毛剑卿喝酒被下放后，申花球员透露了更为可怕的事情，在一个客场后，几名球员发现自己的电话有被人翻动过的痕迹。"连我们和谁发短信和打电话都要查，谁来保护我们的隐私？"

但球员对手机也确实太黏了。2007年5月26日晚上，青岛中能队选择翔鹏航空公司的航班前往武汉，参加中超比赛。飞行途中，乘务员发现一队员竟在飞机上使用手机，并引起了周围乘客不满，空中安全员对其进行制止，该球员坚持认为没有危害安全，因为自己使用的是"高档手机"，有飞行模式。机上安全员立即通过塔台向武汉天河机场公安局报警。下飞机后，该球员立即被带到候机楼派出所。在警方的问讯中，这名球员透露自己的名字是史汉军，在当时的青岛中能足球队踢主力，他解释自己立刻关闭了手机，机场警方遂对其进行了安全教育后放行。

即便是再高级的手机，也无法收回那些已经按下了发送键的短信。对此，一名著名的国家队助理教练心知肚明。2006年中超联赛中，这名助理教练在给"其他人"发短信时，同时与任职俱乐部的总经理发短信。未几，俱乐部老总居然收到了一条明显是正在和赌球者互通有无的信息。消息的语气和陈述方式，根本不能用后来这名教练解释的"这就是其他人发给我的短信"来掩饰。原来这名助理教练发现了误发，并未再次发送短信。良久，他给总经理打去一个电话探听口风，两人的对话云淡风轻，但其实老总心里是非常清楚的，只是处于赛季即将结束的关头，考虑到对方本来就要离开俱乐部，不想再深究了。一名俱乐部高层在听完这个情节之后只说了一句话："我只相信，在他发现摁错的一瞬间，简直想要把手机活活掐死。"

## >>> 李振鸿活埋记

> 他被毒打和活埋的时候，满脑子想的都是铁笼子里的熊咆哮着露出尖牙和血红舌头的情景，这里的球员如果不听话，时常会被带到这个熊笼子边，被喝问，你是想在外边待着，还是想进去跟它一起玩……

李振鸿看不到任何东西，呼吸有些困难，能够吸到鼻子里的空气带着浓重的泥土味，一股腥咸的液体流进嘴巴，他想抬手去擦，但手根本动弹不得，因为他半截身体被埋在泥土里。那些人还在不断铲着沙土，并威胁着"你他妈老实点！"

半个小时前，李振鸿被人绑架出来，那些人从背后狠狠推了一把，他一个趔趄就摔在地上一个坑里，然后就感觉脸上全是扑面而来的沙土，因为怀疑他打假球，这些人就要活埋他，一边埋还一边要他承认。李振鸿宁死也不承认自己打过假球，他知道只要自己一承认，这条命可能就不保了。四周一片漆黑，手腕一阵麻麻的疼痛提醒他，才想起刚才被带来的时候双手正被反绑在背后，从头上套下来的麻袋摩擦着伤口，每踉跄着走一步都很刺痛。

此时的李振鸿，惊恐远远超过疼痛，刚刚经历生死瞬间他脑子里只有一个念头，快逃！只要有机会就坚决逃掉。

李振鸿不是《古惑仔》中的陈浩南或者山鸡，也不是《黑社会》中的大D和乐哥，他是中国内地一名普通的职业球员，2007年，他效力于长沙金德俱乐部。就是在这一年夏末秋初的一天，他险些被一群不明身份的人活埋，遭遇了这个国家绝大多数人只可能在电影中看到的情节。

关于李振鸿被活埋的所有具体细节，都是后来他自己对媒体讲述的，很多人无法相信他所描述的一切，纷纷质疑："这个人脑子出毛病了吧？臆想症？"

无论李振鸿描述的细节是否绝对属实，在他"被活埋"的时间过了一周后，新加坡非常有影响力的《联合晚报》就刊登了一篇骇人听闻的文章，标题是"中超球星抵港爆料 逼认收钱打假球 禁锢毒打8小时"。第二天《联合早报》网站引用了这一文章："中超联赛球队长沙金德队队长李振鸿近日抵达香港，声称上月24日遭数人禁锢于一间禁闭室内，被毒打8小时，逼其承认受贿在一场中超联赛中打假球，情形犹如严刑逼供。"——内心充满恐惧的李振鸿从长沙逃到了香港避难。

李振鸿，1979年出生，沈阳人。足协的报名表上登记为1985年出生，这绝不真实，因为李振鸿1990年便进入沈阳部队队，按报名年龄推算，当时他仅有5岁。1994年上调八一队。此后辗转至四川冠城、成都五牛、江苏舜天和沈阳金德。2004年效力江苏舜天期间，在客场负于青岛海利丰的比赛后，他被亲手引进他的主教练迟尚斌列入"内鬼"名单,随即被封杀。2006 年,效力金德期间,在主场 0 比 1 负于武汉光谷的比赛中,对方的制胜球正是在他身边打进,赛后,金德高层明确指出,李振鸿在"打假球",开始埋下了双方后来关系恶化的引子。2007 年 8 月 18 日,金德客场 0 比 2 负于绿城。在此之前的 17 轮联赛中,李振鸿作为球队队长和绝对主力上场 15 次,但之后再无出场记录。

9 月 17 日,偷偷从香港返回的李振鸿,秘密接受了《足球》的采访。二十多天前发生在他身上的那些事情,仍然像噩梦一样死死地纠缠着他,房间里稍微发出一点细微的响动,他都会下意识地扭头张望,像是一只惊弓之鸟。而复述那段经历更是一个痛苦的过程,说到要紧处,他的脸上会不自禁地出现抽搐的表情。

　　我记得很清楚,那是 8 月 24 日晚上,也是在我们队去青岛打客场的前一天晚上,当时是晚上九点多钟,有人突然给我打来电话叫我出去,对方自称我们老板的司机,我没多想,就出去了。到了宿舍外,几个人把我带到了距离宿舍不远的一间平房内。进了房间他们将门锁上,然后说我打假球,我当时很诧异,马上申辩说我没有打假球,结果几个人冲我就是一顿殴打,打得我多处受伤,硬是逼我承认打假球了。看我态度很强硬,他们竟然拿出绳子捆住我的双手,再拿两条麻袋分别套我的头和脚,把我抬到河边,说是要将我扔到河里去,我当时懵了,拼命想理清楚头绪,但脑子很乱,也很害怕,有些不真实的感觉,电影里的镜头怎么会发生在我身上呢? 他们当时问我最后还有什么要说的,我说:"我没打假球,我问心无愧。"可能是没达到目的,他们又把我带回到了平房里。不知过了多久,我又被套进了麻袋里,这一次是把我抬到了一个事先挖好的土坑旁,一把将我扔进土坑里,接着我感到他们正用铁锹往坑里填土。虽然当时很害怕,可他们最后问我的时候,我还是坚持表白自己没有打假球,他们见我还不肯松口,将我弄了出来。

第二天早上他们把我送回队里,当时已经是5点30分了。球队马上要去机场,那一轮中超联赛长沙金德队是去青岛打客场。球队临走前,特意留下一名队医陪我去了株洲人民医院,结果我头部缝了6针,还拍了CT以检查脑部是不是受到了挫伤。当时,俱乐部方面表示他们不知道此事,并保证一定要把这件事查清楚。因此我当时也没有报警。

我当时怕自己再一次遭到殴打,就先敷衍了他们。趁着他们不注意,我偷偷打电话报了警。可警察来到门口后给我电话说,他们进不到院子里。

我本以为俱乐部会帮我把事情搞清楚,但我万万没有想到,9月7日,噩梦又一次降临,我又被带到了那个平房里。和上次一样,还是要我承认打了假球,并要求我把所谓打假球得到的200万元交出来。我辩解说,我没有打假球,也没有得到过200万。他们又说,先交10万元,剩下的钱以后慢慢还。我当时怕自己再一次遭到殴打,就先敷衍了他们。趁着他们不注意,我偷偷打电话报了警。可警察来到门口后给我电话说是进不到院子里。我一听急了,我说你们必须进来把我接出去,否则我的人身安全得不到保障。警察接我出来时,还有几个人一直跟着来到了派出所。警方表示会调查此事,但我觉得,我的生命安全已经很难保障了,当时就想到,只有离开内地才能保障自己的安全。最后在警方保护下我到了长沙,从长沙出来后,我又去了香港。我去香港也有另外一个考虑,就是也想通过他们的媒体把这件事给曝光。当时,香港记者在采访我的过程中曾给俱乐部领导打电话问我在哪,对方的回答是:"李振鸿在北京治病。"听见这样的回答,香港记者都有些啼笑皆非。香港记者还给株洲警方打了电话,对方的回答是由于我缺少法医鉴定,所以当时警方只能保证我的人身安全,其他事情一时不好处理。确实,我所说的一切,自己当时也拿不出什么证据来。现在,队医也不敢站出来为我说话,他只是承认带我去了医院,但拒绝介绍有关病情。金德队的队友也不敢站出来为我说话,这些我都能理解,

谁都不想给自己惹来麻烦。现在我只能说，我以全家人的性命来保证
我说的都是真话。

李振鸿断断续续的回忆中的确存在着一些不合理之处，比如，为什么那些
人毒打并活埋他，还要将他送回俱乐部？为什么李振鸿已经感到实施活埋他的
人就来自金德俱乐部，还要在队中逗留至第二次遭毒打？为什么第二次被"绑
架"，李振鸿能有打电话报警的机会？

不过，这件耸人听闻的"凶杀案"中竟有黑色幽默的成分：全国各地报纸
疯狂转载这件新闻的同时，金德俱乐部，传说中施暴的一方，其实也一直在四
处奔波，四处辟谣，一向温和敦厚的当时任金德俱乐部总经理的金焱气得声音
颤抖："谁说俱乐部活埋他了？简直是妖言惑众！"

最终李振鸿的事情没有下文，他本人在那个赛季结束后被挂了个高价出售，
因为没人摘牌而退役。不过，在2009年联赛金德与陕西队的比赛中场休息时，
金德一位高层严厉地警告球员："你们不要乱来，当初李振鸿就是我找人做的。"
他并不认为这句话会给他带来什么麻烦，反而更愿意让球员们明白，他们做得
了李振鸿，也就做得了任何想搞事的人。

但是，在某些深知内情的球员看来，这句话也许另有深意。一个月前金德
总经理何兵被抓捕，使谜底进一步解开。俱乐部高层曾经在队内会议上明确表
示过，禁止球员打假球，"每一个球员都是球队的一分子，应该与俱乐部保持高
度的一致。"事实上，早就有人指出，当初遭到毒打的并不是只有李振鸿一个人，
只不过是别人低了头，并且交了"认罪金"，才被放过，而李振鸿却选择了最为
激烈的出逃方式。在他之后，另一名球员于博，也以深圳的女友突然重病为借
口突然消失，连个人物品都没有打包带走。几天之后，金德俱乐部高层收到他
的短信："不要找我，我再也不会回来踢球了。"

远走长沙的金德，早已不是当年花钱过关的沈阳队，球员卖的是自己上场
对比赛能够产生的影响，而俱乐部，卖的却是整支球队对比赛结果的把握。李
振鸿事件背后，其实隐藏的是，掌握规则的人与破坏规则的人之间的斗争，是

大庄家与小散户之间的斗争。控制者与反控制者之间的"江湖仇杀",才应该是剥开道德外衣后的历史真相。

据说,在金德俱乐部所在的株洲金德工业园内有专人饲养着黑色凶猛的狗熊,李振鸿曾告诉一个记者,他被毒打和活埋的时候,满脑子想的都是铁笼子里的熊咆哮着露出尖牙和血红舌头的情景,这里的球员如果不听话,时常会被带到这个熊笼子边,被喝问,你是想在外边待着,还是想进去跟它一起玩……

那时候,人看着熊,熊看着人,彼此分不清谁是谁。

## >>> 范广鸣背后的足协赌球内幕

他所涉及的案情绝不止新加坡赌球案那么简单,作为前中国足协官员,范广鸣曾经参与过很多中国足球的重大行动,如果其中存在不法行为,势必牵扯到更高的人物。

### 一、"老范被抓了"

要完整地还原范广鸣这个人物,是一件非常艰难的事情。

出事前,范广鸣,对于中国球迷来说是一个印象模糊的名字。与东玖大厦里中国足协名目繁杂的许多科室一样面目模糊,张三、李四、王小二、范广鸣……统统被冠以"中国足协官员"·的头衔,与中国足球,其实并无太直接和重要的关系。出事后,身穿"黄马甲"的范广鸣只是在电视画面中一闪而过,仍然勾不起球迷更多的回忆。

2009 年 10 月 29 日,国航 CA1475 次航班顺利降落在武汉天河机场。范广鸣与同事刘希付走下飞机,还没出机场就受到武汉足协工作人员极其热情的接待。10 月底在武汉举行的全国业余足球联赛总决赛,正是由他和联赛部副主任刘希付担任组委会的主管领导，现场督战。领导来了，武汉足协指示要"隆重欢迎"。但到达武汉后，范广鸣并没有太多的时间休息和享受"隆重接待"，他和刘希付立即召集球队开会做了部署。30日，比赛开始后，由于一支北京业余球队的个别球员在球场违纪，组委会还召开会议作出相关的处罚。随后武汉赛区的比赛都十分顺利。11月5日，赛事结束。

但是，11月3日，最后一个比赛日，老范"不见了"。

当天中午，老范已经收拾好行李，要去吃午饭的时候，老范接了一个电话，到楼下等人，随后他回来片刻，对身边组委会的人说："我外出有点儿事，你帮我照看好行李。"这是组委会接到的范广鸣的最后一个"指示"。

范广鸣离开酒店后不久，手机关机，然后他便"人间蒸发"。武汉方面随即与中国足协联系，但是也不知道发生了什么事情。后来，足协通过一些渠道才了解到，是辽宁省公安厅派人从武汉带走了范广鸣。

其时"反赌风暴"早已卷进去了很多人，但作为足协官员，范广鸣是第一个。直到他被带走数天后，才有媒体怯怯地报出寥寥数语：

> 范广鸣系沈阳人，2004年前一直在中国足协工作，负责竞赛和开发工作，期间，他在球队的管理和开发方面积累了相关经验。2004年初，范出任新加坡新麒麟俱乐部副总经理一职。

此后，新加坡联赛赌球案曝光。当时没有消息表明范广鸣与此案有关，范回国内后继续在中国足协上班。

2009年10月全国足球业余联赛（南区）决赛后，身为中国足协联赛部官员的范广鸣还以领导身份颁奖。

得知范广鸣被带走，中国足协的官员居然没有惊讶，只是淡淡地应了一句："应该是和新加坡赌球的事有关吧。"

### 二、新加坡是中国足球的"凶宅"

2009年年底，中超新科冠军北京国安队的预备队接受新加坡足协邀请，即将前往当地参加新加坡联赛。

这已经是中国球队第4次前往新加坡。不得不说，新加坡对于中国足球来说，绝对是一个不祥之地。1982年，中国队在新加坡只差一步进入世界杯。世界杯外围赛最后一场比赛中，中国男足在新加坡以1比2的比分败给新西兰队。

7年之后，中国队又在这里倒在了去世界杯的路上。1989年10月，在新加坡的亚洲区六强决赛中，高丰文带领的队伍惨遭两个"黑色3分钟"，又一次与世界杯擦肩而过。

更令人惊悚的是——2004年，在新加坡参加联赛的中国球队新麒队发生令人震惊的惨剧。2004年3月10日，新麒队像往常一样在新加坡西部JURONG体育场操练，简单热身之后教练安排打分队比赛。大约下午4点钟左右，天空开始阴沉，紧接着响起一声闷雷，正好击中了江涛的肩膀。遭遇雷击的江涛马上倒在了草地上，脸朝蓝天，四肢伸开。队友见状都跑过来救治，但摸他的鼻孔，已经没有了呼吸。几分钟后，急救队匆忙赶到，但测试呼吸和血压后，医生宣布江涛已经死亡。江涛遭遇雷击致死，当时震惊了整个世界足坛。

在2005年赛季，中国球队新麒队因为财政原因退出新加坡联赛。到了2007年，另一支中国球队辽宁广原参加了新加坡联赛。

当时辽宁广原的主教练叫王鑫。广原队在2007年赛季的表现与最初的热身赛相比大相径庭，不久，队伍就被查出参与赌球。总经理王鑫第一个被捕，在缴纳了8万新币的保释金后潜逃。当时警方其实并不想让王鑫保释，但是其代理律师以人权应该得到尊重等理由为王鑫争取到了机会。随后他潜逃回国。

我们可以肯定，很多年以后，历史一定会给王鑫一个准确的定位。这个中国足球的"小鱼小虾"在中国足球打假扫黑反赌的历史中，绝对具有战略转折般的重要意义。王鑫的落网过程以及后来事情的进程极其令人振奋。

报载：2008年年底，新加坡警方向国际刑警组织发出了对王鑫的红色通缉令,要求中国局给予协助。2009年年初,公安部根据"红色通缉令"和有关请求,部署辽宁省公安机关协助调查王鑫在新加坡非法操纵足球比赛一案。专案组经过周密部署、精心组织和艰苦细致的工作,于今年4月在沈阳将王鑫抓获。

据专案组负责人介绍,在调查王鑫在新加坡操纵球队打假球的过程中,公安机关发现他还在国内通过商业贿赂等手段操纵个别场次足球比赛。根据掌握的线索,警方顺藤摸瓜,揭开了国内联赛部分场次的黑幕。

至此,我们不得不对新加坡这个中国足球曾经的"凶宅"抱有感激之情。若不是"红色通缉令",便不会有王鑫的落网;若不是王鑫的落网,也就不会有中国足球从2009年年底开始的这一场轰轰烈烈的反赌扫黑风暴。让我们用简单的文字梳理一下这次风暴的开端:

> 10月16日,前广东雄鹰总经理钟国健最先被南下的辽宁警方控制——为"反赌风暴"登陆南粤拉开序幕;
>
> 10月19日,曾在2006年出任广药代总经理兼领队的广州足协官员杨旭因涉嫌行贿落案;
>
> 11月6日,辽足十冠功臣吕东曾被警方带走;
>
> 11月6日,中国足协官员负责商务工作的范广鸣被辽宁警方要求协助调查;
>
> 11月7日,媒体报前金德教练丁哲被警察带走调查;
>
> 11月7日,前广药高层北上主动协助扫赌,调查深度扩至近6年;
>
> 11月10日,前厦门助教承认11场球有鬼,供认任职成都时曾赛前下球;
>
> 11月11日,尤可为涉假场次曝光,关键战亲自敲定主力阵容;
>
> 11月12日,媒体曝王珀落网反赌取突破性进展;
>
> 11月13日,大连赌球团伙供出吕东是庄家;
>
> 11月13日,尤可为定性涉嫌赌博犯罪被捕;
>
> 11月16日,媒体报道,反赌青岛取突破,原海利丰领队被拘留;

11 月 18 日，甲 A 时代前山东队主力前锋冷波被拘；

11 月 22 日，媒体报道，公安抓赌获百人黑名单；

11 月 25 日，公安公布反赌案初步情况，16 人涉嫌操纵比赛；

11 月 25 日，公安机关首次披露打假真相，涉嫌人已被刑拘；

12 月 11 日，公安机关公布反赌新进展，成都冲超涉假，许宏涛、尤可为被捕，刘红伟刑拘；

......

### 三、范广鸣不是"大鱼"

回到范广鸣，他绝不是一条大鱼，他只是那个单位的虾米。中国足协的官员们对于范广鸣的落网并不惊讶，有人惊讶，其实是装的。

直到范广鸣出事，当年他在新加坡的合作伙伴新麒公司总经理王津辉还坚持认为范广鸣是个好人："太意外了！老范绝对是一个敬业的好人，如果没有他，恐怕新麒队在 2005 年就出事儿了。"

2005 年新麒公司运作一批球员来到新加坡打联赛，他们邀请了范广鸣帮助管理队伍，并担任公司的副总经理，其实范广鸣就是球队的控制人之一。后来，因赞助商的赞助款经常不到位，甚至连投资人的电话也经常打不通，球员们为了工资奖金开始闹情绪，成绩更是一落千丈。据王津辉回忆，那时候为了给球员发工资，范广鸣把自己一年的收入都搭在了里面，自己一分钱都没拿到。"老范真是付出太多了，平息了很多事儿，也管住了很多事儿，否则那支球队在 2005 年就得有人被抓起来。"

不过王津辉的话，也有人并不认可。2000 年亚洲杯时，王津辉和中国足协拉上关系，借帮中国足球记者们订房的理由，成为实际上当时跟队采访的中国足球记者团的旅游团团长。后来，因为住房价过高，王津辉跟当时很多记者发生矛盾。也就是在那时，王津辉经营了与中国足协的很多关系，也为中国足球与新加坡联赛产生关系奠定了最初的人脉基础。因此，在很多中国足记看来，王津辉的话可信程度并不高。

其实在 2004 年，新麒队就曾传出有打假球的传闻，并开除了 5 名中国球员，此事甚至一度闹到了国际足联。

2007 年，范广鸣又一次来到新加坡，这次他与王鑫和丁哲合作。这也注定了范广鸣最终会与"赌球"产生联系。不过，又是不过，人们对于范广鸣，竟然更多的是同情。在范广鸣被警方带走的消息刚传出来的时候，沈阳的很多足球界人士都不住叹息："老范这是家破人亡啊，太惨了！"

2004 年，范广鸣的爱子身患白血病，正是在这种背景下，范广鸣决定接受新麒方面的邀请，带着儿子前往新加坡。在新加坡最好的私人医院，范广鸣的儿子接受了骨髓移植手术，虽然手术成功，但不久之后再次复发。此次治疗，花去了他百万之巨。回到国内，他还曾经为儿子努力过一次，但是最终也以失败告终。眼睁睁看着爱子离去，对范广鸣来说，无疑是人生中最大的一次打击。儿子去世之后，范广鸣的妻子也患上重病。

正是因为特殊的家庭情况，在范广鸣被带走之后，关于他落网原因的猜测也产生了两个分支。

一说受贿罪。这是一位与范广鸣私交不错的朋友透露给媒体的消息：

范广鸣还在接受审查，而审查的问题就是作为中国足协的官员接受一些中超、中甲俱乐部贿赂的事。据我们所知，他被调查受贿，主要还是几年前他儿子因为白血病住院期间，不少俱乐部都派人去看望了一下。各俱乐部看到范广鸣的儿子得了绝症，急需用钱治病，于是也都给范广鸣送了一些钱。当时对于这些送钱的俱乐部，范广鸣也拒绝过。可是后来看到自己的儿子病情一天比一天加重，他也就收下了各俱乐部送的钱。可是没过多久，范广鸣的儿子就去世了。他儿子出殡那天，不少俱乐部也派代表去了，而且也都又拿了一些钱给他。后来，范广鸣的爱人因为儿子去世重病不起，一些俱乐部又陆续送了一些钱。当然了，各俱乐部送钱的数目肯定不小，如果各俱乐部仅仅从人情角度去送钱，肯定不会送那么多钱。不过各俱乐部这么做，也肯定有借此机会希望范广鸣能够记住这个人情，如果以后需要他帮忙的时候，希望能够提供一些工作上的便利。

另一说是范广鸣身上牵扯着中国足协的赌球内幕。众多媒体爆出的传言版本中，一个比较值得回味的是：

范广鸣的问题早在王鑫新加坡赌球案中就已经有所涉及，第一支赴新加坡联赛的球队新麒队就是由范广鸣组织的，但为何至今仍未有相关的案情通报？原因很简单，那就是他所涉及的案情绝不止新加坡赌球案那么简单，作为前中国足协官员，范广鸣曾经参与过很多中国足球的重大行动，如果其中存在不法行为，势必牵扯到更高的人物。

中国足协与赌球，有直接关系吗？

不知道是不是为了急于撇清与范广鸣之间的关系，中国足协很快公开表示：2007年范广鸣从新加坡归来后，考虑到他家庭比较困难，让他重新回到中国足协工作，只是没有固定编制。"编外人员"的定位显然将范广鸣与足协的关系拉得很远。而后来有媒体报道，"好人范广鸣"其实在足协人缘不佳。

"范广鸣在足协的口碑真的不太好，不过大家多少也能理解他。正是范广鸣的悲惨遭遇吧，领导对他也是比较怜悯吧，没有过多地去干预他所做的事。这不，现在真的出事了，这个时候足协不会有人去保他。而且他做的事也没法保，毕竟那些事在圈里也不是什么秘密，不少人都知道。"一位足协官员这样评价他的同事。

家庭不幸、工作敬业、人缘不佳、收受贿赂、权钱交易……这么多互相矛盾的故事，仍然无法让我们还原完整而真实的范广鸣。也许就在本书出版之后，范广鸣身上的案情就将在央视公布。

只能说，可怜之人必有可恨之处。范广鸣，中国足协，乃至中国足球，莫不如是。

# 第五部分
# CHAPTER 5 >>>>
# 那些人，那些事

　　这一部分是计划外"生育"。

　　本来这一部分应该是"光明的开始"，但当我们在短短 10 天之内假装历史学家那样去解构中国足球"假、赌、黑"的历史后，发现总少了点什么。沿路回去找，发现少的是配料，这就像一盘烤羊腿端上来后，却没有孜然，吃麻辣火锅，却没用香油。

　　在本书开头前，我们就决定不要把它写成一本大义凛然打假揭黑的东西，不想当舍身炸碉堡的董存瑞，也不想有人因此家破人亡。

　　这个出发点是一定要从人性的角度来写，我们假想自己也有犯罪动机，犯罪欲望，只是想挣钱而时机不对，胆儿也小了一点的那伙人。

　　感谢下面这一部分，它是我们唯一没有争吵的部分。它反而给我们带来娱乐。

　　比如说阎世铎为躲避徐明，就坚决不接电话，当徐明找到阎世铎的座机打过去，阎接起电话一听是徐明，就大叫"喂，喂，信号不好，我在高速路上",挂掉。徐明想,座机也会信号不好吗?

还比如,于明央求张忠不要给黄牌,说我求你了,我给您老下跪还不行吗。当时比赛激烈,张忠竟真想了想,然后一脸严肃地说:你跪下吧。

当然还有那些在商海叱咤风云的大佬,比如徐明、王健林、潘苏通……

那些老板,那些主席,那些裁判,那些孩子,那些女人……这一部分东拉西扯,没有逻辑。

安慰自己,历史就是这样子,只有碎片,没有逻辑。


## >>> 那些主席们


如果要拍一部打假扫黑的电影,经典画面就是这样:一头是龚建平锒铛入狱,一头是中国队打进世界杯。画外音是阎世铎庆祝打进世界杯,在人民大会堂威严地说:"中国人民,从此站起来了。"


1964年,巴基斯坦国家队到中国访问比赛,中国国家队以1比4惨败,全国一片哗然,很多老百姓还念不全这国家的名字。看台上的贺龙气得吹胡子瞪眼,手一挥,解散了国家队。

贺龙生气是有道理的,中国刚度过三年自然灾害,百姓刚刚吃饱肚子,而且当时的运动队就是军队,赢不了球就是赢不了战斗,老百姓不高兴,就是反动派。放现在,贺龙这叫尊重民意,是好干部,这份魄力,之后任何一任足协掌门人都没有。当然也有人认为这跟后来伊拉克的乌代类似,没拿鞭子抽,是因为解放军不准打人。

贺龙从来没当过足协主席，当时足协主席是他带出来的兵。这个兵叫黄中，和三国那老将名字听起来一样。

黄中其实是个文青，在延安还排过话剧，组织过大合唱，是个人才，是个全才。但他更爱体育，特别是足球，从1955年到1979年，黄中担任了25年足球协会主席并做出了重大贡献。

1951年12月，他主持了新中国第一届全国足球比赛，类似足坛武林大会，那时没有电视和互联网，好多人第一次看到足球长什么样子，就笑话怎么跟猪尿泡长得差不多，除港口城市和广东外，队员水平都很山寨，但大家很爱国，每一脚都是踢向美英帝国主义。

1952年访问波兰期间，中国队场场皆败，有一场竟踢成1比7。黄中很受刺激，向党表示一定要把足球搞上去。

1953年，匈牙利队在英国以6比3大胜英国国家队，是世界上最火的球队，类似现在拥有哈维、小白的西班牙，是偶像。黄中当即建议请匈牙利队来访，那时候还不兴商业比赛，这叫"虚心向人家学习"。

1954年，他又组织派出中国青年队去匈牙利，那时候也不叫"留洋"，叫走出去"向老大哥学习"。

经过一年半的学习，球队水平提高很快。1958年，中国足球队和刚获得奥运会冠军的苏联国家队在广州战成1比1。1959年，第一届全运会上，黄中大胆地安排了中苏匈三国对抗赛。中国队以1比0战胜匈牙利队。赛后，黄中十分兴奋，一一拥抱队员。他动情地说："如果打不好，那是我的决策失误，给第一届全运会抹黑！"虽然时空条件有很大的变化，不能张飞打岳飞，也有可能是友谊球，但私下想起来，相对水平也超过现在的国足，不信搞个商业赛咱们赢一盘巴西？

总之，黄中在当年的功劳是很大的。其实当时群众没什么乐子，足球的火爆远远超过现在人们的想象，类似现在的超女快男。1964年输给巴基斯坦后，黄中又受刺激了，火速召开了全国足球训练工作会议，提出了"从难从严从实战需要出发和大运动量训练",也就是后来大家批评的"三从一大"。但当时这一训练方针是合时宜的。

黄中还推出第一个完整的联赛竞赛构架,他,才是真正的联赛之父。其他人就别冒充了。在此之前,全国七八支球队就是领导一拍脑门高兴了,就招呼过来干他娘的十场八场,这叫备战备练为人民,和当今朝鲜也差不多。

对了,许海峰夺奥运首金那一刻,电视上第一个冲上去拥抱他的那老头,就是黄中。

后来的主席叫李凤楼。名字取得帅,球也踢得帅,和广东的李惠堂共称"南北二李"。不是被护球的李毅和被活埋的李振鸿那种水准。李凤楼的功劳是精心起草了《裁判法》,当然,李老现在还活着的话,会被气晕。

这就是中国足球史前时代的三大掌门人:贺龙、黄中、李凤楼,他们都不知道什么叫假赌黑,有点默契球也是政治需要,而且那时互联网没发明,人心也纯洁,即便假大家也不晓得。所以一路相安无事。

直到李老退了后,有一个重量级人物出场了。他叫袁伟民,因为女排三连冠,被胡耀邦提议连升四级的功勋教练,他于1986年成为中国足协主席,其实就是为了扭转中国足球屡战屡败现象的。本书的前面讲过,他于1987年看到全运会上"辽鲁是一家,2比2平前八"的假球后,愤而辞职。这时,他还是个热血小伙。

年维泗上来了,这人懂球,可是没运气。1990年亚运会,中国足球队在北京工人体育场举行的亚运会四分之一决赛中遇到泰国队,中国队以0比1败北,泰国的小个子球星披耶蓬进球。主场、弱旅、国庆节……这样三个因素,实在让所有球迷无法接受,于是高丰文引咎辞职,年潍泗也引咎辞去了中国足协主席的职务。

说到这里就得打住一下,中国足协主席不是没有引咎辞职的先例的,比如年维泗。加上愤而辞职的袁伟民,一个是黄老的弟子,一个是民族英雄,这都敢辞,所以后来这些主席,脸皮是可以做新款足球的。

话说年维泗辞职后,也没人敢接手(看来中国足协主席一职,好多年前就是烫手山芋了),袁伟民迫不得已又出山。当时他再次出手的原因据说是上级领导下命令，要他不准有畏难情绪。官至副部长的袁伟民这些年已熟稔官场游戏，知道既不能当逃兵也不能当炮灰的方法是——当远离前沿的督战官。

所以，袁伟民就发明了世上第一款官名：专职副主席。

这款名字一时引起报社记者们的议论：有专职的，还有业余的副主席吗。后来被告知，"专职"是语法上的强调，表达重视。很久之后，大家才发现后面还有深意，袁伟民根本不管事，足坛闹翻天他也不理不闻，死人了也不管，才晓得这"专职副"是为了让他是"业余正"。

理解袁伟民的苦衷，他管得了王俊生，管不了王福生，王福生是前卫寰岛老板，而前卫寰岛的老板是公安部。他甚至也管不了王健林，王健林的老板是大连市政府。有的惹不起，有的是熟人，球场的"三从一大"到了官场，就变成听从、服从、跟从和大智若愚，三从一大。

说到这里很想总结一下，又总结不出什么来，只好建议大家就努力理解"足协主席"是干什么的了。再没了粗线条的贺老总大手一挥，稍息立正，解散。只有，一切尽在不言中，要是"言中"了，就"严重"了。

分析中国足球，不如分析中国足球历代主席。

史前时代的贺龙、黄中、李凤楼是把足球当成革命事业看待的，有浓重的军事气息，举个例子，那会儿美帝苏修卡我们的脖子，我们就把别人的飞机拆散了一个个零件研究，发明自己的飞机，虽山寨但火力巨猛，按承载能力只可以安一门炮的我们安上三门炮，两机相遇时我军机飞得晃晃悠悠，但一梭子打过去，黑夜都晃成白天了，弄得美国航空兵很怕飞到中国上空。防空体系方面，美国飞机时不时会被我们的高射机枪打下来，是因为我们的防空兵勤学苦练出了一种黑夜打蚊子的功夫。

足球也是这样，当时有个叫李宙哲的朝鲜族前锋，他过人的功夫当时是一绝，经常从中场一直盘带到对方门口射门，这是因为他是在小树林里练的盘带，每天早上5点起床就绑着沙袋带球在树林里跟树丫子练盘带，树丫子比人腿密，所以练出的那份眼力和控制力非常人所能比。再早的李惠堂、孙铁头都曾在海水里练过远射，因为海水里阻力大可极大训练腿力，头球则是把皮球浸了机油，重量增大很多，开始顶一下头就晕了，后来习惯了，争顶时无人敢近身……

这些不是野史，而且也有科学性，看过《一球成名》的人知道，其实皇马的球员也经常在游泳池里进行力量训练，英国球队头球了得，也是在沙袋群中连扛带挤一头一头地练，才练出来的。

如果当时就这么练下去，虽成不了巴西、西班牙，也可成朝鲜。足球发展的道路有很多种，究其实质只有两条路：刻苦训练＋科学体制。史前的中国足球占了前一条，后来为了拥有后一条，把前一条扔掉了，而科学体制却没建立起来，最后煮成了夹生饭。

每当看到改革开拓者的王俊生就想起"夹生饭"这个词。作为首任的"专副"，他不能违"业正"之意，又得行"专副"之实，大家明白这层意思，举个例，这就跟中石油、中石化领导是一样的，又得听发改委的，又得假装顺从市场规律，而老百姓怨声载道，所以二者每回只得深夜零时像小偷一样涨价。

再举个例子，当年延边队跟上海队生死战，明明延边队是用身体把传中球挡出去的，当值裁判却判罚点球，延边人民当然生气，后来看录像也证明这不是手球。延边被黑了，但比分是不能更改的，上海方面更是得罪不起的，王俊生只能像土改中误伤了农民的干部一样，站出来安抚大家，高度赞扬延边足球有着光荣传统，还写了一封情深意长的道歉信，最后表示延边队有保持职业球队的道德，不要闹。

在人民看来这就很扯淡了，不道德的是裁判和足协，受欺负还不准闹，后来被足球伤了心的延边就不怎么玩足球了。而这个涌现过数不清有才华球员的地方，后来居然有了个别赌球和打假球的人，现已被协助调查。

还有一个例子是，当年"3号隋波"事件引起全国哗然，据揭发有一份录音带证明球员是有过接触假赌势力的。受不了压力的王俊生派张吉龙去调查那份录音带，经过艰苦卓绝的调查结果终于出来了，足协开新闻发布会宣布：其实，录音带里只是一个女人，在跟球员调情，里面全是淫词秽语，不便于向社会公布。意思是中国足协不仅在为假赌黑负责，还得为青少年儿童的身心健康负责。

淫词秽语是有可能的，但除此之外还有没有别的，他不说。像"渝沈悬案"

这种动用了数百万资金牵涉到 6 家俱乐部的大案，王俊生显然知道靠足协这个无调查财务权利的圈外局级单位是做不到的，强行调查的话，人家随便叫来一街道片警，三下五除二铐走秦小宝们也是可能的，因为妨碍财务保密制度和监管规范。他不是不知道，是故意的，得做个样子给新闻界看，又得造成"看，足协没这个权力"的无奈样子。比如，如果崇文区计划生育办公室来查中国足协财务，他能觉得对方有这个权力吗？

王俊生的聪明和口才是出了名的，老足协的人这样形容：面前有一块炭，俊生正在跟大家阐述炭是黑色的，这时总局领导电话来了说这其实是白的，俊生一定可以急转弯说这是白的，还可以通过一番论述让与会者真诚地信服，炭确实是白的；如果领导又打电话说，嘿嘿，仔细又瞧了一眼，其实炭真是黑的啊。俊生就能找到办法说这是黑的，而且与会者会觉得自己真傻，炭是黑的这么简单的问题怎么就不懂呢，非得俊生来提醒，特别自责的样子。俊生就是这样能说会道，变向时，连转弯灯都不用打。

王俊生也曾是有理想的人，否则不会大力去搞职业化，但不要把他当成改革派，那不过是因为当时小平南巡讲话要求"胆子再大一点，步子再快一点"，神州大地处处开放，足球成为体育的排头兵。

在王俊生任期内出现过"保卫成都""保卫北京""红岩惨败""渝沈悬案"这些大案，他的态度可以在后来出的书里找得到："这些事我们都问过当事人，但他们说从来不干这种事，没有证据我要公开质疑，要负法律责任的。"这是废话，别说还在外面，就算进局子的人也会说自己没干那事。他也觉得假球黑哨让中国足球付出了巨大代价，但他没办法，只能在书里还特别伤感地提起过由他推出的那帮怯生生的足球宝贝，"如今也多已嫁作他人妇。多年后，当她们开着小车前往 F1 赛场时，是否还能回忆起当年的虹口体育场，是否还会用她们美丽的双眼瞟一眼多灾多难的中国足球？"

所以王俊生只是足协的假肢。

他是激情的，保守的，坚强的，软弱的，开放的，封闭的，人性的……最后黯然隐退，查一下，"92 一代"的大多数单位里的改革派领导多是这样的命运。

2002 年 9 月 17 日，在北京一家不知名的饭店，老王举行告别晚餐。阎世铎指挥在场众人合唱了《送战友》等歌曲，歌声中老王悄然落泪。在足协工作了10 年之后，王俊生终于离开了这个最终让他声名狼藉的地方。

上面这段是报载，从中可以知道一个情商非常之高的人物出现了，他可以把离别弄得那么有诗意，可以把前任弄得潸然泪下，可以把一个人的退场搞成另一个人的登基……他叫"阎世铎"。其实他是个诗人。

如果王俊生是在领导授意下开荒的小农，阎世铎就是在前任基础上把小农场诗化成农家乐的文艺工作者。

他的来历是这样的：1982 年中国输新西兰时，作为外行的他正在一所普通中学一边翻看着排球手册一边教着校女排训练；1997 年中国队在金州以 2 比 3 惨败于卡塔尔时，他正在金州以北 40 公里的一个地方苦读着《列宁传》里的"炮打名言"；2001 年中国队在五里河出线时，他正跟米卢在前线把酒言欢。他是工农兵大学生，他是领导秘书，他就任足协掌门人的第一句话就是："无论前方是地雷阵，还是万丈深渊，我将义无反顾走下去！"这句话是抄朱镕基总理的。

当他被令离任，再一次念起莎士比亚的诗句："当爱情的小船被风浪打翻，让我们友好地说一声再见。"经查，莎士比亚没这句。

以诗开头，以诗结尾，中间是口号。这是阎世铎的全部。在打假扫黑过程中，这个人不得不提，因为他经历过"11 比 2"，甲 B 五鼠，澳门开盘，活埋，绑架，追杀，青岛帮崛起，关联关系，G7 革命，"11 · 17"……比如说处理甲 B 五鼠事件时，他重复过之前在深圳大剧院的口号："杀无赦，斩立决。"可是浙江体育局把材料交上来后，此事不了了之，后来一想是我们太当真了，因为那口号发布的地点是深圳大剧院。阎主席是个文艺工作者。

关于赌，阎世铎是有经验的，上任后他对副手们说"我现在不出牌，一出牌就吓你们一跳"；后来他还抽扑克牌决定过甲 A 二、三名；他的豪赌是停止升降级，豪赌世界杯，单方面认为没有升降级压力，就不会有假球黑哨。可中国的假赌黑就是从那一年开始升级的，被称为"休克疗法"。把升降级本身当成黑幕之源，是他的创造，这如同把汽车当成车祸的根源，就取消了汽车。当然最大的赌局是世界杯进一球、平一场、胜一场。国足队员都不好意思回国，吓得孙继海差点化妆成老太太。

和王俊生一样，阎世铎脱不了上书房的压力，不一样的是，王俊生很多时候累于盘根错节的关系，阎世铎是因为太入戏，他相信自己说的是真的，以至于把自己都感动得落泪。那年国奥兵败（甚至也传出有假赌黑），武汉球迷准备在见面会上集体炮轰他，可阎世铎一见球迷们就率先拥抱着一个带头的大哥哭起来："兄弟啊，我对不起你们哪。"弄得大家都哭成一片，都说阎主席其实是个好人。

他第一个说出要切掉假赌黑毒瘤，杰作是惩办了龚建平，放走了一大群，就像一个肿瘤科外科大夫，切掉的是一根盲肠，最后导致肿瘤转移。那次打假他拒绝透露其他裁判是谁，还说"这是好事，促使以后我们去开足球博彩，促使我们去踢卫生球"，中国足球确实踢的不是足球，而是卫生球。最终全盘失控。

全盘失控的原因是这个诗人，以为假赌黑仅是个道德问题，而不是职业体制问题，所以在那场风花雪月的 G7 革命中一度跟徐明推杯换盏地表示一定要将改革进行下去，亲昵地称罗宁为"阿罗"，都是忽悠的，为了配合情绪。他摆脱得了王俊生那样的盘根错节，却摆脱不了官场游戏，最终"杀无赦"，变成"无杀，赦"。

阎世铎是典型的空降干部，俯视苍生可以，接地气不行。翻看历史，才发现 G7 和假赌黑有千丝万缕的关系，可这次风暴后黑的却越发黑，因为阎世铎纵容甲 A 末年 1200 万假球案代表的所谓官方势力，去打击企图造反的在野势力，当两败俱伤后，权力真空，王珀、尤可为出现。

这不怪阎世铎，而是体制。他其实挺酷的，在足协最后的生涯他其实很烦躁，由于之前忽悠得太多又兑不了现，就不想接电话，更不想接徐明们的电话。那天徐明打 N 多遍手机他都不接，查到他办公室座机打过去。足协座机没来电显示，阎就接听，听到徐明的声音，赶紧大声说："喂，喂，怎么信号不清楚啊，我在高速路上，听不清……"挂掉，然后把话筒搁一边。

这头的徐明愣了一会儿，迷迷糊糊问了一句："座机也会信号不好，阎主席难道是抱着座机上高速路？"

如果要拍一部打假扫黑的电影，经典画面就是这样：一头是龚建平锒铛入狱，一头是中国队打进世界杯。画外音是阎世铎庆祝打进世界杯，在人民大会堂威严地说："中国人民，从此站起来了。"

2000 年，阎世铎将要去足协打假扫黑的时候，有一个人也在打假扫黑，他对新华社记者说："不杜绝田径界的兴奋剂问题，我就下台，宁愿去北京前门卖大碗茶。"当时敢把"马家军"拉下马的人，还不多，但此人在袁伟民和崔大林支持下做到了，并把中国田径队从 38 人减到 26 人。因为这个原因，作为重点项目的中长跑在悉尼奥运会上颗粒无收。

这就是传说中的谢亚龙。

和阎世铎一样的是，谢亚龙是秘书出身，这种演技的训练过程必然使他们随时可以挤出一身正气，但阎世铎性格更开朗，想象"喂，信号不好"时，流氓假仗义也是一种可爱；谢亚龙身上有股说不清道不明的东西，性格封闭，可能是经历造成的，他温文尔雅，偶尔会突然发作，娓娓而谈，但有严重语病。

2006 年广州女足赛，看台上有球迷大叫"谢亚龙下课"，亚龙同志开始没什么，后来想钻回休息室，看台上有人大声用粤语叫"谢亚龙，下课"，亚龙同志忘记党的教育，猛地抬起头怒喝"你说什么"，那人见他有反应，心中大喜，用手指着他骂"滚，下课"，亚龙气急了，用手指着看台上再问"你说什么，再说一遍"……群众们球看得无聊，好不容易逮着机会发泄，一万多人一起开始骂"滚，下课"。

彼时情况很壮观，上万人在上面骂，亚龙一个人在下面对骂，右手上指，左手叉腰，估计这就是"叉腰肌"的来历。好在其手下赶紧将其拉走，否则结局会很不堪。

后来就是在女足兵败奥运时，他开会深情寄语：女足姑娘肌群中最缺练的是叉腰肌。姑娘们茫然地想着叉腰肌在哪里。网友就说，连谷歌和百度两位大神也不知什么是叉腰肌，悬赏 30 分求解"叉腰肌在哪"这个问题，认为这是一个医学、人体解剖学以及体育运动的新课题。

这些都不重要，这些只是笑料，在打假扫黑中就算说出括约肌也无所谓，只要干出实事。我们来看看谢亚龙任期内的假赌黑事件都有哪些：

> 2005 年，时任政治局委员、公安部部长的周永康主持召开会议，研究集中打击足球赌博犯罪活动；2006 年 4 月 11 日，公安部又和体育总局联合下文，对足球专项整治，进行三项打击。

赌球好像在一系列打击下没有动静了，专家还善良分析，这跟足球萎靡不振有关。这说明专家的逻辑是：足球火就是赌球的原因，足球消停了，赌球也消停了。全然不顾欧美足球火，赌博却不像中国这么猖獗，马来西亚是世界四流，一样赌博泛滥。

话说谢亚龙因此很开心，一次座谈会上洋洋得意地说："我们肃清了过去不好的东西，大家已经看到了新的气象，对中国足协在处理重大原则问题上的果断性、坚定性，大家已经开始有了好评，应该说，这是实实在在走出步子的一年。"

大家集体鼓掌，拍得连指纹都看不见了。

而此时，尤可为、王珀、王鑫、许宏涛等人正在悄悄崛起，其中尤可为正在厦门成批量制作 11 场假球，而广药队正支付 20 万给王珀打假球，王珀又去番禺下注 10 余万。当时有很多人提醒谢亚龙其实赌球比过去更嚣张，但他认为这只是小小苍蝇碰壁。2005 年中超联赛有过很多负面传闻，包括"球霸事件"，压力之下 2006 年年初谢亚龙对新赛季提出要求："人的一生只能活一次，来到世上能做点儿事不容易，不能犯下罪恶！"

但是……情况大家都是知道的。

其实谢亚龙同志心里知道这个现象很严重，而且实在不知该怎么打击这错综复杂的关系，他跟一个叫崔大林的同志一起把自己关在房里拍脑门，拍呀拍，快拍出脑浆子的时候忽地就觉得有个治本的办法——不可能一个人自己跟自己赌，得靠关系，那就切断关系。比如把整个联赛分成南北两块，如果过去一年是 100 场假球，因为关系减少，就可变成 50 场了，推而广之，要是切成东西南北联赛 4 块，就变成 25 场了，要是切成东北、东南、西北、西南、正东、正南……那就只有 12.5 场假球了，要是……

想到此处，估计两人在房间里高兴得蹦跳起来，那样子活像两只快乐的青蛙。但崔同志是先冷静下来的，毕竟是老同志经过风浪，他扯住谢同志半空中的后腿，咳，这件事还不成熟，还得多看看各方面反应。不表态，走了。

这件事过去了很长一段时间，后来果真有媒体率先报道出来了，因为谢同志一直惦念着这个南北赛区专利发明，就单方面写了一计划，而且在足协内部还小范围讨论了一下。大家知道，中国足记是经常在足协晃来晃去的，有人就把这份报告复印下来发在报纸上。

崔同志当时正在新疆考察，对此毫不知情。等他回来时发现报纸上竟然有他俩密谋的创意，大怒之余庆幸没有把八大赛区说出来。于是驱车赶到足协，把一叠报纸砸在谢同志桌上，"瞧一瞧，你都整了些什么"。这事因为民间和足协都反对，就搁浅了。民间反对是因为这太弱智，足协反对是因为这样的话，就会影响到商业利益。

从他上任开始，假赌黑已经非常可怕，尤可为从正西飞到东南又飞到西南，王珀从正西飞到正东，又飞到正北，甚至有的还飞到新加坡……谢同志某种程度该高兴，这也实现了他八大赛区的旨意。此时据国家体彩部门统计，每年流出境外的赌金高达 1500 亿，而民间机构认为，高达 5 万亿。

这个数字上的巨变，谢同志浑然不觉。不知道大家注意到没有，上网能搜索到谢同志打假扫黑的新闻并不多，这是因为他总结前任失败教训后决定不去管这些，这些破事既不带名也不带来利，那就交由副手去管吧，他要去能出成绩的前线，这样才可以有政绩。

遗憾的是中国队出成绩的时候不太多，他得碰，加上他耐心又不太好，所以从女足到国奥到国青到国足，跑了个遍。巧的是，凡他去现场的比赛中国队都输球，而且还喜欢到更衣室发表讲话，弄得各支球队都怕他，但又不好意思让他出去。于是中国足球各级球队就一路败到底，连缅甸都有点儿打不过了。不过有个喜欢赌球的队员认为这是好事，凡谢主席来到赛场，就压本队输，屡试不爽，这比研究盘口还准确。未知澳门庄家发现此心水没有。

到了 2007 年下半年，不知为何，谢同志忽然间也诗兴大发，比如他曾去过亚洲杯，耻辱性兵败后还赋诗一首（跟阎同志不一样的是，他喜用古诗）。当抗日英雄吉鸿昌的"恨不抗日死，留作今日羞。国破尚如此，我何惜此头？"被他吟出，舆论哗然（私下也说有些场次不正常），但他不为所动，坚持"要允许失败，就是要在失败的基础上站起来"。

时间在推移，信心在崩盘，后来由于国际足联赛程有变，世界杯和奥运会足球冲突，他就牺牲世界杯力保奥运会，又是豪赌奥运，一个叫李承鹏的评论员在《足球之夜》里，根据他上任以来的表现给他打了不及格……此事让谢同志大怒，半夜命领队把足夜记者赶出香河基地，而且又连夜给央视体育频道负责人打电话，哭诉"你们是党台，是不是想搞我"。终于把李承鹏彻底封杀掉。

一个足协的同志悄悄说：谢主席过去还没哭过，这次，真的怒了。这才想起，无论年维泗还是王俊生还是阎世铎都曾为足球哭过，但谢主席没有，直到这次被说了当养猪场场长挺合适的，才哭。

这是有原因的，因为每个足协掌门人自己定位的使命不一样，所以怒点也不一样。大家都知道，袁伟民是为打假扫黑辞过职的，王俊生稍差，但也是为黑哨误判写过道歉信的，就连阎世铎至少也在剧院里高喊过"杀无赦，斩立决"，口号虽空但情绪饱满。只有谢亚龙，他几乎从不对假赌黑说过或做过什么，他来才不是为了打假扫黑抓赌的，估计是内心有洁癖，不碰这些脏事。他来只有一个目的，就是率中国国奥打进鸟巢，这才是政绩，这是他的梦想。所以在假赌黑前他都扮鸵鸟，他的吉祥物就是鸵鸟，然后打进鸟巢，算是实至名归。

而此时，大江南北已被地下庄家铺就一个巨大的网，不仅中超中甲联赛，连乙级联赛和青少年联赛都赌。

谢同志的结局大家都知道的，他最后一句名言是：我其实到中体产业的年薪，不是 150 万呀……有人说他没撒谎，因为，是 140 万。

忘了交待谢亚龙的来历，他小时候练短跑的，后来读了大学，再后来当干部时下放到陕西安康当官，安康一段成为其重要经历，在这个背靠大山的地方他悟出很多人生哲理，也做了一些有益或无益于人民的事情。不过当时绝想不到多年之后，他会成为中国足协掌门人，成为一个搅动公众话题的人物。

安康这地方地杰人灵，多年以后还出了两个敢作敢为的人，一个叫周正龙，一个叫朱巨龙。这也是搅动公众神经的事件，而且跟中国足球差不多，一个不是老虎却当成了老虎，一个不是足球却当成了足球。

周正龙、朱巨龙、谢亚龙。都是龙的传人。

说一下南勇。1998 年 8 月 22 日陕西国力客场输给了云南红塔，赛后陕西队主教练贾秀全暗示自己队内有人打假球，在央视记者的追问下，贾秀全说出了一个人的名字——"3 号隋波"，这就是中国足坛有名的"隋波事件"。随后足协的通气会上，记者突然向南勇发问，那时南勇上任伊始，还是个雏，一下子被问得结结巴巴，连续说了 18 个"这个"，活像复读机。这个镜头通过电视直播出来，许多球迷都惊呆了。

那是南勇第一件糗事，也是迄今为止最后一次。这个人事司司长出身的干部很快调整了自己的重心，滴水不漏，城府极深。你不知道他在干什么，知道他干什么也不知他在想什么，即使知道他想什么（当然，除火星人外谁都做不到）也不知道他会不会改变想法。这个朝鲜族人酒量极大，后来因胃出血一次，就不喝了，改成散步了。他喜欢一个人走路，看上去走每一步都在想问题。有人说他是朝鲜名将南日的孙子，后被否认。

他，就是个政工干部。阎世铎经常夸自己懂政治，其实跟南勇比起来，他只是个演说家，谢亚龙经常说自己钻研文件，和南勇比起来他只是个政治爱好者。在足协内部拥有的实力，只有王俊生可以跟南勇相比，可王俊生耳根子软，决断时也不像南勇敢下杀手。

中国足协创造了一个政治奇迹：谢、南同为一把手。这个双核制后来也被朱广沪用在国足上了，很失败。很多记者习惯把谢当成一把手，南当成二把手，可事实上无论从级别（均为正局）还是管事的范围，还是在总局领导心目中的地位，两人不分高下。有段时间南勇像拥兵自重的鳌拜，企图跟活像索额图的谢亚龙较劲，一时几乎得手，谢亚龙哀绝之际来了一桩大好事，中超联赛的冠名商爱福克斯出大问题了，原来一年赞助 600 万欧元，可是给了一小笔首付款后，这公司就消失了。这公司当初财大气粗的样子，说是专门做网络电话生意的国际大公司，在中超裸奔之时帮了大忙，而负责搞定此赞助的人，就是南勇。

这是一个非常诡异的事件，现在想来也想不明白南勇怎么会中招。让我们费劲地介绍一下，爱福克斯公司是做网络电话的，英文注册名是 IPHOX，爱福克斯是中国足协的翻译法，听上去像爱发克斯，这家公司官网的服务器注册在德克萨斯州，其母企业是在英国，这家公司本身是在英国南部小岛泽西岛的圣赫丽镇，据测量，该岛距英国一百多公里，其实离法国更近。

这是一家奇怪的公司。它消失后打电话去美国得州，那号码无人接听，打电话去英国，那号码已被取消，上网查官网流量，只有 22 个人曾经上网注册过，估计是初建技术测试时搞上去的。后来又发现，这家公司根本就没有电话，要找它，就得注册它的前呼号码（类似中国的 17951 或 17909），但这两个前呼号码，也是被取消了的。也就是说，这家公司其实从来没有存在过，但是竟跟中超签了每年 6000 万以上人民币的合同。而中方签字人是南勇。

按照规范说法，南勇这是涉及到国有资产流失。虽然把中超当成国有资产有点给国家抹黑的意思，但理是这个理，所以当时处于下风的谢亚龙一时高兴得蹦跳起来，又像只青蛙，后来想到形势复杂，虽崔同志不在，也自行扯着后腿把自己拉了下来。

这事搞得南勇一下灰头土脸，在之后三年多的合作中一直处于退让状态，因为谢亚龙要是发飙要求审计，南勇麻烦了。官场上的斗争不用管，但这个爱福克斯确实挺爱发克斯的，因为它造成中国足球之后几年的趋势是：

南勇一会儿被谢亚龙商量着去分管国家队，一会儿又去国奥队，一会儿又管联赛，几个副主席就像玩移形大法一样每隔半年就换一个岗位，联赛真空就出来了，尤可为、王珀也大行其道。过去虽乱，虽猫懒，但老鼠总有忌惮，现在猫一会儿被派出去打酱油，一会儿被要求做俯卧撑，一会儿被要求看风景……中国的事情不怕人不管，而是怕换着人管。

南勇此人城府深，手段狠，但管国家队大牌有其心得（此处不讨论这些心得是否科学），但谢亚龙见国家队成绩好时，就去管国家队，调整南去国奥队，有一段见杜伊打得不错，又跑回来管国奥队。为了制衡南勇在国字号的根基，专门缔造了"队委会"，队委会其实就是太监监军，最终闹出男领队向女足姑娘扔牙签这类的事情。国字号、女足全线溃败。

还是说到假赌黑，南勇最后又去管联赛去了，但已为爱福克斯弄得夹紧尾巴，也鸵鸟了。偶尔管管国字号，谢亚龙说什么就是什么，包括豪赌奥运，包括在杜伊福拉多之间的是是非非，从不参言。当年的鳌拜，已是"熬败"。

现在补充一个事实：当初签下爱福克斯时，谢亚龙就看出这件事不太对劲，所以他没签字，却让南勇签，南勇正为中超裸奔焦头烂额，听到每年600万欧元，饥不择食扑上去，上钩了。

这就是谢、南争斗史，也是官场现形史。还没有完，因为谢亚龙走后，南勇还没什么实质性动作，一个叫崔大林的人又要来了。

人说：谢天谢地谢亚龙，崔牛崔马崔大林。此人当初是跟谢亚龙一起办掉"马家军"的，在《袁伟民与体坛风云》中曾有提及，在之前南北分区也有提及，他是把中国足球变回专业体制的大力鼓吹者，恨不得就变成朝鲜那样，上网搜索崔大林与朝鲜足球，一定会得到很多条结果。所以每每朝鲜足球取得好成绩时，他的兴奋程度可想而知。

因为这样好管理，也不用怕假赌黑，不用再担心国家队与联赛时间冲突，甚至不怕中超裸奔。被动裸，是没钱；主动裸，是风格。

崔大林至本书截稿时还未正式入主中国足协主席，如果是，将是职业化以来第二位正职主席，未知是"专正"还是"业正"，这次倒希望他是"业正"，因为"专正"的话，就"专政"了；还有一说是肖天，此人无须多说，原安徽省击剑队队员，管过冬季冰上项目，也是个外行。对于假赌黑现象倒有一个参照：在回应全运跳水金牌内定丑闻时，因不满外界质疑，竟连爆三次粗口。

在他看来，这些东西，不关你事。

在中国足协主席们与假赌黑这部分故事将要结束时，想起一件重要的事还没写：年维泗主席，其实他有一个非常神秘的身份，那就是2005年曾作为西藏足球队名誉顾问，那支队当时的总经理就是王珀，那一年年维泗还专门到现场为王珀助战，同去助阵的还有足球名宿，戚务生曾经的好友，王立仁。

《体坛周报》为此以饱含深情的笔调赞扬了王珀此举：

> 对于请来年老，西藏队老总王珀用如此的解释对抗外界的种种猜测，他说："我们请年老爷子出山担任名誉顾问，绝不是为了让年老来做什么场外工作！恰恰相反，我们的目的是为了避免别人来做我们的工作，我容不得纯净的西藏队出现任何被外界污染的情况发生。"王珀义正辞严："早在首场比赛前，外面就流言蜚蜚，说我们的某某球员被某某对手搞掂，说某某裁判被搞掂，有德高望重的年老坐在看台上，我想，这些传说中的主角不敢随便在他老人家头上动土吧？"前所未有的升级重压，并没让藏族球员受到足球以外的干扰，他们的心灵，依然如雪山圣湖般纯净。

那是几年前的事情了。后事是：《足球》率先披露王珀打假赌球，王珀为正视听奋起还击，赢得官司。《体坛周报》为此特别跟踪报道：也许是出于对西藏足球的热爱，王珀决定用赢得官司的钱建一所足球学校。他说得很真诚，只要是谈到西藏，他身上的张狂劲再也找寻不见。

而败诉的《足球》赔偿人民币5万元。

## >>> 那些老板们

郁知非、徐泽宪、朱骏，新上海滩三位大亨，都是因足球而名声大噪，一跃成为这座城市的宠儿，结局分别是锒铛入狱、远走他乡、惹上官司，命运不过如此。

### 一、上海三大亨

黄金荣、张啸林、杜月笙。郁知非、徐泽宪、朱骏。

1890 年，22 岁的黄金荣当上法租界巡捕的时候，12 岁的张啸林还在慈溪山林里玩泥巴打架，3 岁的杜月笙正在尿床。

整整百年之后，也就是 1990 年，郁知非正好生产出了 30 万台洗衣机，把一个叫"三灵"的弄堂小厂办到年产值 1.3 亿元，荣膺"上海市劳模"；当年的养猪小兵徐泽宪，正好升为成都军区某部宣传干事，文如泉涌，一晚上能帮领导写 7 个发言稿。这一年，小屁孩朱骏刚刚离开上海交大机械系，穷极无聊在黄浦江边乱晃，琢磨着是否该去美国混混。

又过了 3 年，朱骏果然去了美国，这是他发财的第一步，但与正在美国开会的郁知非擦肩而过，当时郁知非接到陈良宇秘书的一个电话，让他火速回到上海接手一件重要事情——赞助足球队，请大家注意，这个电话是他一生的转折点，否则日后就不会锒铛入狱。而此时，已转业到中国远洋的徐泽宪，正在大海上颠簸，短则一个月长则半年，枯燥无比时，就拉拉二胡，这一年他一直在想，结束这种生活，回到陆地上去。这个念头由一根杂草变成参天大树，让徐泽宪寝食不安。两年后他终于回到地面，并开始做着和土地密不可分的事情。

三个好赌之人的命运，由此交错。

也许类比才能出现命运，正如黄金荣、张啸林、杜月笙的江湖辈分，郁知非、徐泽宪、朱骏是上海足坛依次流转的三大头目，把衣钵和是非接力得风生水起。话说 1993 年，郁知非在某个弄堂里的一个小饭馆跟徐根宝吃了两碗馄饨后，就确定下来以"申花"为名赞助足球队，一年 100 万（也有人说只有 80 万）。当时两个人一边数着馄饨的个数，一边还为胜一场到底奖励多少争论了一下，次年申花惊艳甲 A，徐根宝后悔不迭，"太便宜你了，早知道胜一场球就奖励 5 万元了"。

当初的弄堂小厂已是年利税一千多万，成为黄浦区第一大集体所有制企业。郁知非甚至还名动全国，荣获了全国"五一"劳动奖章，但上海有钱的企业太多，根本轮不到郁知非。

其实这段"姻缘"有政治撮合的味道，早在 1987 年，时任黄浦区区长的陈良宇多次带领国外嘉宾去三灵电器厂参观，这层关系，让企业家郁知非开始结缘足球，到 1993 年全国都在足球职业化，已升任上海市委副书记的陈良宇希望上海能够先行一步，就把这个任务交给了郁知非。

这也显示了郁知非非凡的政治嗅觉，早在黑龙江插队的时候他就明白，必须听领导的，但怎么去明白领导想什么，就是一场赌局。为此他还在一轮政治斗争中遭到调查是否有加入"牛马羊集团"（也就是吹牛、拍马、装小绵羊）。他的善解人意得到回报，赞助足球队后还特地把陈良宇的儿子陈维力请到上海申花俱乐部担任副总，由此，领导的心事他更掌握得丝丝入扣。

就像当初"三灵"小厂决定以生产洗衣机为主业是郁知非的一次赌博，入主申花也是他的一次赌博，不过都赢了。他觉得听领导的话很划算，决心在这条路上一直走下去。

1995 年，申花俱乐部建立甲 A 第一个党支部，是"把党支部设到连部"的具体实施，然后这一年勇夺冠军，之后虽然没有再得联赛冠军，但郁知非因为陈维力的原因熟知其父陈良宇的动作，结识了很多上海高层领导。一个小厂厂长，终于成为大上海红人。

正如当年黄金荣，一个腿脚麻利、善解人意的 22 岁青年，因为和法租界关系熟络，还接济过落魄的蒋介石，终于打通官场任督二脉，平步青云。在旧上海的三位大亨中，黄金荣以跟上层元老关系交好著称，相对而言他不像张啸林那样打打杀杀，也没有杜月笙那样古灵精怪，他是最传统的混世界的大佬，即使看到当年的门生杜月笙后来居上，心中不甘，却也喟然接受，因为他知道世事不可逆转。

2002 年郁知非有过一段小低潮，新组建的大型国有企业文广集团介入了，迫使申花易帜，郁知非心有不甘，但多年来作为领导乖孩子的他说得幽怨而得体："我是国家干部，如果领导让我干，就是 10 年，也要干下去，如果领导不让我干，我自己想干又有什么用？"

和黄金荣在 1920 年再次成为"三鑫"商会的老大一样，命运再次垂青郁知非，很快就是上海赛车场，郁知非再次施展了商业运作的才能：他斥巨资买下 F1 电视转播权却免费提供给央视，为的是迅速普及这项运动在中国观众心目中的认知度；他发现两支著名车队车身上没有广告，马上把上海赛车场标志印在上面，实现资源置换。此举一下子赢得人心，与此同时，郁知非利用自己以前在媒体圈的资源，频频出现在各种新闻发布会场，由此，让人们逐渐知道了 F1 与 F4 之间的区别，他也获得了 F1 教父的称号。

他又赌赢了，这跟他善于整合各项资源有很大关系。这时，虽然因 2001 年的龚建平案爆发，中国足协追罚了申花 80 万，但郁知非已成功上岸，此事已与他无关。在足协的公文中写道：

> 2001 年 3 月 11 日，被告人龚建平在上海市赛区执行全国足球甲级队 A 组联赛上海申花足球队与深圳科健足球队比赛的裁判任务。赛后数天，龚建平在北京收受江苏舜天足球俱乐部总经理潘强给予的人民币 5 万元。此款是上海申花足球俱乐部工作人员瞿郁明让潘强转交龚建平的。

只是这段公文秘而不宣，外界一直不知道。但可以看出，郁知非就任上海申花时，申花的确参与过贿赂裁判。所以龚建平之死，跟申、深一战有着直接关系，只不过郁知非一向以温和、驯良的外表示人，让人很难在假赌黑新闻上联想到他。

　　就在上海F1成功举办首届赛事时，上海滩还有另外一个重要角色在悄悄登场，现在我们可以把目光平移到他身上，他跟郁知非俨然有双子星座的格局。

　　他叫徐泽宪。徐泽宪出身军人世家，11岁学作木匠，15岁参军，在成都负责养猪，为了提高生猪存活率，为防止母猪压死刚产的小猪，他每晚就跟猪睡在一起照顾它们，他还研究小猪的饲料配方，还统计猪的发情期。但凭此认为他的理想就是养猪那就错了，他说，只是想锻炼自己。

　　之前我们知道，他参加过越战，经常光膀子端着冲锋枪发起单兵冲锋的人。他经常说：只要你想做，就一定做得到。而他还是一个文艺爱好者，从一个乐盲，到学会拉小提琴、二胡、京胡，从一封家信写7天，到6个小时写12个板报，一晚上给领导写7个发言稿。

　　徐泽宪后来就去了中国远洋，搞海运，跑运输，等他转业之后，坐过短暂的机关，随后投身商海，把中远旗下一个行将倒闭的房地产公司通过筹措资金、收购、借壳，变成了一个200亿资产的大公司，后来在几百家开发商不看好的"两湾一宅"棚户区，斥资66亿一举造就"中远两湾城"的辉煌。然后又挥师南下，让博鳌一夜之间成为天堂小镇。上海人徐泽宪有着难得的战略眼光。

　　"以小博大，快速作战，是我军最大特点。"徐泽宪总爱这么说，他还说，钱，不是问题。郁知非好赌，徐泽宪更好赌，他的赌风是快速作战，一举拿下。2001年他收购了上海浦东足球队，2002年就把这支改叫上海中远的球队打上甲A并跟郁知非的申花进行一场火星撞地球式的PK。那是徐泽宪对传统上海足球势力发动的一个快攻，任由申思站在中远的主场对看台上几万人吼："徐根宝，你听见了吗？我们不是空心萝卜。"军人出身的徐泽宪还说："我要拿末代甲A冠军。"一时上海滩风起云涌，斗转星移。徐泽宪行为方式跟郁知非截然不同，他不计前嫌，也不顾后果，经常在更衣室对队员们说，光着膀子上，就能赢。这跟当年在军界有千丝万缕的联系且做事简单粗暴的张啸林，也有几分相似，张啸林曾一夜间把苏州河两岸的势力一网打尽，徐泽宪有两年间改变足坛格局的本领。

　　所以末代甲A最后一轮的残酷是有渊源的，新贵上海中远要夺冠，老贵族上海申花也要夺冠,后者自 1995 年已 8 年未染指冠军了。在政府的死命令下,取代郁知非的新申花老总楼世芳孤注一掷。

先不忙说朱骏,让我们把新上海滩三个大亨再次平行比较一下,重要的年份他们各自在干什么:

1993 年,郁知非接到陈良宇电话,让他搞足球,如果没有这个电话,他就不会跟陈良宇关系如此之深,如果关系不深,他就不会走到后面那个局里。徐泽宪正在大海上拉二胡,如果不拉二胡导致内心烦躁,就不会想回到陆地,如果不回到陆地,就不会有后来去搞土地开发,也就不会有后面那一连串的事情。朱骏这一年到了美国,接受了最前卫的思维,如果他还在上海,就是一个小瘪三,就不会有搞 IT 的想法,就不会有魔兽,不会有上海联城和申花。

1998 年,郁知非邀请曼联第一次来中国,创下一段商业赛传奇,斥资 100 万美金让申花少年队赴巴西训练,打造中国第一个专业足球场"虹口",个个都是大手笔。这一年还发生了一件事情,他参加一个朋友的婚礼时拎着一个 LV 的包,但被朋友指出这是一个假包,从此以后他再也不拎这个包了。

在海上漂泊了很长时间的徐泽宪,这一年站在一片土地上,他在一家行将破产的小房地产公司门口,手里只有 100 万资金,却考虑着怎么开发全上海滩的土地,手下人茫然地看着他,他却对手下人说"只要想得到,就一定做得到"。这时,他已是申花球迷,经常带领一帮人去看球,他掏腰包。

这一年朱骏已回到上海,绞尽脑汁想怎么发财,他想创办一个虚拟社区,并付诸行动,不久一个叫 GameNow 的社区出现了。他全然没想过要搞足球。

2003 年,郁知非已脱离了足球,却在上海赛车场大放异彩,而此时奇迹般把 100 万变成 200 亿的徐泽宪正在跟他的旧部厮杀末代甲 A 的冠军,高唱着"前进,前进,前进进"。

37 岁的朱骏正式进入足球行业,这个之前从未与足球发生过关系的年轻人,组建九城俱乐部征战乙级联赛,但没有太多人注意他,没有注意到他说过的那句"我要组建上海最强的球队"。其时,上海滩已从双子星座变为三足鼎立,这样说并非不准确,虽然郁知非已经远去,组织上派了一个经理人性质的楼世芳在打理门面，但他们必定代表三股势力，就像上世纪 30 年代末期，真正开始活跃的是小弟杜月笙。

2006 年，历史变化之快会出人意料，一眨眼，物是人非了，人们还来不及有心理准备，就看到一番电光石火的交锋后，上海滩易主了。这时，54 岁的郁知非因为陈良宇案被抓。52 岁的徐泽宪远走陕西，生意急剧下滑，最终宣布离开足坛。而此刻，40 岁的朱骏投资上海联城，并以 3500 万美元拿下《地狱之门》，为收购上海申花俱乐部打下资金基础，前两位大佬走了，他的机会来了。

这一年是上海足球三大老板的分水岭，自此以后前两位再无动静，只剩下最年轻的朱骏一统江湖。

三个上海足球大亨中以朱骏赌性最甚，郁知非有陈良宇作后台，徐泽宪有军界背景，而一个一文不名的年轻人只身前往美国，创办虚拟社区仅四年竟成为纳斯达克上市公司，证明其富贵险中求的心态。他本来想收购申花，最后是合并了联城与申花，他一顿乱搅，在正式的荷兰国际邀请赛上冒名于涛上场比赛，以翻译身份作为教练指挥联赛，请阿娇代言产品，还传出与手下郜林争夺同一个女朋友。

朱骏这个人的曝光度实在太高，大家很了解他的性格，但还是想说一件事：

有一年他在珠海犯了一件事，被警方带走，同被带走的人在接受问询时都老实交代身份、姓名，等到朱骏，公安问：姓什么？朱骏说：不知道。公安又问：叫什么？朱骏说：不知道。公安急了：哪里人？朱骏说：不知道。公安耐住性子问：哪个单位的？朱骏看着他，说：不知道。

那个公安不怒反笑，叹口气说：我知道你是一个狠主，算了，你滚吧。朱骏点点头，走了。这次打假扫黑，有人就说要是朱骏被抓进去了，肯定比尤可为、王珀更硬，他会说"不知道"。

朱骏身上除了娱乐，还有其他的一些东西。上海足坛的前两位大佬郁知非、徐泽宪虽性格不一，但都是按传统套路出牌。当年杜月笙一改流氓一身短打、敞胸开怀的样子，他手拿折扇，一身长衫，附庸风雅，不断与文化艺术界名流交往，是为了变换青帮造型。朱骏也想变造型，他不仅善于制造新闻，甚至自办一台电视节目，虽然山寨，但他意识到眼球经济的重要，腔调很重要。

关于朱骏涉赌的传闻，其实是因为他以前的上海联城队员赵志鹏、李大维和王琳等人租借至辽宁广原俱乐部，参加新加坡超级联赛。在经历了最初几场比赛的不败之后，广原队开始连续输球，并且在赛季末爆出了俱乐部总经理王鑫操纵队员打假球的消息。最终，赵志鹏等六名球员被判入狱。

朱骏说，这些队员我都没接触过，本来想看看他们在那边的比赛，没想到被抓了。但江湖中关于朱骏的传闻实在太多，上海申花一些奇怪的客场战绩，是人们议论最多的事情，2009赛季客场只赢了两场，这肯定不是申花的实力。

在这次打假扫黑来临时，朱骏说了一段话："我是假赌黑的受害人，其实投资一支球队六七千万元就已经差不多了，为什么到后来却需要1个亿，甚至更多？"这句话是有所指的，因为投入1个亿的球队并不多，朱骏等于在明说有些豪华球队是在用多出来的三四千万作为"买路钱"，或者称为"打点费"。

关于朱骏最新的新闻，是因涉嫌财务造假，美国的Glancy Binkow& Goldberg LLP律师事务所于近日代表部分投资人，在美国纽约南区地方法院发起对九城的集体诉讼。受该消息影响，九城股价应声跌至每股8.34美元。有人指出，朱骏现在的实力至少比过去缩水90%，而跟网易的魔兽之争，以及暴雪对他的起诉，如不尽早解决，朱骏就很难翻身了。

上海足球在整个职业联赛里只拿过两个冠军，而且都有着浓厚的政府幕后背景，就成绩而言没有大连、山东强，但它扮演的角色实在重要，包括假球黑哨，没有上海足球，中国足球及假赌黑的格局都跟现在不一样。

这座城市出现太多的强人，而利益的集中化导致斗争的残酷性，虽然所有的事情都像没有伏笔的样子，一转眼就变天，但是，其实每件事情都有内在逻辑。

比如：没有内斗就不会有徐根宝的出走，不会有他在松日的"谢天谢地谢人"的感言，没有徐泽宪就不会有由2002年开始的上海德比，就不会有无间道似的捉内鬼，就不会有牵连6支球队在升超漏洞下的一系列动作；如果没有传闻中2003年那场1200万的比赛，不知末代甲A会是怎样？

再比如：上海申花未得冠军，而是由上海中远夺冠，那么天津就会降级，重庆就会保级，深圳第二年的白条冠军与后来的球霸事件也许会以另一种姿态呈现，甚至如果没有楼世芳的支持，可能土地证有假的辽足在中超元年就不会出现，替之以长春亚泰，以及朱骏扬言送到公安局的那个国足队员的假球材料，以及由上海波及到浙江绿城的假球暗流……

还有一个设想是，没有申花当初给龚建平 5 万元，就不会有龚建平出来自首，郁知非在那年是花了大本钱的，可是没拿到冠军，他被文广强行介入后到上赛场，是否与此有关？

郁知非、徐泽宪、朱骏，新上海滩三位大亨，都是因足球而名声大噪，一跃成为这座城市的宠儿，结局分别是银铛入狱、远走他乡、惹上官司，命运不过如此。查了一下，老上海滩三位大亨的结局分别是：清扫大街、被侍卫杀死、客死他乡。

命运，不过如此。

## 二、李书福

如果李书福现在来搞足球，那足以证明他喜爱这项运动，但那就不是李书福了。他与中国足球仅仅不到 7 个月的姻缘，甚至比匆匆而过的赵本山还要短暂，如果说赵本山走进足球圈，不过是冲着那块他一直想划到自己手中的、用来建影视城的地，那么，李书福就是想通过足球这块拥有神奇魔力的招牌，告诉人们，有一个人，叫李书福。

足球真的很神奇，有的人花了几年时间，除了砸下去一大笔钱，一无所获。而李书福和他的吉利，只不过用了 7 个月时间，却在足球身上画下了重重的一笔，这是属于他的"特异功能"，否则，他就成不了今天的李书福。

英国的《每日电讯报》刚刚选出了全球五位掌控世界汽车工业未来走势的重量级人物，除了美国总统奥巴马、丰田公司新任总裁丰田章男、菲亚特 CEO 马尔乔内、福特汽车公司总裁兼首席执行官艾伦·穆拉利，就是一位中国人，李书福。当年那辆比手扶拖拉机贵不了多少的吉利车，正在获得高盛公司 3.43

亿美元的战略投资，正在获得至少 3 家中资国有银行的巨额贷款，并且，正在筹备于 2010 年初完成对福特公司旗下沃尔沃品牌的收购。

李书福，浙江省台州市路桥区一个普通家庭的孩子。在他准备踏入社会时，正赶上"全民经商"的热潮，但事实证明，这个长得实在很"厚道"的小鼻子、小眼睛的小个子，才是商人中的天才。

他用几个月时间在一家小照相馆偷师学艺，然后就自己开了家照相馆；他不好好照相，却发现了用氯化钠沉淀冲洗液中的银元素的方法，再提炼出高纯度的银子，然后他买光了全台州所有的冲洗液，提炼成银子跑到杭州去卖，赚到了自己的第一笔资金；然后，他开了家电冰箱厂；然后他又开了家摩托车制造厂；最后，按照他的说法，在摩托车上面多加两个轮子，他又开起了汽车制造厂。

这是一个完全不按牌理出牌的人。比"摩托车加两个轮子"更贱的说法是，"四个轮子加一个沙发"。被许多人看得无比神圣的制造汽车，的确被李书福玩得很贱。他居然从四川德阳的一座监狱工厂里，找到了制造汽车的执照，并且取了个能吓死人的名字：四川波音汽车制造公司。然后让三个原来摩托造得不错的师傅，用三天时间，照着当时最畅销的天津夏利的样子，造了一辆汽车出来，这就是后来在中国每年至少卖出去 20 万辆的吉利汽车。

所以，我们完全可以相信，在很多人看来足球是个"富人的游戏"，其实在李书福眼里，也同样很贱。

2001 年，注定会是李书福人生中最重要的一个年份，这一年，中国在多哈加入世贸组织，考虑到体现民营概念的需要，最后关头中国第一批汽车生产许可证的《公告》上，添上了吉利 JL6360 的名字。那是 11 月 9 日，离吉利正式退出中国足坛，仅仅 35 天时间。连李书福自己都庆幸足球给他带来的运气，这过程，简直像极了明星们出唱片前，故意制造一点绯闻。

当年 3 月 16 日，谁都搞不清楚李书福在想什么，但他的的确确就站在了"广州吉利俱乐部"的成立仪式上。李书福胆子很大，他可以用 3 分钟造出一辆车，然后只卖 3 万元，但是，他不能肯定，到底有多少人会知道"吉利"这两个字究竟是干什么的。这一年，所有迹象都表明，中国足球将历史性地打进世界杯，能发明银元素提炼方法的李书福，坚信自己不会在足球上看走眼。

"姻缘甲 B200 天"，这是"打油诗人"李书福对这段经历最直白的描述。当年 9 月 29 日，在最后一轮冲 A 生死战中，吉利被中远在补时阶段打进一球后，名落孙山。这是李书福无法接受的人生一大失败，但是，良好的直觉让他迅速选择了一条更有效率的路。

12 月 11 日，就在中国加入世贸的同一天，吉利在广州正式宣布退出中国足坛。那一天，李书福表情沉痛，语气哽咽："当初想得比较天真，我很伤心，我们受尽了侮辱，这是我人生过程中受侮辱最……我认为印象最深的一次，公开的、光天化日之下的一种侮辱……一个民族，一个社会如果没有正气，这个社会，这个民族会变成怎样？"

李书福的动作并没有就此结束，他准备的是一整套"组合拳"。12 月 13 日，刚刚退出的吉利又矛头直指中国足协，在向广州天河区法院缴纳了 7110 元诉讼费后，状告中国足协侵犯其名誉权。12 月 14 日，吉利与绿城，李书福与宋卫平，在杭州宣布联手打假，并公开宣称要做"污点证人"。中国足坛一场大地震终于来临。

200 天，李书福却成为响当当的中国足球"打假先锋"。无论美好的事物还是丑陋的东西，其实全在于合理的运用，中国足球的假、丑、黑，却送给了李书福一件最好的正义的外衣。

这个从来都无视规则的人，一伸手，就捅破了那道厚重的黑幕，在他身后，龚建平已经不存于人世，宋卫平还在无奈地挣扎，陈培德一直在愤怒地咆哮，只有他，轻松地挥一挥衣袖，一路扶摇。

今天，这个小模小样的台州小个子，站在福布斯中国富豪榜上，俯瞰着这个世界，是否还记得，曾经真假莫辨的愤怒与悲伤？

**三、尹明善**

南人北相，北人南相，按照中国传统相人之术，是为非常之人。重庆人尹明善身高 184 厘米，他不但"北相"，而且只要是见过他一次的人，都不会忘记他那盎格鲁·撒克逊式的挺拔大鼻子。

1961 年，"出身不好"的尹明善被升格为"反革命分子"，下了大狱。之前他已经失去了女朋友，监狱只蹲了 9 个月，但唯一的哥哥因为政治风声日紧，18 年不敢与他来往。几十年后他名震一方，而关押过他的监狱，突发奇想要给他塑一座像，据说，是为了纪念像他这样"从这里走出去的大人物"。

十几岁的尹明善每天在街巷叫卖缝纫针。如此微薄的物品，在他奋力钻营下居然能有所斩获，聊以糊口。他从涪陵溯江而上，奋力读书，饿着肚子考上重庆最好的中学，但最后不能幸免去工厂"被监督劳动"。困顿如斯，他从一个北大学生身上看到了学习英语的机会，学完能拿到的全部课本。他做书商时，领导卖书小分队先后卖了 3000 万册；转战摩托车，尹明善找到了零件商家和整车价格的差距，一举奠定了力帆摩托的大业；尹明善带领当年注册资金仅仅 20 万元的小作坊，发展成为如今销售收入多达一百多个亿的跨国集团并生产汽车，完全创造了个人商业帝国的神话。

而在足球上，魔术消失了。2000 年 8 月，尹明善用 5560 万元买下寰岛俱乐部。在和隆鑫"共享"球队半年后，当年的足协杯俱乐决赛，重庆队夺得西部球队有史以来的第一个冠军，62 岁的尹明善和力帆集团，一夜之间家喻户晓。

这就是重庆足球唯一的荣誉，此后的糟糕战绩人所共知。2001 年李章洙负气出走；2002 年塔瓦雷斯将其带到了第六；2003 年冲超折戟，尹明善以 3800 万元的价格购买下红塔的"壳"；接下来的两年，力帆都因为取消降级而偷生于顶级联赛，2005 年赛季创下了 23 轮不胜的超级纪录。2006 年联赛恢复降级，力帆提前 2 轮降级，并创造中超连续 4 年垫底的新纪录。两个赛季中甲经历，重庆再度回归中超，依然在 2009 年被打回中甲。

2006 年那个建国以来重庆最大的旱夏，球队屡次失利，愤怒的重庆球迷两次掀翻了力帆俱乐部的不锈钢拉门。他们从写有"为了重庆 3800 万"标语的墙边跑过，一直冲到了俱乐部大厅。等到了那里，他们发现自己也没有什么好做的，只好在保安的劝阻下愤愤离去。

有人说，以尹明善的性格，又怎么会允许这样的事情一再发生？那，什么是尹明善的性格？

经历50年代到70年代的各项政治运动，后来却成为全国政协委员，重庆市政协副主席；小时候因家庭原因饱受苦楚，过知天命之年才勇敢下海，创就力帆商业帝国……这些八竿子打不着的事他都经历了，企业向左，足球向右，其实也不稀奇。

当年，尹明善评价收购足球，是"八年寒窗无人问，力帆一球天下闻"。去外地开会，坐上出租车，司机说，你是力帆的老板。这让尹明善非常受用。2009年，重庆诗仙太白队再次降级，球迷在重庆奥体中心一度挂出了标语，"尹明善，还我重庆足球"，他们正在攻击的这位长者，已然71岁高龄。

江湖改变了力帆足球。2004年6月2日中超杯川渝德比，力帆0比4惨败给冠城，尹明善一怒之下，指示俱乐部严查"内鬼"，余东风于是成为必须要指出"内鬼"的关键人物，最终，他宁愿离开也无法从命。卸任时他留下一句："我如果这样做了，那我今后就没法在江湖立足了，谁能跟着我。"

他不会经常动怒，因为这不是尹明善第一次听说足球的"江湖"。2003年，圈内人都说，尹明善对实德系的炮轰导致报复，力帆四面树敌。当年，足协设置积分名次捆绑制时出现漏洞，使得力帆必须要在末轮输给青岛后才能保级，最终力帆"如愿"落败，但是上海国际在获胜就可以夺冠的情况下竟然主场1比3输给天津，力帆黯然降级。

如此的江湖比一年后10月的最后一天更考究，那一天，徐明和尹明善这两位媒体上"不共戴天"的足球巨人，在重庆五星级酒店桌上交杯换盏。应付这样的江湖，尹明善绰绰有余，但他的足球，一直太纠结。

徐明动辄发配球员，而尹明善治足球，似乎还带有原先做编辑的味道。和徐明邂逅两周后，力帆举行了别开生面的"家长会"，试图用以此达到和球员的"和谐"。当时，尹明善对来自五湖四海的球员家长推心置腹，仿佛魏晋时代的清谈重现，包括央视在内的媒体听得津津有味。在如此宏大的会议上，麦克风时不时发出一种电流的吱吱声，技术人员坐如针毡。为了表达这个会议的主题是以德服人，他甚至停下来，一脸慈祥，留给技术员充分修理的时间。会后，尹明善的重庆口音一如既往体现了长者风度："要给年轻人改正的机会。我们年轻的时候也是很荒唐的噻。"

12月初他终于忍不住了，"我有赌证！"但再也没有下一步。有人说，他只是期待用这种方式震慑球队。赌球的力量太强大了。有一次尹明善在电梯里遇到一个圈外朋友，上升过程中不过十几秒，但就在这短短的时间里，对方的寒暄方式非常独特："尹总，有空可以下下球啊。"

没有人怀疑尹明善的宽容，但他疏忽了官员、教练，不会在每一项具体工作上都得到总裁的具体指示，因此他们只能揣摩最高领导的意图，最终做出决断。在这些猜测、揣度的过程中，有时候什么也没有做。5个月之后，重庆力帆客场挑战实德，进入补时阶段扬科维奇主罚任意球，禁区内力帆人墙右侧的张宇突然用手将皮球击出，这个完全属于门将的技术动作送给对方一个点球，实德队依靠他的这份"大礼"扳平比分。当时，俱乐部官员表示，张宇只是"太紧张了"。

2005年9月5日，力帆勒令三名大连籍球员李国旭、孙治和张宇离队反省。尹明善证实，这三名球员存在赌球、假球嫌疑。此时的力帆，才有了他们厂房里那句标语的风范：谁砸力帆的牌子，力帆就砸谁的饭碗。

一度，尹明善想要让塔瓦雷斯回来，巴西人在的赛季力帆获得了第六。但老塔管得太细，连基地厨房的馒头都要亲手捏过。如果这是尹明善，力帆要搞好足球根本不是问题。现实是，他通常情况下只发短信或打电话过问，次数之稀少，让每次短信都变成了新闻。即便是在2006年那个降级赛季，尹明善也很少过问。

媒体一度分析，力帆这几年一直"拖"在足球上，和地皮有关。力帆队目前所拥有的重庆洋河足球训练基地，目前市场价值高达数亿元。如果力帆就此退出足球，那意味着这块地皮的归属权也将面临重新安排。而也有一种说法，力帆对足球的投资超过3亿，当年为了拿下这块地也付出了相当的现金。即便不能和目前地价相比，退出也对地产的归属无影响。

相形之下生意倒显得简单了。从摩托车行业转战汽车行业，尹明善说自己闹过很多笑话。他透露，当力帆的样车生产出来后，发现这个仪表的灯光全部都会倒映在挡风玻璃上，驾驶的时候，下边看得见仪表，上边居然也有仪表。"那怎么得了啊，它在晃眼睛，这完全是不合格的。"最终的解决方案也很简单，就在仪表上加一个"遮阳帽"。说到汽车，尹明善特别坦诚，他说当初可笑的错误很多很多，但都一一被解决了。

做一辆摩托车赚一百多块，做一辆汽车赚一千多块。尹明善如此谦虚地解释自己的经商哲学。2009年，他在成都说："钱哪里是挣得完的。"此时的重庆队正在降级圈内挣扎。他对待足球的态度，被很多人认为像对待自己的儿子。

当时，全球最顶级、最昂贵的跑车布加迪威龙现身重庆街头，这辆2500万豪车的主人正是尹明善的公子，力帆足球俱乐部前董事长尹喜地。

在力帆即将迎来接手10年来第三次降级的敏感时刻，玩足球的老板还能如此潇洒，立刻在球迷中引起了震动。他们说："如果将这笔钱投入到足球队，力帆一定能保级。"

屈指算来，辛辛苦苦买了"两次"球队的尹明善，已有5年没有为足球抛头露面了。2009年赛季前，诗仙太白冠名球队并未投入巨资，已被视为力帆俱乐部即将脱手的信号。曾任重庆政协副主席的尹明善，专门为此征求了政府的意见。凡此种种，他的性格决定了不会如王健林、李书福那样说走就走，但此举隐含的去意，深刻入骨。

重庆球迷是非常好的，但重庆足球却不好，有时候不禁联想，重庆足球就是准备设在监狱里的雕像，它是那么的庄严，又是那么的滑稽。

### 四、宋卫平

寻常日子，西湖边上。如果你看到一个头发花白的人在无名小店吃几块钱的面，后面跟着穿西服的跟班，诚惶诚恐。这人长相酷似宋卫平，神态也像，走路更像，那其实就是宋卫平。几个小时前，他可能刚刚在五星级酒店耗费数万，大宴宾朋。

被朋友调侃为"小气"的宋卫平，曾是历史系毕业生，老师，不名一文的青年……现在是腰包鼓鼓的宋子文，四海之内皆兄弟的"宋公明"。他最喜欢的武侠角色是令狐冲，而外界一直认为，他爱屋及乌，喜欢的不是令狐冲，而是那本小说名字代表的境界，笑傲江湖。

而今从西子湖边看去，宋卫平的绿城房产无处不在。从丹桂花园，金桂，月桂，直到传闻中正在用来"引诱"国脚荣昊的黄金地段豪宅。几十天前，中国足协初定的《运动员身份和转会规定》内提到，俱乐部不得使用户口、房产或签字费暗地和球员交易，刚刚降级的杭州绿城此举惹人侧目。

人们常说，找宋卫平最好去两个地方，球场上，或者杭州土地拍卖会现场，起码在 2009 年，他更忙于后者，但是，他又放不开足球。

绿城地产崛起，宋卫平成为浙江公众人物，而让他成为全国焦点的是 2001 年的足坛打假。直到后来人们才醒悟，当年号称要涤荡足坛黑幕的宋卫平，实际要把精力放在其他地方。其"搭档"李书福高叫一嗓子，随即遁去，而宋卫平也心有戚戚，奔赴澳大利亚"公干"。他心里其实非常清楚，"绿城宁愿站着生，不愿坐着死"这样的壮语，只是现实剧情需要的台词。1982 年~1987 年，杭州大学历史系毕业的宋卫平在杭州舟山党校做老师，给党政干部上历史课。据悉，他后来离开党校是"被迫"的，因为那时候他就愿意说真话。说真话就要离开，但绿城没有离开足坛。

宋卫平的足球，似乎光怪陆离。

2009 年 7 月，宋卫平的一次悬赏震动了中国足坛。他麾下的杭州绿城队在这个月和曼联交手，宋卫平设立了一个奖励机制：打平奖 25 万，1 比 0 赢曼联奖 50 万，2 比 0 奖 75 万，3 比 0 奖 100 万……最终曼联 8 比 2 重创绿城，让中国同行见识了英格兰职业足球的本事。赛前，宋卫平说，他一度考虑，如果真的赢了曼联 3 比 0，100 万是不是太少了。

2009 年周穗安和林乐丰矛盾频传，让绿城在中超联赛中节节败退。内讧当前，作为俱乐部老板的宋卫平给了他们机会。一位俱乐部官员后来说，林、周两人都以为在这场斗争中可能出现一胜一败的局面，宋卫平必须做出选择。林、周都是老江湖，善假于物。原先为大连实德工作时，为了掐断谭望嵩的退路，林乐丰一度放出谭望嵩"股骨有问题"，可能"残疾"的消息，让新闻界爆炒，传为笑谈。而他和周穗安，都错误估计了老板的特立独行。9月20日惨败之后，宋卫平忍无可忍痛下杀手，总经理林乐丰和主教练周穗安双双下课。

以宋卫平的高智商，他自然懂得什么是足球。吴金贵上台后，10月10日主场对阵陕西队。当时的绿城已经6场不胜。走低盘口在第85分钟仍然"健在"，大球0.5水位，水位较低。这在中超比赛里非常罕见，几乎预示着比赛将有一个进球到来。1分钟后，绿城利用任意球机会打破僵局，维森特在安德烈的逼迫下伸脚解围失误，皮球误入自家球门，1比0，绿城敲定胜局。但是，这场来得太晚的胜利，最终还是让绿城无法逃过降级的命运。

这次降级让宋卫平提倡的"长三角德比"暂时划上了一个句号。沪宁杭自古以来就是中国富庶之地，申花和江苏舜天同在中超，宋卫平一直有连苏抗沪之意。他从来不解释自己为什么要和上海过不去，自从中超以来，杭州绿城和申花打了5场，1胜4平保持不败。上赛季最后一轮联赛，绿城客场2比2阻击申花，让申花丢掉了联赛冠军。打上海他悬赏180万，比打曼联都要劲。宋卫平第一次去上海客场看球，就看到了让他兴奋的那场2比2。

上海的球场经常有惊世巧合，2002年沪上德比，叛逃国际的申花大将祁宏，赛前将足球开上看台，球直入云霄，最后居然停留在申花老总楼世芳的桌上，滴溜溜转个不停。而这场让申花失去冠军的平局赛后，命运安排的情节更为精彩。比赛结束，贵宾席人群鱼贯而出。谁也不肯放过快点离开球场的机会。就这样，宋卫平和朱骏居然挤到了同一部电梯里，在那个狭小的空间里，两人对视了一眼，似乎从不认识，也没有打招呼的必要。同在一部电梯里的绿城工作人员后来说："他（朱骏）的眼神似乎是在怪我们平了球，但老板又没有什么对不住他的，这是比赛啊。"

2009年绿城生死攸关，其实指的不是足球。2005年5月，绿城足球势头还好，但宋卫平惊魂未定，当时对资本市场的游戏规则不甚熟悉，绿城刚刚以8.5折的价格提前赎回本金4亿美元的高息票据，解除清算危机。后来，宋卫平不止一次地感慨："感谢老天让绿城活下来！"此后半年，绿城在杭州16个在售项目已回款152亿元。

10月的最后一天，绿城从中超降级，11天后宋卫平出现在秋季恳谈会上时春风拂面，妙语如珠。他对银行代表开玩笑说"借我一件羊毛衫穿"。

此时，他有大赌之后的快乐。擅长棋牌的宋卫平自创过桥牌的一种叫牌，并因此写了一本书。他好赌，一掷千金，豪气干云，已是人尽皆知的秘密。2001年和李书福联手掀起对裁判界的扫黑运动，宋卫平事先掂量了绿城的筹码，说起话来颇具赌性："大不了绿城退出！"最终，绿城继续搞足球，中超时他用外援有时候就像用钟点工，厦门降级就不玩了，他降级还在继续买人，弄得人家以为绿城已经接到了替补中超的电话。宋卫平的足球，就像他牌桌上忽轻忽重的技巧，令人捉摸不定。

有人说，外表敦厚的宋卫平，不知给同样是老师的龚建平使了什么魔法，竟然弄出了一封忏悔信，彻底走上了不归路。绿城的员工透露，最后只让龚建平受到了处罚并非老板的初衷。龚建平住院的时候，宋卫平曾前后两次送过治疗费。他还与龚建平商量出书的事情。稿费由宋卫平出，龚建平把他知道的事情都写出来。龚建平已经同意了，他妻子开始没有答应，后来才许可，但10天之后，龚建平病逝。

最近，宋卫平其实只为地产而忙。他说，要客观地来看豪宅和高端物业，因为它们几乎是对有钱人的一种革命和剥夺。如果能够把赚的钱进行合理分配，房价再高也不是罪。宋卫平，出身贫寒，自小随父母至舟山群岛谋生，巨大的艰难磨练了他……

因此，在电话那头的一位不愿公布姓名的绿城员工概括："你应该清楚，不要说足球了，任何事情都骗不了老板。绿城还在搞足球，那肯定对我们还有意义。"

**五、王健林**

就像每一个中国城市都有麦当劳，而今越来越多的城市也有了万达广场。一家连锁味道很足的影城正在占领国营院线的七零八碎的名字，人们走进万达电影院，欣赏最新荧幕巨制。如果碰巧是军事题材，观众中或许还会出现一名接近百岁的老红军。以上提到的所有"万达"，都是他儿子的魔术。这个撒豆成兵的商业成功者，就是原先足球行业的翘楚王健林。

万达足球对王健林来说已是过去。而这一切，王健林甚至要感谢中国足球的黑暗，以及当年让他冲冠一怒的黑哨俞元聪。退出足球后的多次采访中，王健林对足球毫不留念。他表示，之所以他要这样做，是因为对官办足球再也无法容忍："我们只有拿钱的命，没有话语权。"在他退出之前的两年，曾有一次退出的"动作"。1998 年 9 月 27 日，足协杯半决赛，辽宁队在点球大战中 6 比 5 击败大连万达队，主裁判俞元聪三个点球的判罚掀起轩然大波。在比赛结束后王健林当即宣布"永远退出中国足坛"，以抵制腐败现象，声讨黑哨在全国达到最高峰。后足协向万达低头，并判俞元聪禁哨一年了结此事，但此举没能挡住大连万达在 2000 年不顾而去。

只有一次，在复旦大学的演讲中，由于顾及到年轻人对未来的向往，王健林没有把足球之路堵死。他说，如果官办足球变成了市场足球，他一定会回去；如果回去，万达足球一定是最棒的。但神仙才知道，从官办足球到市场足球，何时有准确的时间表。

2008 年 10 月 7 日公布的胡润百富榜上，王健林以 160 亿身家位列第 20 位，而他大连足球的继承者、大连实德老总徐明以 80 亿排名第 61 位，仍是现役"足球人"里的 No.1。

没有甲 A 就没有王健林日后的飞黄腾达，这句话的意义在于，不是足球创造了万达，而是离开足球让他们疾速壮大。1994 年，万达房地产的销售额是 29 亿，占了大连房地产份额的 20% 还多。1994 年，王健林投资大连万达足球俱乐部，甲 A 开幕，大连和中国其他城市一样，陷入到对足球的狂热中。但他后来透露，从 1994 年开始万达的总资产就开始下滑了，一直保持在 16 亿左右，想要突破 20 个亿很难。王健林说，他遇到了瓶颈。

这些话都是当年的王健林没有说的。总而言之，足球对王健林影响不大，而离开足球才是他最重要的选择。王健林因此成为中国曾经投资足球的老板中，最为成功的至尊人物。

徐根宝在他的《风雨六载》中这样记载 1998 年下半年万达一度宣布退出时的状态，当时他已经答应去四川全兴当执教：

> ……薄市长最后讲话。他一开口就冲着我："根宝，你刚才忘了做自我批评。"这句话把全场的空气弄得很紧张，我也有点摸不着头脑。他接着说："万达 5 年职业联赛 4 次夺冠，其中丢的这一冠，就是你带的申花队拿去的。"这话讲完，在场人都笑了。薄市长说："你来万达队后，的确为这支队注入了激情，今年好几场比赛都是大比分赢，而且踢得相当漂亮，你为大连和中国足球与国际接轨作出贡献。你的亚洲最佳教练是当之无愧的。"
>
> 我非常感谢薄市长对我这么高的评价，但也隐隐感到，薄市长讲这些，恐怕不单单是为了表扬我吧。
>
> 会议结束，中午 11 点我回到基地整理东西。队员们没有放假，因为后面还有亚俱杯第二回合比赛。
>
> ……
>
> 中午 12 点，王健林打来电话，他好像很紧张："根宝，你下午 1 点到我办公室来。"我问："什么事？"他说："你来了再说。你 1 点来，海东 1 点 30 分来。"
>
> 我不知道王健林叫我去干什么，满腹狐疑。
>
> 1 点钟准时到王健林办公室。王健林见面就说："根宝，情况变了。刚才首发式结束后，薄市长马上召开了市政府足球内阁会议，在这会上决定让我继续搞万达队，而且让你继续当教练，也不放海东去英国了。"

职业联赛最经典的细节：王健林手拿皮箱装满现金，告诉大连万达球员，只需要好好踢球就是了。这个细节太过"粗放"，但没有改变王健林在足球上勇于烧钱的气质。万达实行月薪制，当时工资最高的是"特殊人物"郝海东，月薪 3 万元,而其他的大腕们一般是月薪 2 万元。郝海东的月薪当时是个商业秘密,万达方面一再叮嘱:"千万不要对外面说,免得其他人眼红。"

万达的比赛奖金现在看来都是一个天文数字,由于其常胜将军的身份,有时一场比赛全队的赢球奖金就高达上百万元。不仅如此,王健林还很大方地像国营企业一样给球员们分配住房,徐弘们居住在大连的时尚住宅区"长春小区"。王健林在退出足坛之后透露出来的数字是,他每年都朝俱乐部砸进了超过 5000 万元的钞票。

是的,在投资万达足球的 6 年中,王健林总共投入了 3.5 亿,收回 1 亿多,净投入两个多亿。让他退出足坛的绝不是钱,"一年几千万我花得起,但是把名声搞臭了,我就赔不起了!"2000 年,大连万达彻底远离了这个是非之地。

足球界少了一个豪客,但地产界却多了一个刀客。转战"主业",他逐步树立了自己的刀法:先租后建,在图纸上就先把大多数房产销售。他选择的合作商家不是全球 500 强企业,就是亚太地区的行业领先者或者国内"老大",当沃尔玛、时代华纳、百安居、麦当劳们像跟班一样在全国各地跟随着万达,王健林造了商场,又要进军文化、电影,要在全国建设一百家电影院线。

十几年前,王健林在足球上曾一掷万金,为万达跨区域发展做了最早的品牌推广,更多的江湖传言是有关他的"政府关系",王健林的父亲是红四方面军的老红军,最高官至西藏自治区副主席、四川省委组织部副部长;王健林从军 18 年,以吉林省军区边防四团团职干部身份转业——种种细节,都让王健林看起来"政治人脉"丰厚。

但他用自己的智慧组合了所有资源。做足球,他是老大;做地产,在杭州的一次房地产高峰论坛上,王健林不屑一顾地教训地产商:"你现在还想靠卖铺做购物中心,拉倒吧!"

《地产 SHOW》对王健林进出足坛有一个解读:

王健林在"出轨"成立大连万达足球俱乐部之后,借助千载难逢的机会——大连市政府要打造足球名片的机遇,率领万达足球队六年四夺联赛冠军，成为国内足坛上的"梦之队"，各种收益达到巅峰。就在这时，不知王健林是否嗅出什么不好的味道，竟然退出足坛，从而避开了这几年为人诟病的足球圈，如此功成身退，不得不佩服他的眼光。

有非常之人，而后有非常之事。

## 六、徐明

2009 年 10 月 19 日 15 时 25 分，哈尔滨拍卖师王戈宣布 Q10 地块竞价开始。

Q10 地块位于群力新区群力第一大道，容积率为 1.2，总建筑面积 50 万平方米，起拍价原本是 5 亿，后调整到 6.86 亿。众多地产商和媒体记者济济一堂，黑龙江东升地产、上海融晟置业、中海地产等财大气粗的集团都悉数登场。

但这次拍卖会更像是一个人的独舞。王戈宣布开始，3 号竞买人旋即举牌，"18 亿！"这比起拍价高了 11.14 亿，彻底夯退了其他竞争对手。惊魂稍定，人们才看清楚，这位出手如此阔绰的 3 号，代表一家他们此前并没当回事的"重庆盛和建设有限公司"。

重庆盛和的注册地点在重庆市蔡家组团同兴工业园区的 6 号 2 幢。附近的业主说，他们对这个公司毫无印象。盛和在重庆完全是"空白"，无实质性投资项目，连在 114 都没有登记，完全不符其在哈尔滨出手就将其他富豪 Kill Over 的风范。而盛和建设成立于 2009 年 8 月 7 日，投资方中方一栏赫然为空白，外方则是高登国际（香港）投资有限公司，投资总额为 8000 万美元，其中外方注册资本就有 5000 万美元。

必须经过这些冗长的叙述，然后还要追溯到《商务周刊》2006 年 9 月的一期，我们才能找到究竟是谁如此豪气：高登国际董事"包括"大连实德的徐明，报道将之形容为"徐明商业帝国眼花缭乱的资本运营技巧"之一。后来，大连实德方面负责媒体的刘仁铁勉强说："盛和建设，是大连实德的股东之一。"

实际上，当年高登国际注册成立，里面有一长串足球界熟悉的名字：董事和股东包括徐明、陈春国、徐斌和隋信敏，财务总监为现任大连实德集团公司副总裁的姜岩。

这是徐明最新的故事。

然而，在实德足球最早期的版本里，我们才能闻到徐明同样彪悍的气息。

1999 年，实德集团斥资 1600 万元入股万达俱乐部。当时就连媒体都不了解底细，记者在写稿时，也经常忘掉在大连万达队的后面还要加上"实德"。许多人都认为中国足球又多了一个"冤大头"，实德集团只是一个不懂足球的局外人。一年后，实德集团出资 1.2 亿买断了万达俱乐部的所有股权，正式入主大连足球，并在当年为大连夺回了联赛冠军。实德足球元年，据称为集团带来效益：省了 4000 万元的广告支出，俱乐部还为实德集团带来了 7000 万的超值宣传效应。

当时转让合同书显示，大连实德集团只付出了 5000 万元现金，其余"通过实德集团指定的承贷单位承担万达集团在建设银行大连分行的贷款来支付"。除了甲 A 的"壳"，万达足球队 1 至 4 队现有全体队员，5000 平方米的足球训练中心，5000 平方米的中山区荣盛街 32 号足球产品专卖商场……全部归实德所有。

这时的徐明妙招迭出，开中国足坛先河，从喀麦隆买断了 18 名少年，把他们正式作为实德队的梯队来培养。2002 年 2 月 20 日，在一位中间人的牵线下，徐明来到成都和杨肇基见面，迅速完成了对四川全兴俱乐部的收购。他以 3800 万买下了蒲江足球基地，400 万超低价格拿到了全兴俱乐部和球队。徐明很得意地说："收购万达的时候和王健林谈了 5 分钟，和全兴的谈判长一点，10 分钟。"徐明的闪电战，使晚到一天的健力宝代表失算了。理论上他比对手还要早到几天，甚至去了一次峨眉山，然后再回成都谈正事。

此后的故事便是人所共知的"造系"，G7 革命。此时的徐明通过足球在各地展开其他项目，同时以他惯有的精明，看到了足球"规模化"的可能。有人说，徐明这样做就是要系统地打假球。至少在他收编四川足球后，冠城和实德的比赛从来都没有产生过平局。也就是说，要么实德让四川赢，后者冲超；要么实德赢，要夺冠，一分都没有"浪费"。这是从高端操作的"假球"。

2004 年足协杯淘汰赛，当汪嵩在大连打进两球，帮助冠城淘汰实德时，看台上的林乐丰面色铁青，他和隋信敏提前离场。那一年实德联赛无望，本来希望足协杯夺冠，但这个计划却遭遇内部的"意外"。2004年，实德的"四川总督"徐弘不满集团对四川冠城日渐减少的投入，个人无法施展在足球行业的抱负，就此告别实德系。冠城意外击败实德，只是其中的一个小章节。

徐明花费了如此大力气建立起的实德系，居然还没有按平来自内部的问题，匪夷所思。据悉，徐明也注意到了这个问题。作为"系主任"，他连盘口、上盘下盘都不懂，但这些问题应该不需要他操心。

"母队"大连实德同样发生过一些问题球，徐明的做法就是视其情节给予惩戒。比如，四川冠城和赛德隆，在扮演锻炼大连年轻球员角色的同时，也充当实德下放球员的惩戒所。当时有传说是，作为实德和国家队双料中后卫的张耀坤，实际上是因为下球下到了老板的朋友手里。

无人证实这些传说，但实德下放球员的惩戒性比较明显。当年实德系盛极一时，徐明麾下有大连实德、四川冠城、四川金鹰、上海中邦、大连长波、辽宁中誉和沈阳金德数位成员。一度，如果实德队内部有球员犯事（甚至买球被管理人员发现），只要没有到开除的地步，都会被发配在低级别的俱乐部去"历练"。G7革命失败，徐明一句"实德系已经完成了它的历史使命"，影响极大。2008年，硕果仅存的实德队最后时刻仍在保级。

如果你要把这理解为徐明对足球心灰意冷，就有点太片面了。2009年8月31日晚，西安浐灞开发区书记王军进入贵宾室时，徐明和浐灞宝荣俱乐部的真正幕后老板戴永革正在交谈。江湖传闻，正是因为徐明牵线，此前举棋不定的朱广沪才落定陕西。

这一年的大连实德队主教练是徐弘。曾经"反出实德系"的徐弘，和再次暗地在足球圈内串联的徐明，让大连足球浮想联翩。

## >>> 裁判，足球通灵者

　　主裁判黄钢的数次重大错判，严重影响了比赛进程与结果，客队被深深激怒了，怒发冲冠的客队主教练斯科拉里留下著名的诅咒："中国队永远永远打不进世界杯！"

　　中超裁判比德国世界杯裁判更权威？是的，按照中国足协提供的 2009 上半赛季的数据，场均漏判 0.05 次；而 2006 年世界杯 64 场比赛场均 0.14 次。但是，这改变不了中国裁判行业的现状。有好事者最近试图通过研究裁判的座车、住宅来分析他们的"效益"，但在裁判行业异乎寻常的"坚壁清野"下，一无所获。

　　裁判的收入账，明面只看到这些：中超主裁判一场可获津贴 1600 元，助理裁判和比赛监督的津贴则分别为 1000 元、800 元。中超共计有 30 轮比赛，几乎没有哪位主裁判能够吹满 30 场。即便轮轮不落，一年下来津贴最多只有 48000 元。差旅费按规定，每天的伙食标准 200 元，住宿标准则为 250 元。在此基础上加上本职工作（一般裁判都有自己的工作，比如体育教师），裁判的收入应该算不上高。

　　但是，裁判是很多俱乐部的工作重心。发展到极盛时期，不少裁判定期从一些俱乐部获得定额"津贴"，而一旦什么时候使上了力气，还会得到额外奖金。龚建平案后，裁判界的不正之风渐弱，但此风并未彻底消失。圈内人士透露，在目前曝光的扫黑比赛中，可能也有裁判问题。一位北方俱乐部官员甚至说："给裁判红包，就和患者家属给医生红包一个道理。给了不一定指望你吹赢我们，但不给心里总是不踏实。"有些大俱乐部甚至让退休的国际裁判成为自己的顾问，虽然和现役裁判没有关系，但裁判界的事情，顾问也可以施加一定影响。

　　当年，李书福对裁判员意见相当大。他说："说搞裁判关系，我开始以为只要一起喝喝酒，或者给个几千元也就行了。但是他们的口张得很大，几万、几十万的要。"他提醒，抓裁判的把柄很简单，"只要看看裁判的收入与他们的住房、用车是否相符就足以说明问题了。"

他的一些同行建议，不仅要看裁判本人的这些，还要视其家属。

2009 赛季，执教重庆的荷兰人哈恩掏出钞票向裁判挥舞，也可以理解为对这一群体"隐收入"的关注。

裁判界是很神秘的。首先告诉大家一个很科幻的故事：俱乐部可以预知自己的教练会被罚上看台。

2009 年 5 月 2 日，申花客场打北京国安。最后时刻，申花队的外援罗迪克最后时刻进球被判无效，申花方面在多次查看录像后认为，这个球根本没有任何问题，录像也可以反映这是一个错判。随后，他们持录像向中超委员会提出书面申诉，但一直没有得到回应。于是，申花领队郭光琪特意跑到北京询问结果，裁委会答复：现在忙着全运会，比赛录像没时间看。

在本赛季前段召开的裁判发布会中，足协官员承认，中超前几轮有重大误判，当记者追问受益者是谁时，官员颇为尴尬地回答：北京。

但对申花队来说，更奇妙的事情还在后头。客场打杭州，郭光琪居然在赛前得到可靠消息：贾秀全将被罚上看台。直到今天为止，他仍然没有透露消息来源。但能够给出这样消息的人，除了裁委会或足协的核心官员，实在也想不出还有谁了。听到这样的预告，老板朱骏将信将疑，他说："我可以输一场比赛，但是不能输一个赛季。"因此，朱骏决定亲自压阵以免意外。赛前下午 7 点，郭光琪给足协发了传真，申请让朱骏以翻译的身份报名，坐在教练席上。但是足协表示，因朱骏身份"特殊"要研究一下。比赛打了二十多分钟，贾秀全果然被罚上了看台！

当时的过程是这样的：对一次判罚，贾秀全无法控制自己的情绪，质问边裁："你没有跑到位，人还差 5 米，能这样判吗？"按照贾秀全的理解，主裁判最多给他黄牌警告，没想到主裁判直接给他一张红牌。就在这一瞬间，郭光琪赛前得到的线报得到了验证。朱骏感觉事态严重，中场休息时，他给足协有关领导打了电话："我三年来没开口求过你们，但是今天我不下去，真的要出事了。"

足协领导这时才同意。

值得一提的是，将罗迪克进球吹为无效的，就是这场将贾秀全罚上看台的张雷。

故事未完，一周之后的中超，申花客场挑战长沙金德。领队郭光琪再次在赛前得到线报：裁判肯定要让申花输球！赛前郭光琪打了一圈电话给足协相关领导，进行汇报。上峰回话说，鉴于申花提供的情况，足协会特别关注本场比赛，并关照当值裁判组力求公正。结果，申花真的输掉了比赛，赛后，申花方面就裁判对比赛中的三个疑似点球不予判罚提出上诉。

本赛季北京的夺冠，一度被朱骏认定为是"内定"。除了他的球队遭受了裁判方面的"不白之冤"，诸如重庆等队也在对阵北京时多有吃亏。一位俱乐部老总对此毫不吃惊："本来裁判就是影响联赛格局的一个重要因素。"担任这样任务的裁判，有时候更多被认为是"官哨"。

最大的官哨可能荣膺"爱国哨"。1996年4月9日，北京国安队2比1战胜巴西格雷米奥队。主裁判黄钢的数次重大错判，严重影响了比赛进程与结果，包括吹了格雷米奥队一个点球，罚下格雷米奥一名球员，以及对近在咫尺的国安队员球门线上的手球视而不见。客队被深深激怒了，怒发冲冠的客队主教练斯科拉里留下著名的诅咒："中国队永远永远打不进世界杯！"此后，爱国哨前仆后继，为国字号服务。至少有10名国内裁判有资格评选最佳爱国哨，2009年度万大雪在中国对沙特，范琦在中国对伊朗比赛都有"出色"的发挥。

2009年10月17日，陕西主场对阵重庆，张雷以平均4分钟1张黄牌的速度"出牌"，第70分钟曹欢本来已经领到第二张黄牌，张雷出牌过度，一时头晕，竟然没有出示红牌，幸好场边第四官员和阿里汉的提醒，张雷才有所醒悟。同样的错误也发生在重庆队身上一次，2006年7月27日重庆主场迎战联城，来自土库曼斯坦的主裁判马迈多夫，下半场刚开始就因很小的动作准备发牌。在他掏牌之前，甘锐上前竖起一根指头（食指，表示已经有一黄牌在身，请求饶过），马迈多夫断无可改。但他发出第二张黄牌，并未让甘锐下场，让人捧腹。这位粗心的裁判，赛前被人传说是被主队"做了工作的"。

2009 年赛季深圳对陕西，谭海的判罚就更前卫了。半场快结束时，陕西队开出任意球的同时，主裁判谭海鸣哨，深足防守队员已经听见哨响，放弃防守，陕西队的维森特趁这个机会用头将球打进。当球飞进门后，主裁谭海又顺势吹了一声长哨，示意进球有效。由于鸣哨方式怪异，维森特都没搞清这个进球是否算数，直到谭海再次确认，他才和队友们拥抱庆祝。深圳球迷赛后编了段顺口溜："谭海谭海你真牛，进球哨完才进球。"

"桑拿裁判"陶然成，得名于 2002 年甲 A 第一轮，某媒体披露他赛前接受当地足协宴请，事后还接受了桑拿服务。当时，中国足协进行了调查，虽未透露桑拿具体情况，但要求当事人陶然成写下保证书，保证今后绝对不会出现类似违规的事件。陶然成此后数次成为焦点，巅峰之作当数"双角球"。

2005 年 8 月 22 日，主场作战的武汉对冠城的比赛进入补时阶段，观众都以为比赛会以 0 比 0 结束，武汉队获得了一次角球机会，按照比赛规则，这个角球应当在冠城球门的右侧罚，因为皮球是被冠城门将宋振瑜的右侧出底线，但武汉主场的球童在两边角球区都丢了球。此时，武汉队员为节约时间就近走到了左边罚球，而右边角球区也有人"跟上"，也摆了一个足球在角球点上。冠城队球员把注意力都放在了右边，球员说："当我们听到脑后一阵凉风时，刚刚转身，只能看见武汉队后卫杨鲲鹏头球进球了。"原来，武汉队率先开出了左边的角球，对于这个明显违反规则的进球，判罚当值主裁判陶然成认定有效，最终冠城不得不冤枉地以 0 比 1 输掉了这场比赛，弄得当时的冠城总经理吕峰多年之后还在调侃，一支球队需要加练"双角球"。

相对于中国同行，韩国人稍微直爽一些，当年韩国人李基永参加了"11·17"中国对香港的执法，2008 年 10 月他来到济南执法山东鲁能和天津比赛。这场比赛关系到冠军归属，中国足协特意让外籍裁判来担纲，要的就是给双方显示公平。在比赛中，山东主教练和球迷都谩骂李基永"SB"。李基永的站位还"助攻"了天津队攻进一球，但客队的谭望嵩也被他两张黄牌罚下。值得一提的是，李基永认为自己吹得并不好，回到休息室来了一句："这场比赛裁判就是 SB！"

使用外国裁判，在中国并不一定代表对其业务水平的推崇。而是中国裁判本身的表现让俱乐部越来越不放心。他们认为，在关键比赛里，首先裁判不能来自双方的任何一个城市，其次最好不要来自双方教练的城市，或者不要来自双方总经理或投资人城市……按照这样的标准，裁委会不得不连 20 岁的日本裁判都请来执法，但因其年龄又受到了质疑。

裁判的年龄不是问题，有时候错判、误判也不是问题，最糟糕的是改判，并且不止一次。2001 年 3 月 25 日，大连实德主场对天津泰达，下半时第 38 分钟，主裁判杨志强判罚天津外援索萨禁区内手球犯规，实德队获得点球。在天津强烈抗议下，杨志强与边裁商量，改判，取消了点球。大连队员随后也围住杨志强要说法。杨志强在征询了另一边裁与第 4 裁判的意见后，再度将此球改判为点球。此时，天津队守门员弃门走到罚球区外，其他队员也走向场外，场面失控，比赛中断了将近 5 分钟。最后，李明主罚点球命中，大连队 2 比 1 获胜。杨志强来自成都，1999 年，在甲 B 赛场五牛对太阳神的比赛中也曾出现 3 次改判，当时让两队都很崩溃的是刘庆伟。

金哨陆俊也犯过低级错误。2004 年足协杯八分之一决赛，上海中远与青岛中能点球决战。陆俊在比赛明明已经结束的情况下，还坚持让青岛队继续罚球。其实青岛已经胜利了，球员和教练拥抱欢庆。此时，他们却遭到了陆俊的狂批："你们懂规则吗？是你们懂规则还是我懂规则？没踢完呢你们在这干什么？"后来看电视录像，陆俊才发现自己的确错了，硬要求对方多罚了一个球。

好的裁判一定很执著，但不一定每次执著都是对的。黎兵职业生涯唯一一张红牌正是陆俊派发的，而他透露，矛盾来源于陆俊一直"喋喋不休"。对于这一点，现在的很多球员都很忌讳黄俊杰："他经常骂我们，那句'老子就是要整死你'就是出自他之口。"

一个裁判的运气和他自己的职业息息相关，在这方面李福长的 2004 年非同寻常。2004 年 10 月 23 日下午，天津球迷向场内投掷杂物，边裁李福长头部受伤。由于他是光头，流血清晰可见。主裁判陈国强果断暂停了比赛 10 分钟，球场第四裁判替补李福长而"出场"，比赛得以继续进行。一周之后，浙江绿城主场 3 比 1 胜湖南湘军，第一边裁李福长一度还成为湘军队员攻击的对象。次日，他和于东在返程时遭遇车祸。不知为何，他们的座车撞上萧山国际机场收费站护墩后，又撞上收费站的支柱，严重变形。两人和司机受重伤，被送到萧山区第一人民医院抢救。

但裁判有时候也会莫名其妙被其他情况误伤。2007年3月18日下午，厦门蓝狮主场迎战天津康师傅。主队输球，部分愤怒的球迷在无处发泄之时，适逢国家队主教练朱广沪满脸微笑坐在场外的一辆车里，于是大批球迷冲了过去，朝车里吐口水，砸碎了车窗玻璃，将保险杠也弄坏了。这实际上是中超裁判陈国强的车，而这场球本是何志彪主裁。纯属路过，却遭遇如此待遇，真是不知往何处申冤。

十一运男足预赛（武汉赛区）的收官之战中，被淘汰出局的贵州男足将火气撒向了当值主裁判王学庆。赛后，他遭到了贵州球员和教练的辱骂和追打。在另外一个赛场，一名天津队员狂追了主裁判何志彪近一百米将其按倒，暴打数拳，身后一帮警察围追。搞笑的是，当他被暴打一会儿后，现场才慢条斯理地开始广播："请为你们的运动生涯着想，请为你们的职业前程着想……"

## >>> 足球要从娃娃"抓"起

一些教练说："千万别小瞧了青少年比赛，多的时候，一场球可高达百万元。有的教练参与赌球的收入要比其每年的工资收入高出10倍。"

23年前，在河北张家口的全国贝贝杯少儿足球预选赛中，打出了两个离奇比分：西豁子小学69比0胜南菜园小学；怡安街小学91比0胜学校街小学。如果单听数字，可能认为这是一场篮球比赛，但这的确是30分钟一场的少儿足球的比赛。据说，由于这几所小学所在的区体委做出了确保西葒子小学夺冠的决定，于是南菜园小学的大门变成了"菜园门"，任凭对方随便进。而他们都低估了另外一场球对手们的脸皮。在几次球都要快出界时，门将干脆直接抓住球，直接往自家门里扔，最后一场硬是比竞争对手多进了22个。

1986年，中国人还没有使用手机。而进入2000年以来，在一些U16、U19比赛的场边，教练的手机会一直叫唤不停。2009年全运会四川赛区，U16比赛正在进行，现场观众寥寥，但仍有一位女子在现场使用耳机，对比赛进行全程"口播"。有人说："这是庄家比分网的报分员。"此时，这些比赛在网络账户上已有盘口，在点球、红黄牌、前场任意球等关键时刻，盘口都会适时停止。这是和中超联赛、欧洲联赛一样的待遇。

据中国足协学校足球办公室负责人冯剑明透露，不久前已经对46个项目布点城市中30余个城市的近500名校长、3500名教师进行了首轮教育、培训，其中"杜绝假赌黑毒素滋扰、从思想根源上拒绝追逐功利"也是重点教育内容之一。"公安部门的抓赌很好。让那些参与其中的人受到应有责罚，也让我们的足球土壤干净起来。不过，我们必须面对的现实是，目前赌博机构除了对成年职业联赛外，已经把罪恶的触角伸向我们的U19、U17、U15等各级青少年联赛，甚至到了女足，我们不得不提前做些工作，防患于未然。"

但冯剑明强调，目前学校足球没有涉及利益，还是净土。

这一论调，有待争论。2008年11月，全国中学生女足比赛在武汉进行，代表重庆参赛的大坪中学足球队最终获得第6名。兴奋之余，大坪女足深知，她们很难完成教育部相关部门口头传达的"必须进入世界前三"的目标。在确定由大坪中学组队参赛后，教育部学生联合会指定李卫平担任主教练，并给他在全国范围内遴选球员的权力。当时全国该年龄段球员正在广西进行集训，李卫平在集训营中选了20名大坪中学以外的球员，这些球员都曾进过国少队。国少队主教练赵立春也摇身一变成了大坪中学女足球队的助理教练。"这根本就不是什么国少队，我去土耳其也没帮着训练。"赵立春在此前接受采访时始终不承认大坪中学雇来的是国少队球员，甚至称自己没帮着大坪中学训练。不过据一名国少队队员介绍，赵立春在球队中起到了很重要作用，"赵指导之前一直带我们，这次跟着去，更熟悉我们队员的情况。"在这支大坪中学女足获得世界中学生女足冠军后，人们才惊愕地发现，所谓大坪中学队，仅有一名球员符合参赛规定。

同年8月，几公里外的九龙坡中学，中学足球的惨剧以另一种方式在上演。一年前，由于体育成绩特别优秀，母诗灏被重庆市九龙坡区杨家坪中学专门从贵州省贵阳市招来，与他一起进学校的还有几名贵州的学生和一名上海的体育特长生。他们的父母十分舍不得，但这所拥有足球传统优势的重点中学还是让母诗灏十分向往。他们最后没想到的是，在一次训练之后，母诗灏被教练林某直接踹倒，后因特重型颅脑损伤辞世。

中国青少年足球究竟发生了什么？在越南，直播国内U15比赛就像直播曼联对切尔西比赛一样自然。2005年，张宁挂帅国少，他透露，那届国少的选材范围不超过200人。最为重要的是，现阶段的青少年足球已经受到了赌球的侵蚀。

在2009年全国U19足球在湖北宜昌举办的第一阶段比赛中，比赛才进行几天，但已有多场疑似假球。其中的原因，肯定和博彩公司有关。河南建业U19与河北足协U19对垒时，博彩公司开出的盘口是河南建业U19让半球／一球，水位一直游移在0.30以下，然而，河北足协却意外取得了比赛的胜利，这样的结果让那些投注河南建业的赌球者血本无归。一些教练说："千万别小瞧了青少年比赛，多的时候，一场球可高达百万元。有的教练参与赌球的收入要比其每年的工资收入高出10倍。"

U19并非是庄家开盘年龄最小的联赛，在U16比赛中也曾出现各种盘口。这些比赛一般以赛会制形式开打，客观上让庄家比较容易联系到人，予以控制。一旦和球队的领队、教练通上线，就比较好掌控了。圈内人士表示，这是因为球员年龄小，临场不会出现像成人比赛那样多的变数。因此，操纵青年联赛相对简单。

但只要涉及到钱的地方，就一定会有事。据悉，有一名教练在口头答应打出某个结果之后，却没有兑现，第二天就接到了庄家的电话。而与他交手的对方教练也对他的举动很不理解。后者因为常常和电话那头的"小庄家"配合，他已经换了电脑和手机，据说很快就要换一辆中等家用车了。这种鸟枪换炮的速度，在基层教练里不多见。

由于青年队比赛的特殊性，参赛队对外界来说并无强弱的印象。买家单凭庄家开出盘口来进行"分析"，而这对庄家来说非常有利。他们不但可以保证上下盘平衡，同时甚至可以操纵比赛后开出"鸡盘"——故意误导下注错误方向的盘口，从中大赚一笔。最近甚至有圈内人士表示，原先被视为神圣不可侵犯的全运会青年队比赛，也可能涉及猫腻。和当地体育局的区区奖金相比，下球的收获要高出很多。一位教练说："尤其是那些本来就没有什么具体名次要求的球队，实际上是比较自由的。"

在小年龄组比赛里，裁判和比赛监督特别重要。首先，这样的比赛一般都没有视频资料，因此完全凭他们说了算。一位基层教练曾经说过，他见过一下被罚下两三个队员的情况，裁判很明显是在帮对手赢球。但这些情况赛后很难获得有利的证据。十一运足球比赛中，多次发生追打裁判事件，除了成绩的原因，有人认为，也可能与赌球有关。为了消除一些负面影响，中国足协甚至在十一运预赛附加赛阶段，将比赛放在香河基地闭门"操作"，虽然避开了庄家的骚扰，但足球赛本来就是大众运动，弄得如同做贼一般，让媒体不胜唏嘘："不会所有的比赛今后都会关起门来踢，然后告诉大家一个结果吧？"

青年队教练曲名（隐去真名）认为："主要是现在好赌球的人太多了，所以连十几岁的少年队都开盘。"青少年的比赛有些甚至在上午10点开赛，庄家仍然认为有市场。本来，在这个时段，原先占据赌球主力市场的是北美大联盟、墨西哥联赛、加拿大联赛等等。与此同时，像日本高中女足联赛也有盘口，所不同的是，日本高中女足的水位非常"正常"，一般在0.8～1.0左右，和其职业联赛类似。赌球的人都很清楚，这意味着这是一个相对公平、极少猫腻的联赛。

2008年中旬，泰国一家教育研究机构公布的一项调查显示，由于同龄人和社会风气等方面的影响，泰国越来越多的青少年参与了足球赌博。小学生比例从 2006 年的 5.46% 增加到 2007 年的 6.03%，初中生比例从 10.39% 增加到 13.30%，高中生比例从 14.80% 增至 15.88%，职业学校学生比例则从 17.88% 上升至 18.21%。

对中国家长而言，青少年足球最大的问题不是赌球，而是高额培训费和不太正常的晋升渠道。有的家长为了自己孩子每年 1.5 万元左右的踢球学费多次卖血；有的家长为了自己的孩子踢球变卖资产……武汉光谷退出之后，一名球员的家长欲哭无泪，因为眼看自己的孩子就要升到二队了。前几年，一桩公案甚至让圈内炸了锅，据传一位母亲因为指望儿子能在梯队有一个更好前途，不得不陪教练上床！

遗憾的是，对中国青少年足球现状，我们还没有泰国教育机构那样的调查数字，仍处于摸索状态。健力宝一位球员曾表示，由于长期集中居住，熟悉得相互听放屁就知道谁来了，但那时候还没有赌球。

如今，在一场青年联赛中，有教练授意球员不要射进，要瞄准门框之外射。我们被深深震撼。足球要从娃娃抓起，现在直接抓到钱眼里去了。


## >>> 那些女人

> 一段未公开的录音带；一场似是而非的假球；一件暧昧不清的绯闻；一桩纠缠纷扰的离婚案……神秘女人王素薇早已不在江湖，但江湖仍有她的传说。


### 一、姐只是传说

十几年来，再也没有人在国内见过那个叫做王素薇的女人，她的名字也很少有人能够记起，不过她肯定知道，另一个叫做刘文卿的女人，一定会常常咬牙切齿地想起她，可能还会狠狠地诅咒她。

这的确是个再俗套不过的感情纠纷故事，两个女人和一个男人的纠结。那个男人，名字叫孙贤禄。

孙贤禄，1964 年生人，上世纪八九十年代的国脚，一生只效力过一支球队，辽宁队。1995 甲 A 联赛最后两轮，孙贤禄一人独进三球，但辽足惨遭降级，他抱着队友姜峰和于明，当着几万名球迷的面失声痛哭。

5 年后，孙贤禄的前妻刘文卿也在媒体面前失声痛哭："他在外面有别的女人，就是那个王素薇，他们的事我都知道……"哭了一会儿，刘文卿突然恨恨地说道："不给我讨回公道，我就给他全说出来……隋波的事，你们记得吧？"

1998 年，贾秀全的"3 号隋波"语惊四座，随后中国足协开始了漫长的 131 天的调查工作。其间，国力外援毛罗突然拿出一盘"录音带"，内容是一个女人打电话要求国力 3 名外援在与红塔的比赛中"放水"。这个女人，叫做王素薇。

1993 年，中国足球史上著名的健力宝青年队留学巴西，举国瞩目。从这个留学项目开始计划，到一批满载希望的足球少年最终成行，整个过程离不开一个女人在国内与巴西两地之间的牵线搭桥，这个女人，叫做王素薇。

现在我们知道了，在中国足球的某些时刻，王素薇大名鼎鼎。

其实就连刘文卿也没有真正见过这个叫王素薇的"小三"，红塔少年队的小球员在向她讲述"孙指导的风流韵事"时，一律称呼这个负责他们球队训练生活的中年女人为"王阿姨"。"王阿姨给孙指导买了一辆宝马""一到我们休息的时候，孙指导经常开车去王阿姨那里"……

在孩子们零零碎碎的讲述中，刘文卿得知，王素薇定居在巴西已经十多年，并先后结过两次婚，有两个不同父亲的孩子，在巴西圣保罗拥有一份地产和一些产业，总共大约有好几百万美元的家产。在当地称得上是富豪，但那几年都是独身一人，有些相似的生活经历让她与孙贤禄走得很近。

见过王素薇的还有当时的足协副主席王钧。当年为了调查隋波事件，王钧特地飞过赤道找到王素薇，并与她进行了谈话。那一年的最后一天，中国足协召开新闻通气会，公布隋波事件的调查结果的时候，"巴西谈话"是其中的附带内容："为进一步了解录音带中女士的身份及其收买的目的和背景，中国足协派专人赴巴西与王素薇进行了接触，但她矢口否认与国力队巴西籍球员接触过，也否认用电话进行过联系。"

一段未公开的录音带；一场似是而非的假球；一件暧昧不清的绯闻；一桩纠缠纷扰的离婚案……神秘女人王素薇早已不在江湖，但江湖仍有她的传说。

王素薇其实只是一个符号，在中国足球盘根错节的历史中，总会有女人的身影，很多个面目或清晰或模糊的"王素薇"，在中国足球的不同历史阶段，扮演着各种各样的角色。比如这个故事中的"怨妇"刘文卿，她闹到最后，只是幽怨地说了一句话："那时的假球事件，我知道一些情形，对那时一些人的卑鄙行为，目前我还不想多说，我想，以后我可能会说出来。"

### 二、龚建平最初被拘因"涉嫌嫖娼"？

2002年3月的一天，北京市宣武区公安局大门前突然聚集了很多足球记者。他们都知道，此时已经不可能见到龚建平本人，但强烈的疑惑让他们极力想在这个"现场"寻找一些蛛丝马迹。因为他们实在不能相信，此前被浙江省体育局局长陈培德举报的"问题裁判"龚建平被拘捕，居然是因为"涉嫌嫖娼"！

龚建平的妻子索玉华不相信丈夫嫖娼，别人说她丈夫收黑钱，她把家里的旧家具一件一件指给别人看；说嫖娼，她低着头连话也懒得说了。中国足协的官员也连连摆手："他人很老实，肯定不是因为这种事。"直到被拘留的第10天，龚建平的律师王冰才正式确认，他的当事人被拘留原因是"涉嫌商业贿赂"。

很多年过去，当初的龚建平是"嫖娼"还是"黑哨"的争议，早已被人们忘记。但后来事实证明，没有"涉嫌嫖娼"，就没有那次的司法介入，当然也不会有龚建平"冤死"狱中。不过，"涉嫌嫖娼"本身并不是造成打黑失败的原因，它当时还算功劳一件——中国足球职业化以来一直存在的"性贿赂"随着龚建平的"涉嫌嫖娼"被揪了出来。

报载，1997年一向被认为是中国足球职业联赛的一条分水岭，在此之前，俱乐部对裁判安排请吃、洗桑拿以及到卡拉OK找三陪小姐等接待项目，几乎没有受到任何的约束。不少裁判在各赛区都有自己专门的"小蜜"，甚至有裁判把"小蜜"公然带到赛场，比赛结束后再一同坐赛区提供的专车返回宾馆。一些地方足协负责接待的人员手里往往还有这些三陪小姐的联系方法，在得知相应裁判要来执法的消息后，以便提前数天"预约"。一位俱乐部人士曾经与某裁判兴之所至聊起各地的"风土人情"，这名裁判很是炫耀地对各地黄色行业作出了详细的比较。

1997年以后，由于意识到联赛种种幕后交易的恶性发展，中国足协在出台"限薪令"等一系列公开政策的同时，也制定了若干内部条例，其中就包括对裁判涉足色情场所的纪律约束，并且明文规定裁判到赛区不能参加洗桑拿和唱卡拉OK等活动，这类纯属行业内部的土政策将来一旦公开，一定可以成为某个特殊时期的历史见证。

"小姐"，这个在中国社会极具时代特色的名词曾这样深刻而直接地侵袭着中国足球。虽然这群只在黑夜出现的女人面目模糊，甚至没人能够知道她们的名字。就连曾经轰动一时的"安琦拉链门"的女主角，也只留下了"阿兰"这个很不具体的称呼。

2005年8月14日凌晨，一个年轻的女人打电话给110，带着哭腔告诉对方："有人要强暴我！"警察很快赶到事发酒店，敲开门一看，里面有一男一女。开门的男的是名身材高大的年轻人，身上没穿任何衣服，只围一条毛巾；女的也很年轻，躺在被单下面，后来得知也没穿衣服。几乎在见到这个青年男子的第一眼，警察就认出了这是安琦，此前一天刚在南京打了场中甲联赛。

那是安琦狂走霉运的一段时间，因为被实德俱乐部怀疑打假球被下放到中甲的大连长波，就在8月13日晚上，自己守门的大连长波又0比2输给了江苏舜天。那个郁闷的夜晚，安琦只想让自己赶紧醉倒。

认出安琦的警察将一丝不挂的安琦和小姐带回调查。双方的口供大相径庭，最后甚至整理出好几个版本。一天后，警方认定该夜总会小姐并非卖淫女，而且双方并没有发生性关系，作出了释放安琦的决定。

在阿兰与安琦的故事中，真相到底是安琦"强奸未遂"，还是"双方价钱谈不拢"，始终是一个谜。

除了迷惑，"小姐"让中国足球感受最多的就是"囧"。2009 年 7 月，成都谢菲联队的外援罗德里格斯在深圳"涉黄"被当地警方拘留，当时甚至传出了他将被遣返回国的消息。据说成都市公安局的一位副局长立即打电话到深圳警方那里交涉，这位副局长是前全兴队的政治辅导员，被很多球员亲切称为"干爹"，结果"干爹"被告知："我们已经结案了。"这时，干爹也是没有用的。

与安琦和罗德里格斯相比，潘毅的命运不止是霉运这么简单。2002 年，潘毅在一次与队友的聚会当中，强奸师弟的女友被对方告上法庭。潘毅被处以劳动教养一年。服刑完毕后，又因为车祸惹上官司。不久，这个曾经入选过国家队的球员便在中国足坛彻底消失。

性与暴力往往密不可分。2001 年 1 月，淄博的一家报纸报道了一条令人震惊的消息："前国脚、山东鲁能球员郝伟带了一帮人冲入其岳母家行凶，最后竟将其岳母拖出楼外痛打。"当时曾经闹得不亦乐乎，而就是在事发之前，郝伟结婚了甚至还有了儿子的事情一直不为外人所知。

2002 年年底，山东媒体报道称，鲁能球员王超对妻子王博实施家庭暴力。据说她在家里经常遭到王超毒打，在鲁能队的球员宿舍，王博也遭到王超的拳打脚踢，王超更曾拿着斧头放在妻子的脖子上威胁她。

2006 年 10 月 5 日 6 点 30 分左右，实德小将权磊在自家居住的小区，被前女友雇用的两名歹徒连捅 4 刀。

2007 年 11 月，大连籍球员崔鹏在家乡因为道路"不熟"，因为最繁华的商业大街"灯光太暗"，冲到广场的道牙子上导致翻车，他和两位女子被倒扣在车里，旁观者称，车里弥散着酒气。崔鹏后来解释说，当天参加聚会，在送两位同学回家时发生了车祸。

### 三、"金项链"到底是不是李玮峰？

说到足球与女人，就不能不提甲 A 时代著名的"金项链事件"：

在一番番的"轰炸"下，"金项链"拿出一颗摇头丸，在朋友的呼喊声中把选美"冠军"按到沙发上，硬往她嘴里塞了进去。跟球员混得很熟的那个模特本想阻止，但是在她男朋友的目光中退缩了，另外两个女孩则根本不敢说什么话，就这样"冠军"在几番无效的抵抗后终于把摇头丸吃了下去。于是他们又要了很多酒，开始唱歌，几个吃了摇头丸的人药劲都还没过去，他们就在包房里继续摇着。"冠军"不久后就开始有反应了，在一杯接一杯地劝酒之后，她不仅有些喝多了，而且药劲也逐渐上来了，在大家的鼓励下，她开始站到了桌子上摇。看到"冠军"的药劲差不多了，其中一个男人对大家说："我们下去吃点东西吧！"其他人立刻心领神会地纷纷响应，"冠军"也想一起走，但是"金项链"把她拉住了："我们唱着歌等他们！"其他人也说："你就陪X哥唱着吧，我们一会儿就来，要吃什么我们给你带上来！"几个人鱼贯出了包房，其中一个人把门关上后叮嘱服务员没叫的话就不要进包房打扰，然后带着大家下了楼。大约半个小时以后，"金项链"扶着"冠军"下来了，"冠军"此时还处于高度兴奋状态，衣服都没有完全扣好，但一直还在不停地摇头，从"金项链"得意的目光中，其他人都知道——他已经把'冠军'办了！

这绝对是 2002 年中国足球最具爆炸性的故事，当时的报道并没有明确指出"金项链"到底是谁，被猜测最多的李玮峰因此烦躁了很多年。仅次于《李毅大帝本纪》的网文《李（玮峰）将军列传》都直接认定了这个猜测："每次出行必带粗若拇指之金项链，小弟见之，俱拜服。"

"金项链"就是李玮峰吗？下面这段并非为李玮峰澄清，只是想道出真相，据最先报道此事的记者透露，"金项链"曾经在云南红塔队效力，后去了北方某支著名球队。而李玮峰，从未去过云南红塔。好玩的是，大家还是愿意相信，他是李玮峰。

### 四、难以招架的女人们

在足球圈，女人往往弱势，但也有例外的时候，她们的某些特质，甚至让球员们难以招架。

1995 年，前中国足坛最佳射手唐全顺的妻子远赴美国，在那之后，唐结识了"密友"丽丽，二人随即同居，就此与妻子断绝了联系。但唐全顺的钱财全部被花光之后，丽丽离开了他，后来染上赌瘾的他因开设赌庄被捕入狱。

唐全顺完全可以作为一个典型的反例在中国足球界得以推广，女人有时候并不比赌更安全：2007 年的一天，在伦敦某条大街上，一位中国球员在一家名表店里买下一款全球限量版的手表，该款手表据说全亚洲只有两只，贵得足以买下一辆宾利。球员身边的那位女孩接过手表，随手将精美的包装扔在一旁，当场把这款价值数万英镑的奢侈品戴在了手腕上，眉开眼笑地向旁边的名牌手袋店走去，整个过程利索得眼睛都没眨一下。不过这下苦了这名球员，由于当时该球员尚未养成刷卡购物的习惯，只得取下身上的大背包，抱出巨款和店员一起，一张一张地数。

大家知道，英国人购物都是刷卡，而相当多的中国人还喜欢付现金，所以他就一直数啊数，由于英国冬天黑得很早，所以他就一直数到天黑。幸好当时没有伦敦警察从那里经过，因为两个人就着灯光数一大堆英镑的情景，实在太像好莱坞警匪烂片中最常见的镜头了。

买一块限量版手表其实算不了什么，熟悉这个球员的人早都知道他娶了一位怎样的拜金女。虽然他当时已经是国内年薪最高的球员之一，但仍旧无法承受老婆的挥霍。"很多球员都买得起宝马 X5，但老婆一口气要买 3 辆，凭中国球员那点薪水谁做得到啊？他不去赌球，你让他怎么去填这个洞？"亲眼目睹"数英镑"一幕的知情人感叹不已。

关于女人，中国足球留下了太多"红颜祸水"的记忆。但事实上，内幕重重的中国足球，或许在它被假球、黑哨、赌球等势力侵袭的第一天，女人，就注定成为一种偏见。

那英当年与高峰爱得死去活来，遭到很多北京球迷的唾弃，因为那英"影响了高峰的状态"。但球迷又是健忘的，当王纳文带着褪褓里的儿子出现时，他们又将屁股挪到了那英背后，指责高峰不道德，痛斥王纳文现身是为了炒作。

女明星、空姐、模特……不同时代的球员对于女人的追求不同，但显然，对他们来说，感官满足始终是第一位的。

只不过结局大多如大家所知，白首偕老的例子实在乏善可陈。将球员们含辛茹苦养大的父母看在眼里，急在心上。

李金羽前些年与"中国第一少奶奶"孙宁大秀恩爱的时候，所有旁观者都发现一个"规律"：李金羽只要眈眈猛进球，说明他正和孙宁闹别扭；李金羽要是在场上光练折返跑迟迟进不了球，那就是他和孙宁正浓情蜜意如胶似漆。李金羽的爸爸急得到处给相熟的记者打电话："你们快想想办法，把那个女人从我儿子身边弄走！"

据说当年王素薇在巴西坚持要求王钧将录音带公布，以便证明自己的清白，孙贤禄在与前妻的离婚官司当中，坚决否认与王素薇有"不正当的关系"。也许，他们真的很清白，也许很多"王素薇"都只是中国足球的误会。

## >>> 足球笑林广记

### 国足，曾经的假球受害者

1981 年 11 月 30 日，中国队率先结束世界杯预赛，6 战积 7 分，净胜球为 5 个。此时新西兰队 5 战积 5 分，净胜球为 0。因此新西兰队要出线，就必须于 12 月 19 日在利雅得净胜沙特队 5 球以上，若仅胜 5 球，中新两队则需在第三国重赛。此时中国队早已解散放假，以为铁定将以第二名身份出线。不料，沙特队最后一战竟不可思议地刚好净输新西兰队 5 球，使后者积分、净胜球均与中国队相同。

中国队不得不遍发英雄帖，仓促集结，不少队员赶到球场时"嘴里还有饺子味"。1982年1月10日，中国队在新加坡以1比2不敌新西兰队，最终列第三，科威特和新西兰晋级世界杯。

### 25年前的吊射门

1984年，第一届中国足协杯第二阶段，安徽、福建两队相遇。谁胜这场球，将在第三阶段遭遇强大的八一队。眼看0比0完场，安徽队突有神来之笔，将球送进自家大门！更绝的是，在剩下的几分钟内，福建队同样撕破脸皮，向自家大门发起猛攻。这时候，安徽队倒戈相向，替福建队当起了后卫，顶住了福建队对自家大门的狂轰滥炸。终场哨响，安徽队为他们的失败欢呼庆幸，福建队则为他们的胜利如丧考妣。

### 雷人规则制造雷人假球

1985年甲级联赛最后一轮，降级边缘的北京部队队遇南京部队队，而山东队和老朋友大连队对垒。当时南部已肯定降级，山东队领先北京部队队一场球，但在进球数上双方不相上下，而大连队必须获胜才能进入前三名。不出所料，北京部队队以5比0"大胜"南京部队队。

然而，山东队和大连队，你进一个角球，我顶一个头球，打出了5比5，大连加时获胜！另外，当时为了鼓励进攻与提高中国球员的技术薄弱环节，中国足协特地规定角球、任意球、头球得分双计。最终的结果是大连进了前三，山东保级成功，北京部队队只好认栽。在官方记录本上，1985年全国甲级联赛，这两场球的比分栏是一片空白。

### 袁伟民气得辞职

第六届全运会小组赛，辽鲁只要2比2战平，便可携手进入八强。辽宁球迷早早打出"辽宁山东是一家，2比2平进前八"的标语。辽宁队很快就以2比0领先，然而在双方的努力配合下，山东队总算没把戏演砸，最终将比分扳平。

袁伟民在现场看了比赛，气得当时就离场，不久辞去足协主席职务。组委会最终给了两队"严重警告"，并取消了两队球员入选最佳阵容以及最佳射手资格。不过这无碍辽鲁双方"同进前八"的事实。

### 孙伟突发神威抢金靴

1991 年，全国足球甲 A 联赛，徐根宝率领的国奥队为了提前准备奥运预选赛，14 分的他们以为保组已定，却被对方精心"设计"。各队紧密配合，参赛的 8 个队中最终有 5 队积 14 分，获亚军的上海队也只有 15 分！联赛最后一轮，已夺冠的辽宁队客场 4 比 5 离奇地败于濒临降组的大连队。大连队勉强保组，辽宁队孙伟在比赛中一人独进 4 球，取代高洪波捧走联赛"金靴奖"。而国奥队由于进球数不够而排名最末，宣告降组。

### 第一场消极比赛

1995 年 10 月 8 日，四川全兴队主场迎战延边现代。延边队以消极比赛来抗议所谓的"执法不公"。赛场上出现了罕见的只守不攻，最终，放弃抵抗的延边队 0 比 6 大比分输给四川全兴队。这是甲 A 有史以来第一场公开的消极比赛事件。

### 裁判说：你跪下吧

1996 年，甲 B 辽宁航星队客场挑战佛山佛斯弟队。下半时第 30 分钟，辽宁队打出一次成功的反越位，但球刚一过中场，就被主裁判张忠判为越位。此时，辽宁队队长于明苦苦哀求裁判："您这么吹怎么行？您要是公平点，我给你跪下也行！"张忠冷冷地回答："那你就跪下吧。"

### 王俊生的道歉信

1998 年的延边敖东队曾在联赛中连续被裁判"击中"。一次是门将被误判出示红牌罚出；一次是补时阶段被判罚禁区内手球犯规。延边球迷终于难以按捺心中的屈辱之火，先后两次游行，集结于自治州政府门前，要求向中国足协"讨回公道"，并毁坏公共财物。最后，中国足协当时的专职副主席王俊生发了一封道歉信了却此事。

### 吴俊消失

1998 年亚俱杯赛时，大连队员吴俊带领几名球员在泰国出街游玩被禁赛。2001 年，吴俊转会到江苏舜天。打了 4 轮后，当时俱乐部的一位老总把吴俊叫去，很神秘地跟他商量打假球，吴俊非常耿直地说："要是这样的话，这场球我就不打了。"那老总当时只是笑笑，说不打就不打吧。但后来，吴俊就一直没有上场，连名都不给报。俱乐部方面的理由是：吴俊的踢球风格和球队的整体打法不符。

### 张建军"中箭"

2001 年 3 月 16 日，甲 A 联赛第 2 轮，辽宁主场对山东，主裁判张建军在退场时被一个铁器击中眉骨，当场血流满面，这也是中国足坛第一次发生主裁判被严重击伤的事件。

### 隔墙有耳

2001 年 7 月 14 日，天津立飞队与江苏舜天队的比赛结束后，4 名立飞球员私下谈论参与"卖球"，被一名出租车司机听到并告发。通过一个多月的调查，立飞俱乐部共对 8 名球员进行了"三停"（停训、停赛、停薪）处罚。

### 温俊武和董国智

1998 年 11 月，广州太阳神队董国智、谭恩德、温俊武、彭锦波和前任主教练麦超因涉嫌参与赌博集团控制的赌球而被广州市公安局多次传讯。太阳神俱乐部开除了这 4 名球员。董国智是职业足球以来唯一一位确认参与赌球的守门员。

后来温俊武因赌债杀人，连捅对方三十多刀，迅速归案。他捅人的地方正好在一个小十字路口，电线杆上面有两部摄像头，全过程清晰记录。

### 龚案中足协官员孙培彦逃跑半年落网

2002 年 1 月 21 日凌晨，宋卫平突然扔出一个"炸弹"——3 年前在中国足协负责裁判管理工作的孙培彦充当过"中间人"。2002 年 7 月 12 日，公安机关给孙培彦发出了 B 级通缉令。9 月 30 日，"负罪潜逃" 7 个月的孙培彦在重庆被抓获归案。

2001 年孙培彦找到绿城俱乐部，暗示可以帮助做裁判工作赢下某场比赛，向对方索要"劳务费"。交易进行的时候，有绿城俱乐部的两名工作人员在场，这两名工作人员成为了这笔 6 万"黑钱交易"最有力的人证。

### 第一个因赌球被判刑的足球人

2003 年 5 月 8 日凌晨，上海杨浦公安局属下的警署接到举报，有人在一家酒店聚众赌球。警察当即出动，在酒店房间里当场抓获了几个涉嫌赌博者，其中就有绰号"三毛"的前中国甲级联赛最佳射手、上海籍前国脚唐全顺。唐全顺是第一位因赌球而被判刑的中国足球圈内人士。

### 力帆受让 3 球打出 0 比 4

2004 年 6 月 2 日，中超杯赛四川冠城主场迎战重庆力帆。据力帆高层人物透露，赛前几天就有各地的多个庄家找到他们，希望他们能够"放掉"比赛，并许诺了高达 300 万的"感谢费"。但澳彩公司盘口赛前剧烈震荡，澳彩初盘为重庆力帆受让半球／一球，但比赛开始前两小时，盘口竟然连升 6 级，达到了力帆受让 3 球，创下了自澳彩开盘中国联赛以来的最高纪录。这也意味着买重庆力帆输球的人（包括球员），比赛结果必须为 4 比 0 以上才能赢钱！尽管俱乐部警告在先，但比赛最终比分锁定在 4 比 0。

### 怕出人命，只好罢赛

在大连实德和沈阳金德的比赛中，由于对裁判判罚不满，实德球员采取了罢赛的举动。在赛后林乐丰表示："我真太庆幸了，如果我让球员继续比赛，那么后果将不堪设想，裁判的人身安全无法保障。有球迷打电话说，他们已经准备好了石头、棍子等东西，一开球他们就肯定闹事，继续比赛就要出人命了。"

**黑哨的姥姥**

2004 年，张海对中国足球的诸多怪现状做了许多相当精彩的阐述："足协是黑哨的姥姥，黑哨发展有三代：第一代是官哨；第二代是黑哨；第三代是赌哨，周伟新就是退了赃款又被重新使用的。"

**阎世铎的"公开威胁"**

2004 年 10 月 26 日的投资人会议上，面对投资人发难，阎世铎突然爆发，他声色俱厉："我告诉你们，我个人可以不干，包括我们整个班子都可以不干，但是你们要记住，中国足协永远是中国足球的领导！"

**"平均每 15.7 分钟丢 1 球"的门将马东波**

2005 年 4 月的两场联赛，门将马东波便以 110 分钟内丢掉 7 球的表现，创下了"平均每 15.7 分钟丢 1 球"的失球频率。此战对实德的第 23 分钟，主教练王洪礼用替补门将刘扬换下马东波，马东波再也没有出现在赛场上。

**马永康赛中被裁判气哭了**

2005 年 5 月 14 日，中超联赛第 9 轮，在重庆力帆主场对阵青岛中能。第 49 分钟，马永康在防守中倒地不起，站在禁区内的主裁判万大雪对此没有任何表示，这一判罚让马永康无法接受，在拉扯过程中，他甚至开始哭了。比赛由此中断了 3 分钟。重新开始后 1 分钟，马永康就找到了"仇人"周麟，并在无球状态下扇了对方一耳光，万大雪看得真切，但只给了黄牌。

### 护球大帝

2005 年 5 月，李毅作为深圳健力宝的"球霸二号"在网络上一炮走红。不仅有关"李毅大帝"的段子层出不穷，李毅甚至还当上了"芙蓉姐夫"。作为一名国脚前锋，李毅在亚冠赛场 168 天不进球，联赛中 340 天不进球，于是"我护球像亨利""天亮了"这些李毅经典语录成了人们茶余饭后的笑料。2005 年中超，李毅大帝坚挺不射，创造了连续 22 轮不进球的另类纪录。

### 李健赛中扬长而去

2005 年 9 月 25 日，中超第 23 轮重庆力帆客场 0 比 2 负于北京现代。比赛进行到第 56 分钟时，一直力保大门不失的力帆队国门李健突然利用一个死球的机会直接走向场外，面带怒气的他在下场时没有跟任何人解释，甚至连队医的问话都没有理睬，主教练马林也是在他下场后才被迫换上替补门将。

面对与赌球相关的各种传闻，力帆俱乐部以李健腰伤无法坚持比赛来解释他的离场行为，但是第 24 轮比赛开始前，俱乐部又以"擅自离场"为由停止了他的比赛资格。

### 梅尔坎的抗议

2007 年 4 月 22 日，厦门蓝狮主场迎战河南建业。厦门后卫梅尔坎露出球衣内的背心，上面写着"中国裁判是假的"几个大字。中国足协终于对其不客气了，判他禁赛 3 场，罚款 5000 元。

### 黑社会上门讨债

2007 年 10 月，厦门队连续开除了 3 名主力，据悉，党云飞、魏惠平两人是因涉嫌赌球。而他们事情败露的过程也很离奇。2007 年上半年某天，几名不速之客来到厦门队下榻的鹭峰宾馆讨债，教练组成员经过询问，知道了事情真相。

**《图片报》: 中国足球腐烂了**

2008 年, 时任亚泰主帅的米登多普在对辽宁的比赛之后便神秘离开, 其后李树斌"悄然"挂帅。米登多普回国接受《图片报》采访时, 石破天惊地指出: "在中国, 足球已经有些腐烂了!"他"控诉"长春亚泰 6 比 0 击败广州医药和 0 比 3 输给辽宁的比赛多有蹊跷之处。米登多普说他在和广州队比赛中, 意外地发现对手竟然有两名主力坐在替补席。而在接下来和辽宁的比赛中, 本队的主力门将和另两名主力球员都突生疾病, 而替补球员在应付急于保级的辽宁队 3 个角球时, 显得毫无办法。

**"砸死他"**

在上海国际主场对北京现代的比赛后, 一位球迷飞奔至场内, 从后面掐住了主裁判王学庆的脖子, 由于用力较大, 王学庆的脖子上面留下了两道血痕, 他被弄得手足无措。此时正准备离场的一万多球迷也开始助威, 甚至有人从高处向场内扔矿泉水瓶, 齐声高喊: "砸死他!"

**"11 人怎么踢过 14 人"**

在上海国际对青岛贝莱特的比赛中, 最后时刻青岛扳平比分。赛后国际队球员恼怒地说: "人家 11 个队员再加上 3 个裁判, 一共 14 个踢我们 11 个, 这样的比赛我们怎么能够踢得赢?"

**"你收了多少黑钱"**

沈阳金德对上海申花的比赛结束之后, 一向非常低调的金德俱乐部董事长张澎非常气愤地冲进场内, 指着正向场外走的何志彪破口大骂: "有你这么吹的吗? 你也太黑了吧? 你收了多少黑钱?"

**力荐测谎仪**

澳门开盘最先触动的内部职能部门不是公检法, 而是中国足协。甲 A 成为澳门庄家的猎取对象，肯定会有意志薄弱的球员走上歪路，但如何防控足协却毫无办法，于是在 次会议上就有人推荐测谎仪，凡遇到问题球员，则……

### 风雅宋卫平

绿城招工，老总宋卫平亲手命题，考题为：对《论语》里"春服既成，冠者五六人，童子六七人"一段的理解。

### 杜伊还童

某日，国奥主教练杜伊，与一名记者参加了球迷见面会。场面极为轻松，美女如云。一段时间后，他主动问起："什么时候还有球迷见面会？"

### 阿明不怕罚

1999 年，沙特外援阿明来四川全兴效力。此君行为懈怠，训练时常迟到，当时全兴对迟到者的罚金是人民币 100 元。

阿明到全兴时自带了 30 万美元的"零用钱"，配有仆人。几个月后阿明在全兴"玩腻"，即告回国，并代表伊蒂哈德在世俱杯中进球。

### 赌圣孟庆森

2005 年中超杯决赛分两回合，赛前，决定用 13 张红桃扑克牌来决定主客场顺序。但要先抽大小王，拿到大王者有洗牌权，拿到小王者有抽牌优先权。按照阿拉伯数字，红桃 A 算最小，红桃 K 算最大，数字大的一方有权选择先客后主的顺序。

深圳老总孟庆森抽得大王洗牌。洗毕，武汉老总陈旭东出手，拿到的居然是 13 张扑克牌中的红桃 2（倒数第二小的牌）。陈旭东脸色骤变，孟庆森则得意洋洋，他非常潇洒地从剩下的 12 张扑克牌里拿起最上面的一张，轻轻地反转过来一看，满场哄笑——这就是那张唯一会输的红桃 A！

### 风从虎，云从龙

2007～2008 年间，在国奥的国内外拉练中，球员抱怨，只要谢亚龙在场，多是刮风下雨的天气，而他走后，数次瞬时云收雨散。屡试不爽。

### 痔疮两题

2001 年，在昆明的曲圣卿痔疮恶化，他表示因病要告假。为了确保没有受骗，米卢亲自检查了他的病情，看后说："你还是回去认真看病吧。"

谢强常讲一个笑话："1998 年第一次给霍顿做翻译，一个非常严肃的战术训练会议上，队医说郝海东痔疮犯了缺席会议。我完全不知道痔疮用英语怎么说，只好说'Something is wrong with Hao Haidong's asshole'。"

### 叫戴望舒的球迷

一次魏群收到一封球迷来信，附玉照一张和《雨巷》，老魏看后深以为然，连连称赞："这个叫戴望舒的女球迷诗写得真好。"

### 李承鹏语

天作孽，犹可活；自作孽，尤可为。

### G7 读文件

G7 闹事，一顿 PK 之后，和足协一起坐在大宝饭店一起开会。大家暗中较劲，先是罗宁不小心坐在其他人的座位上了，足协官员李立鹏立马不快地提醒："你怎么不坐在自己牌号前的座位呢？"郎效农也大声嚷嚷，罗宁大怒："我是副部级，想坐哪就坐哪。"双方吵得不亦乐乎。后来为缓解气氛，G7 说，让我们来读一下要求改革的相关文件吧。北京足协某官员瞄了一眼，敲着桌子冷哼一声，用纯正京片子说："什么东西，不伦不类。"张曙光让他翻开来一看，结果是十六大精神。吓得那官员脸白了，大家就一起开始念十六大精神，样子好认真。

## "6" "9" 事

1999 年，全国足球乙级联赛，四川绵阳队与大连铁路队通过抽签决定一个冲甲 B 名额，时任竞赛部主任的郎效农让两队代表分选"单""双"，然后各从 0～9 的数字中抽出一数相加，如果和是单数，那选"单"者获胜，如果和是双数，那选"双"者获胜。结果绵阳抽取到 9（其实可能是 6），根据这一规则的"漏洞"获得了晋级的机会。

### 超级乌龙

1. 2001 年新年时节，中国队与美国队的热身赛中，王亮在中场回传。但他踢出的皮球，竟然飞越 40 多米，直接吊入了自家大门！

2. 2008 年初，安联体育场，中国国奥队对拜仁慕尼黑。第 45 分钟，施魏因施泰格在禁区右侧下底传中。李玮峰头球解围，但却变成了克林斯曼式的攻门，活脱脱一个世界波。

3. 李玮峰乌龙历史可谓源远流长。他职业生涯里的首次出场，便以一记乌龙球起步。1998 赛季对大连比赛，他负责盯防郝海东。在一次反击中无法跟上对方，只能盲目解围，但皮球却在匆忙中直入自方球门。

4. 2005 赛季，深圳健力宝队客场挑战四川冠城队，四川球员黄圣坤边路下底传中。在震耳欲聋的"球霸"鼓噪声中，李玮峰判断出现失误，在无干扰的情况下解围失误，自摆乌龙。面对这一低级乌龙球的指责，李玮峰表示是"场地太滑"。

5. 2006 世界杯前，中法大战。终场前比分还是 1 比 1，法国队里贝里底线附近带球转身后，斜传到球门前沿，王赟无奈之下大脚解围，这一脚吃球部位非常奇怪，足球像违背力学原理一般，旋转着从出脚的反方向进了球门。

6. 大连队与天津三星对阵。大连队获得点球，郝海东主罚，站在 12 码线上，郝海东颇有自信，一脚将皮球踢向了球门，结果皮球不偏不倚击中门柱弹出，说时迟那时快，只见一道白色影子赶到将皮球补进了球门。原来是天津三星解围，过于性急，不慎乌龙。

**离奇受伤**

2005 年 9 月 2 日，鲁能客场挑战实德，李金羽跳起，头球攻门后倒地不起，经检查他左脚第五趾粉碎性骨折成三段。后来鲁能认为，受伤和金州的草皮有关。

2004 年 9 月 15 日，国际队员杜苹与深圳队门将李蕾蕾撞在一起，经医生检查杜苹右眼上颌窦粉碎性骨折，右筛骨骨折，左锁骨骨折，还有轻微脑震荡。像这样同时三个地方骨折的，足球队闻所未闻。

2006 年 7 月 7 日，中超补赛沈阳主场对青岛，第 77 分钟，青岛的吕刚抬脚过高，鞋底钢钉将金德几内亚外援班古拉的右眼严重踢伤，经诊断，右眼眼球破裂。

# CHAPTER 6

# 第六部分

# 光明的开始

辽宁省公安厅正在进行的对整个中国足球界的广泛调查，虽然一直表现出对这个专业领域的潜规则及暗箱操作的极大兴趣，但从本质上看，就像林则徐虎门销烟，一定是建立在国家机器对社会安定、对白银外流所持有的担忧之上。

不管是为了成绩相互默契，还是纯粹为了操纵结果，通过地下博彩获得暴利，背后都闪烁着赌博的影子。

说到这里，我们的话题该转向抨击赌博这个罪恶的魔鬼。然而，这并不是一个传统的道德逻辑所能解决的问题。

足球地下博彩，是一个行业的问题，但更是一个社会问题的缩影，我们很想提升一下自己认识的高度，站在一个社会的立场上来看待一个行业的问题。

事实上，面对这个可谓重大的社会问题，政府内部估计有超过半数的声音，在表达着"宜疏不宜堵"的观念，这个几千年前大禹治水喊出来的方法,也许是处在转型期的中国政府,一个艰难的课题。

2004 年 4 月,人大常委会副委员长许嘉璐在澳门讲话称,中国政府为了堵截资金外流,维护金融安全,加强廉政建设,进行了打击出境赌博活动的斗争,封堵了内地居民出境到接邻周边国家如缅甸、老挝、越南、朝鲜、俄罗斯参加赌博的通道,致使这些国家的赌场纷纷倒闭结业。

但是,为了照顾澳门特区经济,却又网开一面,继续开放内地居民以"个人游"形式旅游,等于是"默许"内地居民出境到澳门参赌。这是一个尴尬的状况,出于"肥水不流外人田"的考虑,出于维护一国两制形象的考虑,必须允许这个缺口的存在,但这个缺口,又很可能使辛辛苦苦建立的"截堵防护网"形同虚设,必然使内地资金大量流失,地下金融猖獗,继续有官员受到腐蚀被拖落水,继续有私人企业主败落破产。

答案仍然只有一个,堵是堵不住的,就算没有澳门,是否就真能堵住其他的通道?堵住出境赌博的通道,不如说是禁止出境,难道再来一次"闭关锁国"?官员们是不是就再也没有机会腐败?

北大公益彩票事业研究所,其实一直作为政府研究博彩事务的幕僚机构而存在。

近年来,他们对足球博彩保持着高度的关注,作为一个影响广泛的行业,在考虑国家博彩业是否开放或开放程度的问题时,完全可以作为一个最好的模板。

他们的职能是用足球来看社会的问题,而我们的目的,是用社会来思考足球的问题。

足球没有天生的肮脏,也不会永远肮脏,如果可以为足球寻找到一张"截堵防护网"的话,我们认为,那就是取消足球,然后让曾经在足球身上出现的问题,转移到另一个影响广泛的项目上去。

疏比堵好,堵不住,只有疏。

足球,需要一个光明的开始。

十几年来，中国足球一直很滥，但一直勇敢地在扮演着某种体制外探索市场的"探雷针"形象，成为实际上的研究假赌黑的"带菌活体试验对象"，它比任何行业都需要阳光。

可能让很多人吃惊的是，这次打假扫黑其实并非大多数人以为的"来自高层的意愿"，这是习惯于清官治国的中国人的一厢情愿。

在本书的开头（也就是杨旭被抓捕的那一天），我们看到了胡锦涛总书记在全运会上对中国足球的讲话，之前还有习近平副主席与德国朋友关于足球的交流，甚至还有国务委员刘延东在英国访问时的足球话题……

这些看似高屋建瓴的情节更多还是巧合，我们掌握的事实，这次打假扫黑最直接原因是——一纸从新加坡传来的国际刑警红色通缉令。

事实上作为国际刑警组织成员的中国公安部必须执行这一义务，才掀动了中国足坛 2009 年的扫黑运动。当然不能否认由于时代进步，中国警方这次打击的力度超过历史上任何一次，更不会出现像 1994 年那个令人啼笑皆非的"举国反击"的假球传闻。

中国的价值观在进步，中国足球的价值观也在进步，所以此次辽宁省公安厅牵头的打赌行动坚决而有力，特别是"司法独立""拒绝足协进入专案组"等措施，表明有关方面已意识到中国足球不再是一个运动项目，而是一项亿万人关注的社会现象，把案情重点涉及到"为金钱而操纵比赛的商业贿赂"，也从办案层次上剥离了普通球场违纪事件。

所有的事情并非孤立，同样的难题，已经纠缠了欧洲足球 111 年，即便在欧洲也有很多无法调查的流言。

事实上，稍加注意互联网，就会发现这时候连欧洲也在打假扫黑，而且力度比中国还要猛烈。

有专家认为，这不是巧合，这是国际刑警组织的一场全球联合行动。

## >>> 欧洲打黑进行时

　　欧洲足坛的行动还未结束，这跟中国足球在进程上是一样的，但并不意味着路线图一致，假赌黑是足球的毒瘤，但有区别，用一个形象的比喻就是：欧洲足坛是一个正常的人长了一个肿瘤，而中国足坛是一个肿瘤上长着一个人。

　　据悉，前保加利亚足协副主席赫里斯托·达诺夫突然爆出猛料，认为1993年11月17日法国主场1比2输给保加利亚的球赛，很可能被英格兰赌博公司操纵了。他揭露说，一名掮客找到了保加利亚队以及两名法国后卫，试图操纵比赛。但达诺夫随后表示"忘记了"这两名法国后卫的名字，最终让这桩公案变得无疾而终。和中国队一样，世界冠军和欧洲冠军也居然有令人崩溃的"11·17"。

　　目前已经被亚洲同行奉为圭臬的欧洲足球，无时无刻不在进行着对"假赌黑"的追杀。2008年11月25日，欧足联宣布，来自阿尔巴尼亚、拉脱维亚、斯洛文尼亚和匈牙利的5家足球俱乐部因涉嫌参与特大假球案正被调查。作为本次欧洲扫赌的急先锋，德国警方和欧足联主管事务部，联合了6国警方，揭开了欧洲9国联赛涉赌的大幕，德国警方更是迅速锁定了3名前德甲球员操纵比赛的罪行。

　　不少欧洲俱乐部都已经进入了百年俱乐部行列，但假球的历史比大多数俱乐部的历史都要悠久。1898年，在伯恩利和斯托克城的比赛里，双方"必须"打成0比0，结果，双方球员果然没有一次射门，队服都全部是干净的。再往后，1932年，切尔西和朴斯茅斯的比赛也是因故迟迟不进球，球员们在"磨洋工"。比赛中最大的亮点出现了，球突然自己爆了。观众嘲讽说，既然它都罢工了，为什么你们不？

　　《疯狂的德甲联赛》1993年版记载，1971年德甲联赛最后8个比赛日，72

场比赛中的 26 场被证明受到了操纵。技术精湛的科隆门将曼格利茨在两场比赛中丢了 11 个球，据悉他制定的标准是"1 个点球 1000 马克"。联邦法院和埃森地区法院之后的调查发现，他经常在体育场入口处交给接头人一个信封，上面有他新婚妻子停车的位置，后者的现金便直接交给她。这位德国国门落网，掀开了 70 年代德甲扫赌的序幕。

而今回顾，当时的很多细节让人触目惊心。如匈牙利人瓦格是柏林队前锋，在一场关键场次前，比勒菲尔德和他进行了单独会谈，让他在双方对阵时故意不进球，允诺会给他比其他球员多"两倍"的酬劳。瓦格表示需要提前付款，但比勒菲尔德通过中间人拒绝了，仅仅答应在比赛开始后就马上付款。结果，半场休息的时候，瓦格直接奔向电话，当着很多人的面询问妻子钱是否到账，但他听说账面上根本没有钱时，勃然大怒，说道："这些猪猡，他们想要霸占我们外国人的钱！"

于是他想单独打败比勒菲尔德，下半场独自带球过人，球打在了对方横梁上。此后，他的队友再也没有给他传球，保证了比勒菲尔德最后 1 比 0 取胜。

1974 年世界杯之前的扫赌行动让西德联赛 2 个俱乐部、2 名主教练、5 名官员和 52 名球员受到惩罚，刚好在世界杯之前，出现了一次大赦浪潮，大多数球员都在国外找到了饭碗。这里面沙尔克的十几名队员得到赦免比较晚，因为他们不仅因为收了 4 万马克就故意推迟了比赛，而且还被证实做了伪证。这次彻底的打击后，从此之后德甲联赛彻底走上正路。西德足协当时在 6 个星期便处理了此事，起诉、反诉、体育仲裁委员会和民事法庭接踵而至，当时的西德足协发言人格哈德向大众作了声明，"德甲本身没有堕落，只不过向我们发出了警报。"

1980 年代的假球明星是意大利。在意大利那次令人震惊的假球案中，11 名球员被逮捕，虽然他们随后被无罪释放，但体育法庭此后却处罚了 7 家俱乐部，其中包括 AC 米兰和拉齐奥，20 名球员受到长时间禁赛，最有名的莫过于 1982 年世界杯英雄射手罗西。

1994 年，创立不久的英超旋即中招。"格罗贝拉丑闻"登场，赌博集团代理人文森特于是向《太阳报》爆料,他与门将格罗贝拉联系并支付现金的过程被《太阳报》拍摄下来。格罗贝拉与前温布尔登队前锋法沙努、守门员塞格斯、马来西亚商人林衡山先后被捕,但经过旷日持久的审判,格罗贝拉被判无罪,《太阳报》因诽谤罪被处以巨额罚金。19 年之后,英国《世界消息报》记者假扮阿拉伯富商,从法沙努口中套出了内幕,法沙努称自己为远东赌博集团工作,收入达到 150 万英镑。在一场利物浦德比战之前,他因提供了一些"信息",其账户增加了 25 万英镑收入。

不过,亚洲人在英超扮演了相当不光荣的角色。1999 年。查尔顿主场与利物浦比赛时灯光全部熄灭,经过 40 分钟检修后仍无济于事,比赛被迫腰斩。经查是配电房遭破坏。球场管理公司向警方报案。在调查中,山谷球场保安经理费什承认收受了几名亚洲人的 2 万英镑贿赂,三名亚裔得以潜入球场,炸掉了一些关键部件,主要是当时的走向不利他们的"公司"。

然而,意大利人在这方面当然不让,迅速在 21 世纪成为了新焦点。

2004 年 5 月,12 支职业意大利队涉嫌赌球和有组织犯罪,丑闻中心是意甲的锡耶纳。那不勒斯的反黑手党警察突然袭击了锡耶纳俱乐部总部,并带走了 8 个文件柜所有的文件。与此同时,警方在 14 个城市同时展开行动,光是意甲球队就涉及切沃、雷吉纳、莱切。意大利足协随即发表了官方公报,声称并不知道这起丑闻,而一旦得到警方的正式通告,足协将展开平行调查。

所有人都以为这次事件是针对小俱乐部和低级别联赛的假球事件,不料两年后越演越烈。2006 年 5 月 13 日,罗马警方对意大利足协总部进行了突袭大搜查。这次搜查目标不止是前尤文总经理莫吉,而且包括尤文图斯、AC 米兰、佛罗伦萨和拉齐奥 4 支意甲球队以及 41 名涉案的意大利足坛人物。而这些人涉嫌操控 2004/2005 赛季 19 场意甲比赛的结果。当时已经辞职的前意大利足协主席也接受了地方法官的调查。

在此背景下,意大利足协不得不宣布取消派遣本国裁判德桑蒂斯赴德国世界杯执法的决定,而同时被取消执法资格的还有将担任助理裁判的格里塞里和伊瓦尔迪,因为这些人都在调查的涉案 24 名裁判名单之中。

　　"电话门"的一审几乎和中国足球的扫黑高潮一起到来，2009 年 12 月 14 日，那不勒斯当地法院对 11 名参与 2006 年意大利足球丑闻的嫌疑犯作出第一次审判，其中前尤文图斯管理者吉拉乌多等 4 人被判监禁。吉拉乌多被判处 3 年有期徒刑，两名裁判拉内塞以及冬达里尼被判入狱两年，另外一名叫皮耶里的裁判被判入狱两年零 4 个月，其他 7 名涉案人员被判无罪。"电话门"事件的影响改变了意甲联赛。

　　而在 2009 年 11 月掀起的欧洲足坛大调查中，来自德国媒体、警方的消息格外骇人。位于波鸿的联邦检察院向外界宣布，赌博集团在 2009 年总共操控了超过 200 场在欧洲举行的各级别联赛，欧足联的代表利马赫则表示，"这是足球史上最大的丑闻。"

　　据《图片报》的报道，此次"假球丑闻"涉及了 9 个国家，德国是风暴中心，发生在德国的 32 场涉案比赛包括 4 场乙级联赛，3 场丙级联赛，18 场丁级联赛，5 场第 5 级联赛，以及 2 场 U19 级别的青年比赛。至于德国之外的那些涉案比赛，其中竟然包括了至少 3 场欧冠联赛，2 场欧洲联赛，此外还有 1 场 U21 欧锦赛的预选赛。

　　在短短的几周内，欧盟警察进行了超过 50 次搜查，总共有 17 名涉案人员遭到逮捕。据初步调查结果显示，涉案金额高达上千万欧元，涉案人员则超过了 200 名。来自波鸿的检察官巴赫曼表示："和 70 年代那次一样，球员和教练扮演了最主要的角色，裁判和俱乐部官员紧跟其后。"

　　被透露的细节令人为之一震，《图片报》独家曝光了其中 8 场球的细节，包括了球员收取黑钱和比赛相关赌资的数额。比赛遍布瑞士、比利时、克罗地亚和土耳其等各国的联赛，而且都是在 2009 年内举行的。显然，这些都是其中最低微的场次，涉及到的金额最高的才不到 15 万欧元。

　　然而，风波就像滚雪球。12 月初，大约有 300 名西班牙球员涉嫌参与控制比赛，西班牙警方由此展开了调查。《马卡报》透露正在接受调查的 7 名球员姓名，其中包括正在西甲传统强队萨拉戈萨队效力的门将洛佩兹·瓦莱吉奥。

　　来自东欧的情况比其他地区更加严峻，2009 年 11 月 13 日，一名俄罗斯裁判自杀，成为了欧洲足坛再次关注的中心。在 10 月 25 日拉莫斯执教的莫斯科中央陆军主场 1 比 3 负 FC 于莫斯科队的比赛中，担任主裁的卡尤莫夫引起了巨大争议。最近卡尤莫夫被莫斯科警察传讯并被拘留，背后涉及赌球及被收买，目前俄罗斯足协已经展开调查。据悉，13 日卡尤莫夫站在莫斯科市区一所公寓 7 楼的窗台上，神态萎靡，所幸发现及时，最终才营救成功。一些俄罗斯媒体认为他有"精神问题"。

当然，只要涉及到可能的"操纵"，不仅仅是比赛可以调查。2006 年，老雷德克纳普执教南安普顿时，博彩公司就为他即将跳槽朴茨茅斯开出了赔率，结果他真的转投朴茨茅斯。为了调查他是否在其中涉嫌"作弊"，足总和有关方面进行了调查。雷氏接受了询问后，此事不了了之。

欧洲足坛的行动还未结束，这跟中国足球在进程上是一样的，但并不意味着路线图一致，假赌黑是足球的毒瘤，但有区别，用一个形象的比喻就是：欧洲足坛是一个正常的人长了一个肿瘤，而中国足坛是一个肿瘤上长着一个人。欧洲足坛要在已形成的法律基础上打假扫黑，而中国足球则要从根本上解决假赌黑，这，任重而道远。

但是，它不是不可完成的，相反，在权力相当集中的中国，它反而有非常大的优势，如果我们不仅仅从道德层面，而从经济和人性角度切入，会发现它的路线图似乎非常清晰。因为，足球博彩本身并无过错，在赌博几乎作为人类最原始的欲望之一的前提下，我们怎样去疏导和利用，成为当下一个有趣的话题。

### >>> 道德，是最后的煎熬

事实上，从荀贵忠在石家庄市工人文化宫门前，举起第一张"中国社会福利有奖募捐奖券"那天起，在西方社会眼里，中国已经不再是一个绝不沾"赌"的国家。他们认为，这是一种开放和进步的体现，与道德无关。

2009 年 7 月，48 岁的曹淑芳，不知道自己是不是终于看到了一点点希望。刚刚过去的一年多时间，对这个湖南湘潭一个普通家庭的女主人来说，是一段梦魇一般的生活。丈夫和女儿卧病在床，家门口和楼道里贴满了追债的恐吓信，儿子一直沉溺于网络赌球，欠下了 200 万巨款，早已流亡在外。她刚刚从电视里看到了湖南最大的网络赌球案告破的新闻，她很想知道，那些事情会不会结束？她的儿子会不会回来？

现在，随便上网站查一查，你会发现，中国每天都在发生着这样的事情。当然，中国同样也在每天发生着别的故事，比如说，有人在股市里赔掉了全部的家产和积蓄。但是，我们得注意到，前面一个故事里充满着一种对罪恶的控诉，对道德的谴责，而在后一个故事里，人们更愿意发出感慨，那是运气在作祟。但是，其实真的没有一个人说得出来，你把全部的钱投在一支股票的涨跌上，和把这些钱投在一场足球比赛的胜负上，有什么本质的区别？

所谓道德，往往就是传统意识和社会认同在左右着心理转换的方向。

1987 年 6 月，民政部在人民大会堂召开中国社会福利有奖募捐委员会成立大会，这一消息迅速传遍世界。"中国要发行彩票了？"世界舆论充满着好奇和期待。在时任石家庄市民政局局长的荀贵忠的回忆中，为了缓和影响，中央把第一个搞试点的任务交给了河北省。但轩然大波仍然不可避免，有人认为彩票是封建腐朽的东西，会助长人们的懒惰功利之风，有人认为这纯粹就是赌博，为了保险起见，荀贵忠他们甚至没敢叫彩票，最后决定叫"社会福利有奖募捐奖券"。事情进展神速，半个月后，7月27日10时30分，在石家庄市工人文化宫门前，中国社会福利有奖募捐奖券首发式举行。如果不算两千多年前，汉代张良为筹募军粮和修筑长城首创的"白鸽票"，这肯定是中国发行的第一张彩票。

通常情况下，人们并不容易弄清楚彩票、博彩和赌博之间的关系。通俗点说，彩票统一由国家机构或委托机构发行，除了彩民的返奖部分，比如中国体育彩票的返奖率为65%，其他大部分将用于社会福利、公共场馆设施建设等公益事业。博彩可以说是赌博的书面用语，虽然国外博彩集团也经常赞助公益、慈善事业，但一方面属于非国家机构，另一方面除了税收，也没有相关法律限制其收益用途。至于赌博，习惯上人们一定会浮现出某种景象，在一个乌烟瘴气的屋子里，一群人眼睛里闪烁着贪婪的光芒，忘乎所以地摇着骰子，声嘶力竭地喊着"大""小"。但是，理论上说，这三者其实都是在"赌"，只不过，彩票是国家在"坐庄"的赌局，65%的返奖率，意味着有35%的彩金是用于财政和公益事业，如果这部分小到只有10%，甚至1%，那是不是就算是博彩或者赌博了？

道德的底线到底是百分之几？有时候，道德就像一件外衣，热了可以脱，冷了可以加。比如说，在上世纪80年代，"投机倒把"曾经是一个罪该万死的词汇。1982年的某个深夜，温州柳市镇上8个做线圈、做电机的小生意人，突然奔走相告逃往他乡，可就是这个当时闻名全国的"温州八大王"，20年后，却成了促进中国经济发展的英雄人物。历史，总是让人难以捉摸。事实上，从荀贵忠在石家庄市工人文化宫门前，举起第一张"中国社会福利有奖募捐奖券"那天起，在西方社会眼里，中国已经不再是一个绝不沾"赌"的国家。他们认为，这是一种开放和进步的体现，与道德无关。湖南湘潭那个出事前还在打听中国能否开放博彩的地下赌博集团老板，算得上是一个有理想的人物，中国最大的赌博网站"新宝"和"新宝盈"，换了在英国，也相当于威廉·希尔或易胜博，他们的老板，没事也能上什么财富榜上坐坐。

## >>> 中国，大中华文化圈包围的"博彩孤岛"

在教育官员廉洁与禁止官员出境以防止腐败之间，似乎后者才是一种形而上的牵强逻辑。再比如说，男人好色，是不是应该减少女人，或者不允许女人出门上街呢？

禁赌是中国文明数千年来的基础伦常，但在如今的大中华文化圈，博彩已是公认的无烟产业，甚至被认为是扭转当地产业低迷，提升民众福祉的关键。可是从"禁赌"到"开赌"的挣扎，甚至比当年开埠还要艰难。大陆的经济发展逼迫着周边的大中华文化圈国家争相开赌，试图吸引更多来自大陆的豪赌客，刺激当地的经济。

明年初，南至新加坡的圣淘沙，北抵韩国的华克山庄，西到马来西亚的云顶高原，东邻琉球群岛的冲绳，再加上台湾的澎湖金马，仿佛一夜间，中国大陆将被一条博彩的链条封锁。

海峡对岸的台湾，是否开赌已争论10年之久。10年前台湾立法院整整争闹了一个通宵，凌晨时分三读通过所谓"公益彩券发行条例修正案"，夹带过关"博弈条款"，结果引发国民党立委严重内讧，很多立委扬言退党，差点让当年国民党在台湾立法院的席次优势瞬间不再。闹剧争议良久，最终还是当时的行政院长萧万长害怕舆论与上峰压力，一意将"博弈条款"删除，台湾的"赌博合法化"胎死腹中。当年民进党立委沈富雄倡议废黜"博弈条款"，还博得了不少民众支持率。

台湾当局"禁赌"，下辖地方政府可不管这些。离岛的澎湖和金马竞相投资大型度假村，私设博彩公司和赌场，逼得台湾当局不得不重审"博弈条款"。很多离岛度假村故意在设计阶段就预留了专设博彩公司的空间，为未来的"开赌"做足准备。台湾当地媒体认定，随着直航和台湾对大陆游客的开放，目前至少有30家观光旅馆随时准备接入博彩业。台湾民众赌足球、篮球、棒球和赛马、赛犬，都不必远赴澳门或者通过网络，这无异于为台湾产业开辟了新路。

台湾通过"博弈条款"前，就已有好事者连夜抢注多个谐音"一路发"的"XXXe68.com"网站，欲抢攻博弈市场，将网址和站点卖给博彩公司获利。

台湾民众认同"开赌"将与"三通"一道，成为马英九政绩考量的重要标尺。

世界上没有哪个国家的博彩业，像新加坡这样谨小慎微，这个国家争论"开赌"花了40年，一面广募博彩财源，一面高筑道德牌坊。

体制上而言，新加坡是最接近中国的"国家资本主义"。为了开赌，李显龙政府甚至放弃了已沿革17年的"科技岛"战略，转而全面转型向消费型和旅游型经济航向前进。1997年东南亚金融风暴后，新加坡曾一度转为主攻生物科技工业，但投资甚巨又收效甚微。于是，2005年李显龙政府正式决定全面开放博彩业。如今，新加坡每年从博彩业中获取税款超过9亿美元，但还远远不能满足经济发展的需要。新加坡人每年在马来西亚的云顶、柔佛海峡的赌船和印尼的巴淡岛上至少赌掉7亿美元，这对于新加坡而言是致命的外汇流失。

尽管知道人们前往海外赌博，但新加坡长期执政的人民行动党政府向来拒绝跟随其他亚洲国家的步伐，涉足高利润的赌场。甚至在2003年11月，时任副总理的李显龙仍然拒绝接受开设赌场的建议，被外界视为行事保守的新加坡领导人。但其思维近年出现非常大的转变，他认识到，若新加坡对一些课题的看法仍然一成不变，它在区域内的经济领先地位将被其他国家取代。新加坡打破禁忌开设赌场，除了印证"形势比人强"外，也显示了"实用主义至上"的治国理念。

日本人在"赌博"方面的保守，几乎是完全继承大中华文化传统理念的最后一条道德底线。但是现在，自民党博彩业研究小组顾问三原亨透露，几乎有一半的日本众议院议员（包括一些反对党议员）支持赌场合法化的总体概念。

目前在日本，仅有赛马、赛车、赛艇和体育彩票是被允许的赌博方式，还有就是披着游戏外衣的"弹珠机"。体育赛事的赌博仍旧被严格局限在彩票方式上，一旦"禁赌"法例如期被废黜，赌球等原本处于地下的博彩都将全面浮上水面。日本已初拟在琉球群岛的冲绳和东京设立专门的赌场，并开启博彩公司。

　　这是中国政府必须面对的全新挑战，但同样也可能让他们放下最后的顾虑。除了道德底线，中国的国体，包括我们的宪法，一直都在对开放博彩形成更大的障碍。北大公益彩票事务研究所，近年来一直以彩票高峰论坛的形式，广泛征集各界意见。在这些意见中，很多有见地者都认为，赌和色是人类的两大根本欲望，而新中国几乎是从建国开始，就以宪法的形式坚决地表明了禁止赌博业和色情业的态度。但道德首先是每个人对自身行为规范的约束，而不应该将某些特殊的行业插上道德的标签。比如说，在教育官员廉洁与禁止官员出境以防止腐败之间，似乎后者才是一种形而上的牵强逻辑。再比如说，男人好色，是不是应该减少女人，或者不允许女人出门上街呢？

## >>> 4万亿的后面是什么？

　　　　用国库券来刺激流通的时代早已过去，这个国家，需要找到新的
　　办法，让老百姓把地窖里的银子挖出来。

　　当然，绝对不要怀疑中国人的聪明。在中国 30 年经济发展过程中起到决定性作用的邓小平，早就向世界展示过他绝不墨守成规的灵活一面。多年来，中国经济一直高歌猛进，GDP 高速上扬，甚至都没有时间来考虑其他问题，但是，在这神奇的 30 年之后，聪明的中国人，会静下心来思考自己的下一步。

　　《2012 世界末日》中，一向自以为是的美国人，为什么会把诺亚方舟交给中国人来制造？现在，这几乎已经成为一种全世界的共识。在席卷全球的金融风暴中，中国政府显示了无比强大的力量，中央集权制的金融制度，以及在西方社会眼中谜一般的"左右手经济"，决定了中国在世界经济发展当中的崭新地位，

如果金融风暴真有可能把这个世界带向末日，至少在目前的中国，一定可以找得到救世的方舟。

金融风暴对于庞大的中国，真的就像是无关痛痒的一阵轻风？不是。整个2008年，亚洲最大经济体日本，出口同比下降35%，而韩国，随着出口下降，其经济缩减3.4%，这些数据突出表明，亚洲出口依赖型经济其实很容易受到危机的冲击。中国无法幸免，去年第四季度的国内生产总值（GDP）增长率下降到6.8%，致使全年增长率降至9%，是7年来的最低点。2008年的减速中止了连续5年的两位数增长率，不过，即使这样，许多经济学家还在对中国统计数字的质量持怀疑态度，认为它们容易受到政治操纵。国家统计局在公布经济增长数字的同时发表声明称："国际金融危机仍在加深和蔓延，对中国经济的冲击仍在继续。"

在全球经济都在下降，甚至许多国家陷入崩溃的时期，中国对自己的增速产生担忧，似乎更像是一种幸福的烦恼。但是，这种烦恼绝不矫情，建立在出口依赖型模式上的中国经济，已经保持了30年稳定而神奇的增长，下一个阶段将面临着又一次结构转型。数字仅仅作为一个参照而存在，转型期往往预示着无穷的可能性，任何幸福的数字，都有可能在剧烈的转型中化为乌有。

正是这种担忧，迫使中国政府强手频发。2008年11月9日，中国政府宣布对财政和货币政策进行重大调整，由稳健的财政政策和从紧的货币政策，转为积极的财政政策和适度宽松的货币政策。由温家宝总理主持召开的国务院常务会议确定了当前进一步扩大内需、促进经济增长的十项措施。落实这些措施的投资额到2010年底约需4万亿元人民币。

"4万亿"计划是一项前所未有的大工程，其中不但包含着"保八"增长的近期任务，更重要的是也承担了中国经济结构性转型的历史使命。正如一些经济学家所言"4万亿投资在本质上并不是一个完全的增量，它对宏观经济刺激作用的信号意义远大于其实际投资拉动作用"。事实上，从2008年11月开始，我国股市就领先全世界4个月之久"回暖"；楼市方面，到2009年底，我们已经回暖将近八九个月了，全世界楼市还没看到回暖的迹象；中国汽车市场，在欧美、日本销售量下跌 30% 左右的情况下，我们逆市上涨 15%……

但是，与其说这是强势反弹，不如说是一阵虚火。两年 4 万亿托市，首先得益于中国的体制，4 万亿背后，隐藏的是中国的决策者希望把经济增长从贸易拉动转向消费拉动的决心，但消费支出的模式并非一朝一夕可以改变。中国的居民消费价格指数（CPI）的涨幅也在持续下滑，进一步释放出经济活动骤然减少的信号，"2009 年是经济最困难的一年，2010 年将是最复杂的一年。"

为什么复杂？复杂在哪儿？比如房地产，在国家经济指标中占据了极重要的地位，房价高居不下，一方面是在托住 GDP，另一方面，则是在保持消费与流通。被 4 万亿托住的中国经济，正在变成一场博弈，国家跟市场的博弈，政府跟老百姓的博弈。政府不断地告诉人们，必须花钱，抓紧花钱，但人民币就是人民手里的币，救市不是救灾，很难把花每一分钱当做挽救国家的体现。政府工作报告用了"极为不易"4 个字来概括 2009 年的中国经济，但是，"不排除出现新的危机的可能性"。如果消费始终不活跃，流通始终不畅快，4 万亿，将会变成点燃了引线，却仍然托在手里的炸药包。

有时候，当你干什么都挣钱的时候，的确会认为有些钱可挣可不挣，甚至不想花太大麻烦去挣。但是，当你特别想挣钱的时候，的确会绞尽脑汁、挖空心思地寻找任何挣钱的机会。中国正在一步步地向自己的大国梦想挺进，但绝没有自信到认为自己可以睥睨世界、金身不破的地步。"他们首先要做的是，以一种隐忍而低调的姿态，举全国之力，保住自己在经济发展中辛苦积累的胜利果实。"

处于大中华文化圈的亚洲邻国，纷纷以突破道德底线的勇气，完成在博彩行业的观念转变，在很大程度上，是金融危机的现状，推动了历史的进程。财富如水，所谓流水不腐，户枢不蠹，来钱最快的博彩，最容易使财富像全身的气血一样流通起来。与那些金融崩溃的国家相比，中国最大的区别在于，政府手里有钱，老百姓手里也有钱。政府的 4 万亿砸出去，已经完成了一次流动，这些钱砸在股市上，砸在楼市上，就是为了促成老百姓手里的钱也开始流动。流通，就是有了流动才会通畅。用国库券来刺激流通的时代早已过去，这个国家，需要找到新的办法，让老百姓把地窖里的银子挖出来。

在刚刚过去的财富暴增的 30 年里，中国政府所依靠的，绝不仅仅是对社会主义的坚守，对道德底线的维护，更重要的是，把握中国的现实特点，针对市场进行灵活变通。了解内情的人知道，进入 2009 年的国家体彩中心空前忙碌，空前地感受到来自政府的压力，这一年连续上马的新玩法的"足彩""篮彩"，完全可以看做是一个变通的信号，我们更愿意认为，这是一种从容的节奏。

不要再谈主义，赶快来想办法。

## >>> 最后一层窗户纸

> 所有因道德约束而心怀犹豫的国家，其实内心真正恐惧的，是那些大门上写着"CASINO"的赌场。

一份未经公开的材料中显示，某些负有特殊使命的机构，的确已经向政府明确提出可行性建议。据透露，澳门政府曾经向中央政府提议，把横琴岛的经营权划归澳门特别行政区。这个提议看起来过于大胆，迄今也只被允许在横琴岛上开办一些教育设施。

问题仍然在于观念能否得到最终的突破。其实在我们面前只剩下最后一层窗户纸，但这层窗户纸薄如蝉翼却韧性十足，在 1993 年到 1999 年的 6 年间，广州赛马会作为第一个开奖性质的赛马场所，曾经无限风光。但政府在这方面的立场始终左右摇摆，阴晴不定，以至于好不容易已经走出去的一步，仍然硬生生地被收回来。2010 年广州亚运会的马术比赛设在从化马场，这块马场由当地一家地产集团与香港马会共建，作为《合同备忘录》的约定，之后的改造工程将由马会承担，这会不会让广州赛马"咸鱼翻身"？

11 月 30 日，第六届武汉赛马节在东方马城开幕，国家体育总局副局长和国家体彩管理中心副主任悉数到场，引起许多人的遐想。更让人关注的是，这届赛马节的开幕式上首次设置了观众竞猜的环节。观众可以竞猜第一名胜出的马匹，猜中者通过获得体彩刮刮乐彩票抽奖，单张彩票最高可中 3 万元。比赛规则上则全面复制了香港马赛。只不过，赛事组办方捏着手中的"马号券"，一再强调"是趣味性竞猜，不是马彩"。比赛当日，国内首家研究赛马彩票的专业科研机构——"赛马彩票研究中心"在湖北省社科院挂牌。

2001 年，北京通顺马场被批准注册成立，但运营几个月后被叫停，原因与当初的广州一样，仍然是"违规"。成都周边的温江、郫县和双流，曾先后建有三个含马场在内的综合性娱乐城，如今娱乐城都已倒闭，唯有马场仍在给富豪们喂养着名贵的马匹。但现在成都又在筹备开工两个马场，其中一家预计投资甚至超过 20 亿。十年来，所有仍在坚持的和正待兴建的马场，都在等待着"开禁"。马场不是羽毛球场，仅仅作为一个纯粹的体育运动场所，其成本实在是太过昂贵。

这是一场反复而执著的斗争。他们无数次努力地撕扯着那层窗户纸，很多时候，他们以为看到了窗户外面的世界，却很快发现眼前仍然是迷雾重重。事实证明，没有一个中国人愿意走一条像朝鲜那样与这个世界隔绝的道路，那么，我们究竟在等待什么？

2009 年 12 月的一天，萨克拉门托国王队的老板马鲁夫兄弟变得兴奋异常，因为他们终于听到大卫·斯特恩先生开口表示，NBA 赌球有可能合法化，如果这样，他们在拉斯维加斯的产业便可能有更多的收入。10 年前，马鲁夫家族买下这支球队时，他们同意不在自己的拉斯维加斯棕榈娱乐赌城，就 NBA 比赛设置赔率。但到了 2007 年，总裁先生允许两兄弟在棕榈娱乐城对除了国王以外的任何一支球队的比赛进行下注。现在，联盟正在准备进行一次关于赌球合法化问题的讨论会，而乔·马鲁夫以及加文·马鲁夫无疑会积极配合这样的举措，他们甚至想，花钱雇一大群人，举着各式支持赌球合法化的牌子，在讨论会上来回穿梭。

"这会给你的产业带来惊人的刺激，那些在一场比赛当中下注的人和没有下注的人反应完全不同，这将带来极大的利好，如果再加上合理的管制，赌球同样可以为联盟带来惊人的税收。"乔·马鲁夫准备在自己的演讲稿中这样开头。而大卫·斯特恩似乎并不避讳在讨论之前表明自己的态度："NBA 赌球合法化是可能的，那也意味着大量的机会。毫无疑问，巨大的财政刺激会让 NBA 联盟去考虑这样的可能性。根据美国联邦法律，体育赌博在内华达州是合法的，但是 NBA 进行这样的讨论，很可能会在有朝一日将体育赌博从被有组织的犯罪集团和那些职业赌徒控制的产业变为一项主流的、可以带来巨大税收的产业。"

在这个问题上，美国人其实一直表现得相当保守，但大卫·斯特恩是美国各大体育联盟老总中思想比较开明、步伐也比较激进的一位，他完全相信，如果不出意外的话，NBA 的赌球合法化将很快提上议事日程，并且成为现实。政府和国家都不想放过这样一个增加财政税收的机会。更重要的是，"赌球合法与否，和所谓的罪责道德没有关系，全国大多数的州政府并不会因此觉得道义上有亏欠，而 NBA 同样也不会。"

这位许多中国人都不陌生的总裁先生，的确戳中了中国人脆弱的心理防线。10 年间不断调整联盟相关政策，使 NBA 一步步接近赌球合法化的过程，无疑提供了另一个清楚的思路，以体育彩票，以及体育博彩合法化的途径去打开禁赌之门，是一个被广泛采用的软着陆方式。所有因道德约束而心怀犹豫的国家，其实内心真正恐惧的，是那些大门上写着"CASINO"的赌场。

10 年来，中国也在同样的方向上，不断调整着自己的步伐，但却显得亦步亦趋，左顾右盼。从 1987 年石家庄的"募捐奖券"开始，中国逐渐揭开彩票的面纱，但始终不敢染指具有完整内涵的竞猜型彩票，突破，恰恰就是从足球开始。1999 年，国家体育总局就发行足球彩票正式提交报告。由于那几年中国彩市异常火爆，诸多部委都要求发行各自部门的彩票。激烈的竞争中，足球彩票以足球在国内的影响力和号召力幸运入选。

根据新的规定，足球彩票和其他所有彩票一样，由财政部统一负责管理和发展。足球彩票竞猜赛事，确定由国外足球与国内足球两部分组成。

国外足球部分最初的两种选择是英超和意甲。从电视直播的历史和覆盖面权衡，意甲由中央电视台直播多年，而英超只是近年由部分地方电视台转播。所以，意甲压倒英超成为中国足球彩票的一部分。意甲每轮中的9场比赛的胜负关系，将成为中国足球彩票的竞猜标的。世界杯、欧洲杯等国际重大赛事，也将适时成为中国足球彩票的竞猜标的。国内足球部分则借鉴意大利足球彩票将甲、乙、丙三级联赛捆绑的模式，对甲A和甲B进行捆绑。足球彩票将选择每轮7场甲A联赛、6场甲B联赛中的8场比赛进行竞猜，其中甲A为5场、甲B为3场。竞猜标的除了胜负关系外，还将加上进球数。

方案已经完整地拿出来，足球彩票却整整两年，千呼万唤不出来。2001年2月20日，国家体育总局体育彩票管理中心迎来了一位新掌门人，她就是大家熟悉的前任中国女排队长孙晋芳。就职以前，孙晋芳已经先行赴欧洲对意大利等国足球彩票的发行状况进行了细致的考察，并在国内进行了大量相关调研。故舆论普遍认为，孙晋芳的入主，将会加快足球彩票的上市步伐。事实上，势在必行的动作仍然拖延到当年10月22日才正式落地，在这8个月时间里，孙晋芳几乎求证了所有的问题，返奖率、玩法、与地下赌球的关系，以及如何保证公信力的问题，最后上马前，国内足球仍然被放弃，最初的"9+8"变成了实操时的"9+4"，只不过那4场，换成了英超赛事。这一搁置就是遥遥无期，2009年，因中超而造成的大量赌资外流达到1500亿之巨，可较之当时，中超假赌盛行，公信力已经更加无从谈起。

2010年，国家体彩中心又有大动作。以公司化运营新玩法的篮彩和足彩，其中足彩更是首次采用让球制，已经无限接近欧洲赔率。按照运营公司的设想，其销售网点将突破1万个，"这将是中国任何一个连锁集团都不具备的规模和数量。"

广大的彩民，究竟会对此重新调动起高涨的热情，还是会在短暂的新鲜感之后，再次把目光投向玩法更加刺激的地下博彩？

## >>> 中国足球的未来

　　搞好中国足球如此简单，市场＋法制＋人心＝足球腾飞，这样一个看似主观而天真的三段论，其实是所有足球强国必经之路，只不过因为特殊的时代，中国曾错过这条路，而我们相信，它正在尝试走上这条路。

　　力推竞猜，应该被看做是体彩中心努力挽回颓势的举措。搞个简单的抽样调查，据山东体彩中心估算，青岛市仅 2009 年一年流出去的地下赌资就高达 200 亿，这个数字相当于山东省体育彩票和福利彩票两年的销售额。前几年，足球彩票刚刚发行的时候，山东省每期的销售额最多能达到 1000 多万，少的时候也有 600 万左右，而现在每期的销售额只有 100 多万。

　　体彩中心的相关负责人认为，与地下赌球相比，足球彩票存在的主要问题是返奖率不高，"地下赌球成本非常低，而国家发行的足球彩票虽然把返奖率提高到了 65%，仍然存在很大的差距。再有一个问题就是国家发行的足彩不如地下赌球玩法灵活、刺激，地下赌球不仅可以竞猜单场比赛，而且一场比赛就有多种玩法。可国家发行的彩票还不能搞得太灵活、太刺激，主要是为了避免部分彩民沉溺其中。"

　　站在体彩中心的立场上，这似乎早已成为普遍的共识。但是，这样的认识有问题，太有问题。首先，公彩与私彩在返奖率上根本就没有可比性，公彩必须承担一定的社会功能，我们能不能为了缩小与私彩的差距，而一味提高返奖率，再加 5 个点，是不是情况会好一些？加到 90%，那还是不是公彩？其次，国家发行彩票，因为必须平衡各方面因素，走的就是粗线条，英国彩票可以赌撒切尔夫人何时卸任，中国行不行？当然，公彩不能太灵活的理由也反映出认识上的短板，难道竞猜方法笨点，就不会有人沉溺其中？足彩一注 2 块，我买 100万注，算不算沉溺其中？哪怕是简单到石头剪子布的游戏，一拳下去，输赢 100

万，又算不算沉溺其中？本质上，也许这样的比较就有问题，反映出希望在技术上击倒私彩，从而杜绝私彩的解决思路。

世界上最先进的英国博彩，从一开始就是"公私兼营"。英国是竞猜型体育彩票发源地。1921 年，英国成立了首家博彩公司，主要发行足球彩票。1922 年，英国利物浦的"小森林队"邀请球迷对足球赛的比分下注，这就是世界上最早的足球彩票。而英国的国家足球彩票由英国体育援助公司负责印制、发行，通过遍布全国的德士古超级市场销售。一般每周发行一期，周末开奖，每注 1 英镑，头奖高达 100 万英镑。在早期，足球彩票的玩法是在 50 至 56 场比赛中，预测 8 场除 0 比 0 之外的平局球，猜对了得 3 分，最高分为 24 分，每轮以积分的高低确定奖金多少。

近年，足球彩票在单纯预测胜、负、平结果的基础上，增加了猜全场谁先进球，每一节（全场 90 分钟，每 15 分钟为一节，共分 6 节）谁先进球，上半场及下半场的比分、全场总比分等。这些新玩法使足球彩票的现场气氛更加热烈。另外，为了满足投注者的要求，私营的博彩公司还把世界杯、欧洲杯、英超、足总杯等比赛的冠军、最佳射手、甚至国家队参加国际比赛的成绩、国家队下任教练等内容列到预测的范围，大大提高了足球彩票的吸引力。

很显然，在玩法上，中国最初的足彩，加上即将上马的竞彩，其实并不比他们的国家彩票简单。但英国博彩的最大优势，恰恰就在于公私兼营，相得益彰。这是中国政府必须面对的问题，一味地暗示彩票管理部门的各级领导多设彩种，多想玩法，多找刺激，是望梅止渴，是在追求一个不可能完成的任务。

话说得更白些。过去的 30 年，中国市场上始终存在着三股力量：国营公司、民营公司、外资公司。一部中国企业历史，基本上是这三种力量此消彼涨、相互博弈的过程。它们的利益切割以及所形成的产业、资本格局，最终构成了中国经济成长的所有表象。邓小平在 1978 年亲赴日本对话松下幸之助，为中国给出强烈的寻求外来资本的信号。这是一代宗师的风范和眼界，对于相信"人定胜天""一切靠自己"的中国人这是真正超越传统观念的根本突破。1979 年元旦的第二天，美国人亨达，可口可乐公司的驻华代表，与中国粮油集团签署了一份合同，获准向中国出售第一批瓶装可口可乐。当时的外贸部长李强在批复中特意加了一条："仅限于在涉外饭店、旅游商店出售。"尽管合作的态度审慎小心，但思想的放开，才是聚变的开始。与此同时，那些曾经被称之于"小商小贩""个体户"甚至"投机倒把分子"的民间生意人，也逐渐登上历史的舞台。鲁冠球、禹作敏，及至后来的山西煤老板，国家所允许的绝不仅仅是卖烧饼油条，即使是国家最为重视的能源或资源行业，都不再成为无人涉足的禁区。

现在，无论是中国自身发展格局的改变，还是金融危机下的新的经济形势，都在要求中国政府把自己的眼光投向更深的禁区。2006 年 3 月 28 日，北京国安俱乐部正式宣布，奥地利必赢集团成为球队赞助商。这是一家总部设在奥地利的体育投资集团，旗下拥有 BetandWin.com 的网站，主要营业范围就是博彩项目，此次与国安签约，虽然是通过其新注册的必赢中国体育资讯网络公司（Bwin.cn）操作，但所有人都看得明白，国际赌博集团希望通过曲线方式介入到中国足球产业中来，并且通过一向与政府关系密切的足球俱乐部，努力获得政府的认可。此前两年，深圳健力宝尝试以旅游开发的名义，与澳门博彩公司携手，却被中国足球紧急叫停。两年后，当国安的主场场地广告牌与球票广告开始出现为必赢公司进行宣传的字样，训练服的胸前也印上了必赢的 logo 时，不少乐观者甚至认为，这是一个划开坚冰的信号。不过，在白白赔了一笔赞助费后，必赢最后并没能在国安身上打开缺口，但在必赢的管理层看来，这笔买卖他们并不亏本，因为通过这次接触，必赢跟中国足球的高层建立起了良好的沟通渠道。

还是那句话，思想能否放开才是解决一切问题的本源。韩国早就开放赌场，但一直坚持不接待本国人，所有进入者都必须检查护照。方法永远紧跟思想，如何保证国家利益，如何约束并限制外来者，以及如何设立私营者进入的门槛，不要说当年外贸部长的一张小批条，就是体彩中心任何一个小干部，都能做出一整套的方案来。中国政府从来无须担忧国家机器的强大，在外来加工业发达的广东东莞，多年来因为台商港商云集，一直开放洗浴桑拿，并且逐渐从配套型服务，衍生为规模型产业，虽然不时会有严打行动，但那更像是在表达一种态度和控制力。

再回到中国足球的层面上来，思考它的竞技能力，不如思考它的娱乐空间。最初的 F1，曾经是几大汽车制造厂家比拼技术的舞台，但在今天，作为一种更具观赏性的博彩平台，已经成为其更重要的功能。当年，足球作为竞猜型彩票发行的首选平台，绝不会是因为王俊生、阎世铎的先后力荐，只有在一个博彩开放的未来世界里，中国足球才能更大限度地发挥它的娱乐性和观赏性，养痈成患的假、赌、黑，才能真正得到市场的约束。

突然想插播一段聂卫平的回忆。聂卫平还清楚记得 1983 年夏天，北京工人体育场那个拥挤的看台上，他和习近平目睹英国沃特福德队以 5 比 1 蹂躏中国国家队，那时中国政治经济上的改革开放刚刚开始，所有人都充满了民族自豪感。但这个比分让他们非常沮丧，当中国门将一次次去球网里捡球，每一个中国人都会沮丧。出于某种原因，聂卫平不愿意把当年习近平看球时的状态讲得太细，但我们很容易把 1983 年那个夏天，跟后来他向德国友人坦承"中国足球还有很大差距"进行联系，无论作为一个国家领导人还是普通球迷，他一定不会忽视足球之于社会的巨大影响力。

事实上从毛泽东、贺龙、邓小平始，很多国家领导人都是铁杆的球迷，小平同志甚至为了方便球迷观看国奥队比赛，专门打电话给央视负责人：能不能照顾球迷情绪，不要在球赛直播时插播过去雷打不动的新闻。

即使揭秘很多足球管理部门黑色幽默式的真相，但理解袁伟民、崔大林、谢亚龙等人的无奈，正如袁伟民曾为假球愤然辞职，但在落后的体制下他最终只能说出一句"我也不明白中国足球是为什么"……他们不是不作为，而是在那种历史环境下无法作为。

但是，有充分的理由对中国足球保持乐观。从政治上，中国足球一直是受到高层关注，只不过很长一段时间界定不清，高层没有出重手治理。这次打假扫黑虽始于新加坡扫黑，虽然我们不知道最终将抓捕哪一条"大鱼"，但公安部雷厉风行的动作确实让人们燃起一丝希望，从前所未有地带走的 30 人可以看出，高层对此是支持的。从经济上，庞大的市场给中国足球以真正崛起的基础，足球是需要烧钱的，只要理清市场秩序，庞大的市场和球迷基数会比亚洲其他国家更容易实现反弹甚至质的飞越。

更让人感到乐观的是，在中国，越来越多的人意识到足球已不再是一个简单的体育项目，而是关乎国家形象和民意的一个大工程，它不再仅仅被作为爱国主义教育的分支，不再是专业体工队管理下的一个部门。人们正在开始明白要遵循职业化规律的运作，努力使足球变成一部商业引擎，在法制的监督下成为一项每年上千亿产出的巨大产业。

搞好中国足球如此简单，市场＋法制＋人心＝足球腾飞，这样一个看似主观而天真的三段论，其实是所有足球强国必经之路，只不过因为特殊的时代，中国曾错过这条路，而我们相信，它正在尝试走上这条路。

# POSTSCRIP**T** >>>>
后 记

## 最大的那条鱼是谁?

李承鹏

半个多月前,当我从广州农林下路一家湖南菜馆出来时,那个在中国足球圈赫赫有名的知情人,再次叮嘱不要写出国足队长的名字,也不要说出那280万送往了哪家俱乐部。如此种种。我这时候才想起,这家餐馆离当年张海被抓的地方只有一墙之隔。仅仅4年,很多事情就浮出水面了。因为一些中国足球重量级人物的指证,对那场失常的世界杯预选赛,对更多的诡异事件,我们渐渐有了真实答案。

这本书不是写出来的,是吵出来的。要不要披露那名国足队长涉赌被绑案,要不要披露2003年末代甲A 1200万黑金,要不要说出那个子夜时分被黑帮用枪顶着押出家门的教练的名字,要不要说出尤可为那11场涉假比赛的证据,以及中国足协的"不作为"……一直在吵,疲惫地吵。我怀疑,最后大家其实是因为体力不支,才决定把它们全部说出来。

这本书的作者有三个:刘晓新、吴策力和我。我们走访和电话采访了一百三十多名相关人士。其实还有李璇和贺琳两位资料助手,她们帮助核证了大量史实。在12个共同挑灯苦战的夜晚结束后,大家有些恍惚,又确认了中间重大史实准确无误，才对自己宣布，一本名为《中国足球内幕》的新书出炉了。

这时候是 2009 年 12 月 22 日。

在更早的一个晚上，著名出版人张小波听到我们讲述的这些黑色的事实时，鼻血哗地一下流满前襟，止都止不住。他策划过《中国可以说不》《中国不高兴》这样直击社会现实的书，但对中国足球的这些真相仍然受不了，这完全是电影。

我们没有道听途说，我们经过反复核证。确信无疑的是，那些当事人看到这本书时，会震撼这些隐秘是怎么为外界所知的。

显然，这是一本"打假、扫黑、抓赌的指南"。案情进展开始时极为缓慢。我们希望这样的线索可以推动案情向前发展，而不是只停留在王珀、许宏涛、尤可为这些小角色身上。也许，高洪波该站出来证明自己与那 11 场比赛没有瓜葛了；也许，被活埋的李振鸿该说出长沙金德到底发生了什么；还有那个收取了 20 万元好处费的著名后卫……如果你能够当这次风暴的污点证人，其实是一次新生，石头老压在心上，比站出来指证更不好受。

这些线索应该够用了。

但是，我们竭尽全力地不想因为这本书，搞得有些人家破人亡，也搞得自己寝食不安。所以，我们加注了一些必要的修饰。但是，为了还原真相，有些人和事情的特征，我们无法绕开。

我们的写作原则是尽量写得人性化一些。这些人生下来并非混球，只不过碰上了中国足球这个混球，才成为混球；甚至中国足球也不是生来混球，它也有纯朴的时光，只是在社会的巨变中，它无意中扮演了一个带菌试验体的角色。中国足球离不开时代特性。

张小波一直在强调悲悯之情，和足球的社会属性。我想，我们三个努力去做了。

最后截稿之时，脑子里挥之不去的竟是杨旭的妻子劳玉晶，这个前世界羽毛球冠军独自前往冰天雪地的沈阳的背影……她是无辜的，可谁才是最大的那条鱼？

C<sub>HAPTE</sub>R 7 增补部分 >>>>
# 还将有多少大鱼浮出水面

2010 年 1 月 15 日，当几个衣着普通的人从位于体育路 8 号的国家体育总局会议室提走南勇和杨一民时，人们才知道这次打假扫黑抓赌的真实行动代号——"8·25"专案组。2009 年 8 月 25 日成立的专案组，这比之前新加坡赌球案的时间还要早，在"刑不上大夫"的中国，连续提走一个司局级单位的一、二把手以及一批中层干部，就不再是打假扫黑这么简单，打假只是副线，而这才是一锅端，是来自中国最高层关于肃清整个足坛腐败风气的指示。

不是不报，时候未到，现在终于开始了。

现在才明白胡锦涛总书记、习近平副主席、刘延东国务委员等连续做出对中国足球的指令是有深意的，新加坡打假案只是一个导火索，而中国政府高层借势而行，更加彻底地破冰。足球不再只是一个运动项目，它还是中国社会反腐倡廉行动中一个更吸引公众注意力的部分，就像这本书不是一本足球书，这次行动本身就是社会话题。

先行了解一下"8·25"专案组是怎样破冰的：

2009年9月2日，中国足协办公室先是接到来自国家体育总局的电话，说沈阳警方破获赌球案需要足协这个行业管理部门进行一些专业方面的帮助。这很自然，这些年来也曾有过先例，比如2002年"龚建平案"时也有警方致电足协了解情况，所以足协上下无一人感觉到不对。9月30日是专案组第一次派人来到中国足协的时间，这是国庆节前的头一天。当时来了两名穿便衣的干警，到了足协后，两人了解情况做记录时，拿出了一个小本子，上面写着"8·25专案组"的字样。

这次专案组只是来了解王鑫的情况，足协认为警方只是在寻找一条小鱼，所以连警方来足协调查的消息，这个素来传播是非迅速的机关，内部大部分人都不知情。现在回忆，两名便衣衣着很随意，足协的人甚至开玩笑说"他俩就像民工"。那两名干警问询情况时表情轻松，完全看不出这跟建国以来最大的足球行业腐败案有什么关系，而且问话不过半个小时，他们就走了，连留下吃顿工作餐也拒绝了。

整个10月，警方没有再来过。这期间，中国国家足球队曝出以金钱收买博兹瓦纳输球的消息，旋即被足协新闻办封杀。这条消息是博兹瓦纳足协主席宣布的，指责该国足协CEO涉嫌不公平竞争并令其辞职。该国新闻报道，中国国家队是通过经纪人塞钱，找了好几个队员做好工作的，因为此时正值中国国庆，中国国家足球队不能输球。

直到11月10日，"8·25专案组"又派了一名干警到足协。与第一次不同，这一次这名公安干警打开有"8·25专案组"字样的笔记本后，详细了解了广州医药、成都谢菲联等多家俱乐部的情况，足协这才明白警方的目标可能更大。值得注意的是这名公安干警一边做记录，一边问了一些非常专业的问题。一名足协官员对我们回忆："像个专业足球记者，或者经纪公司的经理人，主要内容也是针对球队运作手法、球员收入结构，以及联赛链接的新闻。"他甚至连转会的情况都做了了解，这被猜测成"是否会有人因为转会等问题被协助调查"。

人们觉得问题有些严重，但在这次协助调查中，公安干警没有问

増补部分 >>>> 还将有多少大鱼浮出水面 | 281

任何足协工作人员的意图，大家仍然以为这只是针对俱乐部。没想到当他们第三次出现时，终于把人带走了，而且上来就是一、二把手。

南勇和杨一民都是被诱捕的。总局突然通知他俩晚上8点到总局开会，这样的时间开会非常自然，因为最高体育管理部门自袁伟民时代开始就不再朝九晚五了，越是重要的会议，越要晚上开。南勇和杨一民下班后都没有回家，分别找了足协一些中层干部谈工作。其中一个人回忆：南头儿那天情绪低落，说话声音很小，不过他仍然在畅想着怎样把香河基地转让出去，因为这块基地已让中国足协压力无比巨大。他还跟另一名中层干部讨论过，青少年那笔经费其实花得不值，分散到各个学校还没有一万元，应该集中起来花。

然后总局秘书又来了电话，催他们去总局，语气与平时一样。南、杨二人分别开着自己的车去往一公里外的总局，等在那里的是几位领导和几名干警，半个小时后，他俩就被带走了。

在他俩被带走前半个小时，最资深的足协中层干部，传闻与"龚建平案"有很大关系的张健强已被带走了。当时他刚刚跟老婆吃完饭出去散步，面前就出现两个公安。

这时，离南勇在《焦点访谈》上怒斥尤可为等"就是这帮人带坏了中国足球"，刚过半个月。

### >>> 我所知道的南勇——他还没来得及告我，就进去了

去年我写的一组系列的"国安被冠军"，被认为是我暗示足协内定了国安夺冠。南勇通过新闻办董华发布新闻：纯属捏造，子虚乌有，保留起诉的权力。后来我应要求跟南勇通过一次电话。在双方争论了一会儿关于证据立场之类的

事情以后，他突然变得语气低沉，说话言不由衷。现在才知道当时刚从巴拿马和瑞士回来的他，一回来已被边控，所以连之后的越南比赛也没有随队远征。这时的他，也意识到了什么，因为崔大林告知他近期不能出国，包括杨一民也如此。一个司局级单位的一、二把手同时被边控，这不是一般的案件。长期做人事干部工作的南勇也许不知道他面临着什么，但其预感是强烈的。记得那次他说了一句："哎，谁说我能搞好中国足球，我也不行，我可能比谢亚龙搞得更差。"

曾经豪情万丈、一呼百应的南勇此时已感到了命运的终点。这个13岁就打破了延边州男子丙组纪录的速滑运动员，这个以优异成绩考上沈阳体院并成为学生会干部的好学生，这个大学毕业后直接被分配到国家体委人事司中最重要的干部处的跨世纪人才，这个35岁便成为中直机关中最年轻的人事副司长的又红又专、德艺双馨的接班人，终于不能在他的赛道上再冲刺了。

### 一、与南勇第一次握手

第一次面对面与南勇握手是在2000年亚洲杯，黎马嫩，特里波立城。那是一座倚山傍海的小城，曾经的古战场，雅典大军就是经过这座城攻打特洛伊的。那时刚刚上任的米卢正处于被外界质疑的地步，为了平息媒体的声音，中国足协决定全队与随队记者在记者下榻的一家小酒店里包饺子，而在中间撮合的人叫王津辉。那是一家很破很小的酒店，负责组团的王津辉收取的费用却很高，他声称住在这家酒店就可以经常得到国家队的消息，此举蒙蔽了不少年轻记者。王津辉在中国球员赴新加坡踢球时起到了很关键的作用，是当时与足协关系紧密的社会人才之一。

那天中午第一次与南勇面对面是在电梯间里。他非常年轻，皮肤很白，说话小声甚至有些腼腆，最擅拍领导马屁的蔚少辉大声介绍："这就是中国足协最年轻的主席，南勇先生。"南勇伸出手来，那手不像运动员的，却像一个长期坐办公室的，柔软而白皙。他说了一句"欢迎支持中国足球的工作"后，就很低调地走出电梯，站在正在包饺子的阎世铎身后，和面去了。

那是他第一次大规模与记者们见面。南勇虽然不爱说话，但酒量极大，二锅头一口气就喝了大半瓶。面对记者采访，他眯着眼睛，话语简短，一般就回答"是"或"不是"。但是，据足协内部的马屁精们眉飞色舞地介绍，南勇后面背景极大，祖上曾是一名将军。这段传言后来被证实是假的，但流传了足足四五年，被人知道真相后，它已帮南勇聚集了不少人气。一位如此年轻的副司级干部，一个国家体委嫡系培养出来的接班人，一个进入足协就直接分管国家队（当时国家队是最重要的部门，因为阎世铎要豪赌世界杯）以及财务的官员。要知道当年足协是个肥缺，以司库身份分管财务，意味着政治上极其可靠。

### 二、"鳌拜"南勇

再后来与南勇的接触就很多了，这才发现不经意间，他的性格发生了极大的变化，腼腆的他变得强硬，虽然低调，但是办事已经呈现出带头大哥的风范，比如说眼都不眨就让资深国足领队李晓光下课，让亲信朱和元上课，甚至连米卢这个老顽童也说："我谁都不怕，就怕这个叫南勇的人，他从来都不笑。"有人说这是那 18 个"这个"改变了他，也有人说，其实这才是老牌人事干部南勇真实的作风。

2001 年十强赛客场打卡塔尔，最后一刻李玮峰头球扳平，这意味着中国队一只脚已跨进世界杯的大门。那一刻米卢兴奋地跟场边每一个人拥抱，当拥抱到南勇时，南勇并不配合，只是用眼睛盯着他，弄得米卢讪讪地转身跟别人拥抱，因为赛前传出米卢排兵布阵有问题的说法。也是在十强赛客场，米卢执意要搬到与一名女记者相同的楼层，脱离国家队所在的楼层，南勇拍着桌子大骂："要么你继续跟球队住在一起，要么你搬到那个女记者的楼层，但你先辞职！"

在整个十强赛期间，南勇严格治军是出了名的，他颁布了二十一条军规并赶走了不想为国效力的队员，但又通晓人情，解决了米卢和郝海东的矛盾，解决了米卢和孙继海的矛盾。有一次夜巡，查获郝海东跟范志毅打麻将，但他并没有处理这两个球队大佬，他对领队朱和元说："这是坏事，也是好事，这两个人平时连话都懒得说，现在却坐在一起打麻将了，既然能在一起打麻将，为什么不把配合精神用在踢球上呢？"所以他推开房门，只是冷冷地把麻将收了，也不通知全队，只把两人叫到自己的屋里，明确地说："这不意味着你们没有违规，而是我不想让更多的队员知道你们的坏事情，我都觉得丢脸。我想用这个方法让你们明白你们其实错了。"他甚至还用了当年蒋介石的一句话："打麻将你们不行，踢球我不行，该为国效力了"。

南勇几乎只用了一年的时间就树立了他在国家队和足协的威信，拥有了从队员到官员的敬畏。与其他足协主席不同的是，他没有架子，对社会舆论了解颇多，他是中国足协主席中最先重视互联网的，亲自命令新闻办严密监管，私下还交代：对包括黄健翔、李承鹏、郝洪军在内的几个球评人一定要敬而远之，不请来开新闻发布会，不通气，也不合作。

事实上在南勇被抓走之前，大家对他的评价是惊人的高，务实、敬业、不贪，连很多记者也跟着足协的亲信们一起管他叫"南头儿"。平心而论，从业务能力上看南勇是历任主席中最高的，至少他在2001年带出一支出线的球队（与谢亚龙率队屡战屡败相比，南勇是有功劳的），至少他在处理一些危机事件时表现的果断，是一般足协官员所不具备的。

先不说跟米卢打交道时他恩威并重的手段，让米卢即喜欢他又害怕他，之后的阿里汉甚至杜伊科维奇都对南勇深有体会：

2008年7月，中国足协和杜伊的关系再度空前紧张。圈内一直认为，在和这位塞尔维亚人的交往中，谢亚龙影响有限。换句话说，谢亚龙这位外行，根本说不到带队的点子上，因此和杜伊根本无法交流。这个时候，本来分管国家队的南勇，成为了足协与之对话的唯一人物。据说，南勇的"江湖气"让杜伊不得不为之震慑。

2008年7月13日，国奥队在延边龙井海兰江体育场和马来西亚队有一场热身赛。照常理，这和已不负责国奥事务的南勇并没有什么关系。但就在赛前的一天，南勇回到了故乡延吉，杨一民次日赶到。7月12日晚上，南勇等人和杜伊进行了一番非常严肃的谈话，主要就是希望杜伊在今后的训练和备战中，能够真正让球队紧张起来，让队伍的训练能够真正符合国奥队的备战要求，同时必须提前决定国奥队的22人名单，从7月13日和马来西亚队的比赛开始演练主力阵容。另外，还有其他很多问题也要解决。

和杜伊的这次"谈话"，带有极强的目的性。如果杜伊坚持一意孤行，像在国家队时那样带国奥队，这次"谈话"的结果，就是下课或者被架空。最后，杜伊妥协了。

带着和杜伊交锋胜利的愉快，南勇宴请了在延吉采访的记者。这次和杜伊的交锋，证明他在和谢亚龙的内部竞争中，处于领先地位。谢亚龙也出现在宴请现场，不过，15 分钟后他就匆匆离开。本来因谢亚龙在场而显得过于严肃的气氛，随之一片释然。一名记者意味深长地说："现在我们可以大吃江米鸡了。"随后，在 4 比 0 大胜马来西亚的比赛现场，两万人观众"欢迎南主席"，如此浓烈的乡情，让看台上的谢亚龙表情木然。

但南勇的处心积虑和阴沉，就被这样忽略了，他悄然聚集羽翼的行为也被忽略了。虽然谢亚龙一直在压制他，不断调动着他的分管部门，但足协追随他的人仍然很多，因为"南头儿"讲义气，有的人明显是违规操作，但仍然被调到关键的部门。

南勇对舆论的敏感和对媒体的监督超过任何一位主席，只是不像谢亚龙那样动辄利用行政手段封杀记者，也不会做出因为记者对他打分低就调动关系让央视封杀记者的小儿科。南勇跟谢亚龙不同，他更重视实质性的问题，比如选帅这样牵涉到经济支出、人际关系、帮派利益的大事。他绝不会让外界知晓内情，即使是他自己相中的，也一定要让足协其他主席先行表态，他再表态。

### 三、南勇的经济问题：选帅、爱福克斯、中超公司、安排比赛

2002 年底，南勇率足协选帅组奔赴欧洲，这是与他最近距离也最惊心动魄的接触，他使出各种行政手段阻止媒体获取消息，甚至也让国航不公布他们的乘客信息，对于航班他准备了三个选择以迷惑各路记者。为了摆脱记者，他还使出了钻到地下停车场的江湖招术。那次选帅为什么选择资质不佳的阿里汉？有人认为这是他与经纪人关系非同一般可以吃回扣，也有人认为这反倒是因为南勇想为足协省钱。最新的关于选帅内幕的说法是，阿里汉从重庆失败后，去

年年底再次来到中国天津执教，传说就是南勇牵的线还拿了回扣，一位足协主席如此做是不符合身份的，有神秘人士把这个消息传到所有跑国家队的一线记者的邮箱里。虽然足协新闻办再次否认了这个消息，并打电话到处要求不要刊发，但这位神秘人士为何如此熟悉记者们的邮箱，熟悉中间的内幕，令人深思。

关键点是：阿里汉的经纪人叫白川，与南勇关系非同一般，著名的爱福克斯国有资产流失案，也是白川牵的线。白川早年只是一个留学比利时的学生，后来专攻经纪人，他与南勇之间的经济往来是肯定的，但什么性质、什么程度不得而知。一位经纪人透露，白川做事极讲人情，往往为了把事情做成，不考虑自己的得失，而南勇也很看重这一点。

2002年我与南勇发生过一次激烈的争吵，因为在选定阿里汉的理由中，我曾写到这跟钱有关。南勇大怒，正值中午时分，我们就在足协旁边的一家饭馆继续争吵，无果，最后大家以AA制方式各扔下100元走人。记得当时南勇气得右脸发抖，熟悉他的人都知道，南勇一旦暴怒时，白脸变酱紫，右边的脸会发抖，像嚼着什么东西。

2002年米卢离去，中国足协开始新一轮选帅，从这场闹得全国沸沸扬扬的事件中，可以看出关于南勇的一些问题的端倪：其实中国足协选帅时，日韩也同期在欧洲选帅，日韩足协虽不欢迎记者采访，可是也不拒绝，但是中国足协这次却严严捂住盖子，坚决不让外界知道任何信息，这里面当然有一个马姓记者报道了过多的假新闻，甚至透露了一些候选人隐私，导致这些候选人以中国足协没有诚意而退出的原因，但更多却是因为南勇根本不想让外人知晓过多的底牌。甚至连出行航班他都神出鬼没地安排了三个，而且时换时退票，以此迷惑记者。幸好我们从国航内部知道了准确的航班，和足协选帅组一起登上了飞机。当南勇看到记者时，一向眯着的眼睛睁得大大的，他立即转头黑着脸问旁边的足协人员以及随行律师："谁泄露了我们的行程？"旁边人委屈地说："准确行程只有南勇主席知道，我们都是出发前半小时才得知的啊。"

在11个小时的飞行中，南勇严肃地跟我交流过：一、不准泄密；二、不准泄密；三，还是不准泄密。下了飞机后，他就在当地一个势力很大的华侨刘雨雄的安排下箭一般消失了，等第二天早上我们在香格里拉酒店找到他们时，他又命令车队甩掉我们。一路狂奔，幸好我们遇上了一个出色的司机，是个土耳其退役特种兵，对道路和追踪都很熟翻，这才在500公里的追踪中没有被甩掉。可是从法兰克福到了杜塞尔多夫时，南勇居然命令司机钻入一个共有六层的地下车库，把车扔在那里就跳上一辆轻轨。现在想来，南勇在欧洲如此隐藏行踪，就是不想让外界明白他到底跟谁在接触，更不想让白川提前露面。

中超公司被认为可能是南勇这次被抓的重大原因。大家此前只注意到爱福克斯，它与中国足协的合作毕竟经过了谢亚龙的首肯，在过去的调查中，有关部门已澄清南勇在此中间并无问题，虽然重查之后发现另有重大隐情的可能，但不要只看到爱福克斯，要看到中超公司。虽然南勇出任掌门人后把这家公司交给杨一民打理，但这家官办公司其实是铁板一块，南勇与杨一民经过共同抵御敌人谢亚龙后，双方已达成高度默契，中国职业联赛所有经济往来必须经过这家公司的运作，外来的赞助也得经过此关……不知其间有无猫腻。此次南、杨一同被带走，联想到"中超公司"的先后任，也许玄机正在于此。

南勇涉及和尤可为一样的赌博，可能性并不大，他最重要的问题是经济问题，包括十强赛期间关于沈阳主场神秘莫测的传说。据说当时有足协高官从中提取了巨额回扣了，所以把主场定在沈阳。不知此事是否属实，是否也是公安带走他的一个原因。这正是中央政府现在大力打击的行业腐败。

由于十几年的采访，我与南勇很熟悉。他是一个干才，一个义气的带头大哥，也是一个胆子极大的人。性格决定命运，他走到今天是必然的。一定不要把他当成一个简单的坏人，这样也不公平。体育总局对中国足协一直缺乏监管，很多时候面对举报甚至纵容，是造成南勇等人走到今天的原因。

我们之间一直充满着争吵，最后一次争吵是开头提到过的。我曾因"国安被冠军"一文得罪了足协，刚刚从国外回来的他再次宣称对于这种不负责任、纯属捏造、胡说八道的文章要保留起诉权力。我公开写文章鼓励他告我，文中一段写道："你不告我，你是孙子，我接招，我是孙子兵法。"我们通话很短，心照不宣，此后，再无联系。

分析南勇的问题，产生的根源在于：1997 年，足球守门员出身的王俊生已无力控制甲 A 联赛的假球黑哨，加之国家队兵败金州，总局觉得该派个非足球专业但政治上可靠的人来管管足协了，所以选择了南勇。南勇是以接班人的姿态来到足协的，总局对这个人事司出身的干部寄予极高期望，当时一个总局领导说：袁伟民管不了足球，是因为他不懂足球；王俊生管不了足球，是因为他盘根错节的关系太深。现在看南勇了，他是体院本科生毕业而且政治上可靠，又年轻，对市场经济有自己的一套。南勇在去足协之前确实向总局汇报了自己对市场经济的一套想法，只不过这一套，把南勇自己都套进去了。

所以说：中国足协在这时候需要南勇这么一个干练的人，又及时制造了南勇，最后必然又毁灭了南勇。关于南勇这个人怎么从一个好孩子变成坏官员，之后会提，现在我们说说杨一民，他是与南勇完全不同的类型。

## >>> 杨一民：阴影中的副手

2000 年 1 月，昆明海埂。一个月黑风高的晚上，众多记者们埋伏在海埂基地综合楼附近的拐角处。当天晚上爆出了一名外教斗殴的消息，时过半夜，记者们守候在这里，是想要看看能否抓住一两位当事人进行采访。这时，一阵脚步声渐渐传来，众人屏息以待，等到了这人接近的时候，一干人等全部现身。记者们万万没有料到，这次突然袭击让对方不胜惊惶，接连退了好几步，才站稳脚跟。

借着昏黄的路灯，人们才认出这位被吓得不轻的过路"神仙"，原来是在海埂督军的杨一民。当时他是足协的一名中层干部。后来，每每想起这个镜头，一位当时在场的记者不屑地说："就凭他的胆量，是混不出来的。"

杨一民有过两次成为足协一把手的机遇，在后来的数年间，他跻身足协副主席之列，也算是"混出来"了。10 年之后的春天，当他和南勇一起被警方带走调查后，熟悉他的人都不胜欷歔。在这些人的记忆里，杨一民应该是用个人奋斗达到生活目标的强人。多年前，他以安徽省二队替补门将的身份考进北京体育大学，然后相继就读本科和研究生，并先后担任北京体育大学足球教研室副主任、中国足协技术部主任、中国足协联赛部主任。

中国历史上的任何一个行业里，副手似乎都应该是年三十的小菜——有也过年，没有也过年。但作为助手还能成为焦点，必有过人之处。比如五代时期"事四朝，相六帝"的冯道，是历史上最大的不倒翁。有一个坊间流传的笑话，可以说明杨一民十几年的副手生涯，其实颇具智者的风范。这个笑话是这样的：

中国足协领导集体出游非洲，飞机失事落入野人部落。野人酋长说："你们冒犯了我们的神灵，所以每人要打 500 棍。但是出于仁慈，你们可以选择一样东西垫在屁股上。"

首先问老郎，老郎说："有棉花吗？我要垫棉花。"野人们满足了他，500 大棍之后，老郎皮开肉绽。

该南勇了，他说："我要垫木板。"野人们也满足了他，两百多棍木板就废了，打满 500，情况可想而知。

轮到阎世铎了。老阎说："能不能把郎和南给我垫上。"这招算是聪明。可是 500 下之后，三个人都体无完肤。

最后是杨一民。杨轻松地说："请把阎主席的脸垫在我的屁股上。"最后，杨一民毫发无伤。

这个笑话，还没有涉及到后来杨一民的领导谢亚龙。但对于足协的副手来说，尴尬是无处不在的。当初，中国女足 0 比 1 输给美国队，谢亚龙走进休息室，对精疲力竭的姑娘们说："我和杨一民是北体大的同学，我和他不一样。我当初就爱问问题，无论对方是多大的教授。所以你们训练中有问题就要直接问伊丽莎白。"

谢亚龙和杨一民同时于 1984 年开始在北京体育大学就读研究生，谢亚龙学的是田径，而杨一民则考取足球专业。不同专业的谢亚龙和杨一民当时已经相识。1989 年，杨一民从美国回国之后又在北体大待过一段时间，与谢亚龙有过接触，两人之间的私交不错。

20 年后，这对老校友在中国足协重逢。虽然杨一民先到足协任职，但谢亚龙的职位无疑高于杨一民。谢亚龙到位后，还算待杨一民不错，让杨一民接替薛立，成为足协内负责女足项目的最高领导。

谢亚龙说他和杨一民"不同"，不但体现了他"学而优则仕"的优越感，似乎还暗示了杨一民"不爱问问题"的作风。其实，谢亚龙在任期内被认为是圈内的"衰神"，即便有决定副手岗位的权力，也常常弄巧成拙。抛开两人职位的差距，杨一民的运气比他好很多。

2005 年 8 月，在韩国举行东亚四强赛，当时谢亚龙和统管国家男女足的杨一民协商，询问他主管什么球队。杨一民"懂事"地提出，谢亚龙可以先选。谢亚龙挑选了看上去能够取得好成绩的女足。结果，中国女足竟然在东亚四强赛上获得倒数第一；而杨一民负责的国家队却获得了东亚四强赛的冠军，这也是中国队在目前进行的该项赛事上唯一一个冠军。朱广沪一度因为这个冠军，作为先进代表去给其他项目的教练开坛讲经。

也就是在这一届赛事上，杨一民用眼神"杀"日本裁判的故事不胫而走。对韩国队的比赛，裁判西村雄一向中国队出示了三张红牌、五张黄牌，并连守门员教练徐涛都赶上看台。中场休息时，杨一民带领董华、董铮站在裁判员必经的通道口处。他深知自己也不能说什么，所以采取了一个特别的办法发泄怒气。他们三个人站在裁判员西村雄一的身前用眼睛瞪着他，而后者赶紧低头跑进休息室。后来，翻译董铮说："我们就是要给他一点压力，但除此之外没有办法了。"其实作为亚足联技术委员会官员，杨一民还可以采取一点实压手段。但当时下一场比赛中国队就要对决日本队，西村雄一的判罚似乎昭然若揭，没有什么能改变他的做法。

### 一、学院派涉身联赛利益区

蚌埠并非足球发达地区，时下调侃蚌埠人李毅的"蚌埠回旋"（接连使用两个转身拉球过人的动作），不过是网友们心照不宣的恶搞。同样是蚌埠人，杨一民的球员时代没有任何亮点，安徽队是国内足球的弱旅，而他仅仅是安徽队的替补门将。于是，他选择了一条不同于普通球员的道路。

在北体大期间，杨一民关于足球的著述颇丰，影响了一代又一代的教练和圈内人。可以说没有任何一个中国教练没读过杨一民写的足球书籍，因为他写的《足球教练训练》是考教练资格证书的必修课。同一时期，就连来中国援助的一些青年队外籍教练也注意到，如果一位教练曾经在足球教科书上有所作为，在中国的地位必定有所不同。

这位书卷气的领导，一直坚持体能测试不可偏废。"足球是一项综合运动，但除了体能，其他的综合技能都不好测试，体测还得继续搞下去。体测不但要坚持，还要发展，通过不断提高标准，迫使运动员不断努力，强化体能。作为职业球员，目前的体测要求并不高。"

逻辑上，杨一民是中超公司绝对的一把手。2009 年 4 月，中超公司在京召开换届选举工作，足协副主席杨一民顶替南勇，出任中超公司董事长。其实，中超公司和中国足协就是一个班底下的两块牌子，这个职位换句话来说，不过是"被分派主管中超联赛"。有新闻曾经这样解读，杨一民在离开足协前，还在酝酿对中超公司的中层官员改组，并拿出了一个计划交给足协方面讨论。实际上，他从来也没有离开过足协，也从来不会获得在中超公司大动干戈的"一支笔"待遇。

虽然职务上并非第一人，但杨一民在中国足坛的地位不容忽视。南、杨事发之后，重新开始对中国足球开炮的陈亦明爆料：贾秀全就是杨一民的亲信，足协那一层，吃水很深，介绍个教练下去，俱乐部还要欢迎。"河南建业前年找裴恩才执教，后来让贾秀全执教，不就是杨一民从中撮合的吗？"

杨一民与南勇一同消失后，足协内部认为"可能是与地方教练的关系让他惹了麻烦"。据悉，最近也有一名跟他关系密切的教练被警方带走，协助调查，而这名教练与杨一民交往甚笃，一名工作人员分析："可能是这名教练交代了一些对杨一民不利的事情，才让他受了连累。"所有人都分析，杨一民很有可能很快就会回来，当然这只是一些猜测。

谁才是这名教练？不少人认为正是贾秀全，此外还有一种声音认为是尤可为。2008年11月，尤可为被刑拘后，已有很多圈内人在为足协某副主席担忧了，原因是尤可为牵涉到的几支球队，都与这名副主席关系极其密切。尤可为交代出的问题绝对不止怎么打假球。后来更有圈内人士透露，这则传闻中的某位足协副主席很可能就是杨一民。

尽管如此，杨一民被带走还是让人感到意外。在很多人看来，这名北体大的博士生导师最没可能涉赌。熟悉他的足协工作人员说："今年年初跟一些中超俱乐部老总吃饭时，他连'盘口''水位'都闹不清。"

事关重大，仅凭闹不清盘口、水位的表现，对外界判断他是否涉赌并无实质帮助。实际上，由于担心受到关注，圈内很多从业的主教练，也经常在接受采访时有意识地反问"水位"是什么意思。令人忍俊不禁的是，有些来自于常年表现古怪的球队的教练、领队，都经常表现得根本不知道这些术语，试图来证明自己从未涉身赌球。

### 二、一个电话的愤怒

回到2000年春天，那个杨一民的时代。当时，杨一民给人的印象是小心翼翼，和媒体打交道很有一套。

那几年的春训，杨一民一直驻扎海埂，当时他已经是亚足联技术委员会委员，还有很多记者都不认识他。2002年2月，一位带着眼镜的斯文人加入了记者们聊天的行列，谈的都是海埂的草皮保养，问的都是浇水的细节。记者问身边的朋友："这是谁啊？还挺专业的。""杨一民啊，你不认识？中国足协的。"

这一年中国足协不但因为国家队冲进世界杯成为骄子，其分车的故事同样成为了焦点，其中杨一民显得最不显山露水。本来分车是按照国家体育总局的部署进行的，中国足协也是按照国家有关规定进行的，足协总共有八辆车被拿出来，按照政策规定让职工购买。为了做到公平起见，足协专门让当时的工作人员排队，按照秩序选择购车。一把手阎世铎排在第一位，他选择了红旗车；排在第二位的是王俊生，他当时即将离开足协，于是放弃了购车的权利；接下来的南勇也放弃了；张吉龙排在第四位，他选择了那辆 1992 年的大宇车；联赛部主任杨一民排在第五位，他选择了桑塔纳旅行轿车。车改工作在世界杯前的 4 月份就全部完成了。

4 个月之后，中国足协综合部主任赵金福不得不对购车的价格进行了说明，说"车的内部价格都只有一两万元"是不实的。此时的杨一民由于位置靠后，没有成为媒体关注焦点，他仍然是那个温文尔雅、做事小心翼翼的足球官员。

2002 年 12 月，杨一民被提拔为足协副主席，从南勇手中接过了联赛事务。此时，有关他和南勇的斗争就流传于圈内。有人说，此后两位副主席果然是互不干涉，只要一方涉及的项目，另一方就撒手不理。这种观点也遭到了一些人的驳斥："既然是分工，当然是各管各。"相形之下，谢亚龙和南勇分管国足和国奥时，一些球员在两队之间不停赶场，倒更像是"暗斗"。

接过联赛事务后，杨一民逐渐压过南勇。这主要是因为国字号的成绩逐年在滑坡。2003 年 10 月，女足世界杯，中国队未能进入前四，南勇因此事连主管国字号队伍的权力也失去，由杨一民接过。2005 年，谢亚龙"空降"足协，杨一民与之在女足选帅问题上产生分歧。次年，杨一民提出因精力有限需要减轻担子。此时南勇夺回男足国字号的管理权，并且在年底一举夺回联赛管理权，此时杨一民只有女足可以管理。

2006 年 2 月，杨一民在昆明视察女足工作时的讲话，让外界认为他已经彻底"搞懂"了。几年以来，他在和媒体聊天或接受采访时，几乎都会实事求是地说到一些真正的事情。这一次，在谈到女足未来目标的时候，有媒体认为杨一民给出了一个"学术味很浓郁"的答案："究竟女足行不行，就是在我们足球界内部也有不同声音，有的人认为现在的女足不可能再与当年辉煌时期的铿锵玫瑰相比，我们下滑得厉害；有的则认为，中国女足抓一抓还是很有希望的。"

实际上他什么也没有说。

2006 年 11 月，杨一民作为中国足协代表再次遭遇了尴尬。在 11 月 15 日长沙中伊之战上，中国队所穿的球衣后背竟然没有印名字，这不但是笑话，而且还违背了亚足联的规定。足协内部人士解释说，由于西门子退出中国队赞助商之列，以前的球衣也临时更换，仓促之间球衣后背竟然忘记印上名字。按照亚足联规定，将对中国队进行警告，并且处以3000美元的罚款。

7天之后，杨一民参加了亚足联竞赛委员会会议。当宣布这个决定的时候，现场一阵哄笑，杨一民对此感到哭笑不得。他后来说："足球比赛每一个细节都很重要，场内和场外都一样，一个环节不到位，就会出问题，我们这样的教训不少了。"

两年后，坊间流传的说法是：杨一民和南勇因为与谢亚龙都产生隔阂而再次联手。随着北京奥运会的临近，当时谢亚龙主动将男足管理权抓到手中，南勇则管理女足和联赛，杨一民毫无实权。又过了一年，杨一民什么都敢说了，而且敢于公开说。

2009年12月，中国女足和朝鲜女足在南京进行了一场友谊赛。中朝女足的对抗，凡是在洲际大赛或世界大赛中都是真刀真枪。白莉莉就是在对朝鲜时被对方恶劣动作铲伤，就此离开了足坛。但平时的热身比赛，中朝男女足都比较友好。2008年东亚四国赛上要不是朝鲜国家队"善解人意"，东道主中国队将三连败。这场女足对抗后，朝鲜女足主教练在新闻发布会上却慷慨表示：这是一场为中朝建交60周年而踢的比赛，结果并不重要。

但是，在比赛上半场，形势却让杨一民心急火燎。刚一开场，朝鲜队就发动了一次长传快攻，前锋队员反越位成功形成单刀，幸好张艳茹果断出击，在禁区线上抢先将球没收。中国女足在上半时被对手全面压制，而且先失一球。

中场时分，从南京寒冷的空气中回到休息室，一帮主席台上的领导们准备在休息室好好暖和一下。而刚进休息室，足协副主席杨一民就打了一个电话，电话中，杨一民显得相当气愤，"（朝鲜队）犯规了，（主裁判）怎么能吹上半时结束的哨子呢。朝鲜队那个进球前，中国队犯规了没有啊，这哨子吹得偏向朝鲜啊！"贵宾室里，大家顿时静了下来。

对裁判的问题，杨一民曾说过一段让人记忆深刻的话："在我们的比赛中，裁判确实存在着错判、漏判的现象。裁判也是人，是人就会犯错误，犯错误也是正常的。世界杯聚集了最优秀的裁判，也不可避免会出一些错误。裁判员应该通过加强自己的业务学习，来进一步提高自己的水平，使错判、漏判被限制在最小的范围内。当然，俱乐部教练、球员也应理解，相互谅解。"

不过，对朝鲜队时，裁判仅仅是在中国队控球时宣布上半场结束，就引发了杨一民的冲天怒火。

这个电话不知道是打给了谁。但从两队上半场对比来看，中国队全面落后，人们讨论的不过是下半场要丢几个球的问题。但这个电话似乎给比赛带来了神奇的效用：下半时开始不久，韩端就帮助中国女足将比分扳平。与此同时，惦念着"中朝建交60周年"的对方，其攻势居然云收雨散，越来越弱，1比1的比分也被保持到比赛结束。

### 三、末代甲A，杨一民顾左右言其他

2003年甲A俱乐部沈阳峰会上，中国足协副主席杨一民拍案而起，一声断喝："我看谁敢做掉辽足！"

末代甲A江湖传闻风起云涌，一道传闻称，要合力把内忧外患中的辽小虎打压至次级联赛。杨一民在寒风中的这一拍案，似乎有给行业提个醒的作用。果然，疲软多时的辽小虎在八轮不胜之后，2比0痛击天津康师傅，在保级的边缘骤然提升了一股锐气。

但杨一民的脾气显然不是朝着辽宁队的反面去的，他应该对自己生闷气。这一年联赛不但因为规则失误出现了"输球进中超"的尴尬，而且针对最后夺冠的格局，也形成了两大门派。而当赛季结束后，杨一民只能自己都不太相信地总结道，甲A最后两大成就分别是职业联赛依法治赛的观念在实践中增强，场地设施的建设取得了质的飞跃。

针对过去10年甲A的问题，杨一民总结了三点：俱乐部管理不够规范，训练管理抓得不力，俱乐部政策与行规研究滞后。其中第三点和第一点，似乎并没有什么逻辑上的区分。这一年，杨一民就赌球的问题接受采访，他说中国足

协不认为球员赌球的现象存在，中国足协手中并没有掌握类似的证据。这种不作为，导致后来的中超假球泛滥，并且让杨一民悔恨终生。

这绝对不是沮丧的全部。一年之后，杨一民在中超元年工作报告中透露，2004 年 22 轮 132 场比赛，观众人数共 145 万人次，场均 1.1 万人，这比 2003 年甲 A 联赛下降 38%，创造了中国职业联赛的历史最低纪录。电视观众 1.3 亿人次，与 2003 年甲 A 相比下降 42%。大多数赞助商提出大幅扣款要求，原本列入预算的 1.3 亿元人民币收入，实际收入可能只在 7000 万元左右，下降约 46%。"假球""赌球""黑哨""罢赛"等一系列恶性事件的影响，使中超联赛在社会效益和经济利益上都蒙受了巨大损失，公信力和形象遭遇严重破坏。

而这时他总结的问题只多了一点："去年四级国家队同时有五大重要国际赛事任务，本人对职业联赛投入的时间、精力不够，尤其是深入俱乐部调查研究、交流沟通不足，未能及时掌握俱乐部的思想动态并及时给予妥善协调。"在整个工作报告中，对 2004 年中超的反思所占分量不大，但与会俱乐部代表都认为，此次中国足协自我批评的态度是值得肯定的。

杨一民经历丰富，1993 年就作为国家队助理教练辅佐施纳普纳征战世界杯外围赛，此后进入中国足协技术部，2000 年换岗到联赛部，2002 年杨一民晋升为中国足协副主席，这个调整也开始了中国足协"南杨争霸"的历史，他随后从南勇手中接过了联赛事务。

历任四届足协主席都对杨一民很是倚重，在足协工作十几年的他一直大权在握，各方面的关系也非常广泛。圈内认为，只要搞定杨一民就可以摆平足协的任何事情，此言不虚。有人一度怀疑，对于尤可为那样想操纵比赛的"中间人"来说，杨一民是他们最理想的拉拢对象。目前，传出的消息都是他因贾秀全被捕而受累，实际上，一位熟悉情况的圈内人士评价，以杨一民广泛的管理部门和关系，"找到他的突破点并不困难"。

**四、窃听门，属下之罪？**

2007 年 9 月，在武汉参加世界杯期间，丹麦队曾强烈指责中国女足采取包括窃听、偷拍等有违体育道德的手段，搜集本队情报。当时 FIFA 出面暂时平息风波，但"窃听门"事件在世界杯后差点上升到外交层面上。伴随着有关部门追查的深入，这次事件却并没有想象中那么简单。年底，领队李飞宇从女足离开，尽管经过精密的"解释"，仍然被认为是此事的余波。

针对足协的派系，一度有这样的划分：领导层"三种人"，即谢（亚龙）杨（一民）主流体系和与之抗衡的党委书记南勇，以及游离于两者之间的薛立等人。李飞宇当初入主女足当领队，从工作关系上是谢亚龙的安排，但业界一直认为杨一民在李飞宇的升迁过程中有重要作用。后者和杨都属于"北体大系统"。

李飞宇被圈内人士称之为"小小的年纪，大大的官僚"，其作风一直受到业内人士诟病。2007 年年初，在女足内部的一次饭局中，李飞宇最先走到核心球员的桌边，见到领队到来，姑娘们都起身站立。他当时笑着面对绝对主力浦玮说道："你信不信，如果我不让你上场，你就上不了场！"在此之前，新官上任的领队李飞宇颁布了以"不许染发、不许佩戴首饰、不许使用手机和电脑"为核心内容的"整风法案"。这些毫无人性化色彩的"李氏军规"甫一出台，便招致队员的一片反对。在昆明集训结束之际，整风达到高潮，主力中卫袁帆突然被李飞宇以"内部劝退"的方式逐出国家队阵营。

当时媒体评论，李飞宇太把领队当官做了，在他心中，自己是排在杨一民之后的二号人物、实权派，是国家队教练班子的上级，因而才有了后面绕过马良行开除袁帆，频繁干涉主教练训练和用人的事情，而他恰恰忘记了作为一个领队的"服务"职责。

也就是在这次饭局上，李飞宇用热毛巾、牙签盒扔女足队员的新闻被人知晓。当时，外界对杨一民管理下的女足情况有些不满，但从那时开始，杨一民就一直管理这方面的工作。另外还主管着技术部和联赛的工作，杨一民在被警方控制之前一段时间内非常忙碌，是足协出差最多的官员。

如果将杨一民形容为一个闷声做工作的人，那就大错特错了。

"都是教练失误！"2007 年 3 月，在中国女足以 1 比 4 惨败给默默无闻的冰岛队后，看台上的杨一民忍无可忍。虽然杨一民此前被媒体指责过多地干预教练员安排战术，但在公开场合直接将失败的责任推给主教练王海鸣还是极少见的，这只能说明教练和足协的矛盾已经进一步激化。后来，女足请来了多曼斯基。

同时，他是中国足协官员中少有对 FIFA 公开发难的人。双方的矛盾是 2007 年中国举办女足世界杯的另外一件大事：推迟小组赛最后一轮比赛。9 月 19 日晚，杨一民对 FIFA 的工作不满到了极点，"公平竞赛一直是国际足联致力提倡的事，两场女足比赛延期，这应该在昨天就能敲定，为什么非要拖到今天？我们中国赛区都已经按照比赛正常进行在准备，下午 5 点的比赛，提前两个小时才接到推迟的通知，这是什么样的工作效率啊？据我所知，损失的不仅仅是四支参赛队伍，还有多少外地的球迷会耽误时间耽误工作？"

这天下午，在天津督战的杨一民接到推迟比赛的消息，赶紧告诉天津赛区组委会的人。此时，他甚至没来得及首先告诉队员们。一通电话打完后，他才通知走到大堂准备出发的队员。女孩们的第一反应竟然是"我饿了，还能有饭吗？"于是他赶紧通知厨房做饭，下午 5 点多，女足补了一顿饭。

经历数任足协一把手更替，杨一民的地位已然牢固。2010 年 1 月 4 日，中国足协在昆明召开 2009 年联赛的总结会议。由于北京暴雪，南勇、马成荃都因航班延误，不能准时抵达昆明。而此时，杨一民已经先期从武汉到达。传言中他带了老婆孩子一起过来，有人看见他们流连于滇池，愉快地沐浴在和北京暴雪截然不同的阳光之中。这已经是半个月以来杨一民第二次出现在昆明，12 月举行的乙级联赛决赛，杨一民仍然是坐镇官员。

乙级联赛是距离中国职业联赛最近的一个赛事，一般是不需要像足协副主席这样的人物压阵的。两年前同样在昆明举行的乙级决赛，足协派出的最高官员是 08 办公室副主任李晓旭。昆明星耀体育场关闭了上看台的通道，李副主任也不许记者留在场内，差点和一干记者打了起来。

作为经验丰富的足协官员，杨一民当然不会出这样的洋相。1 月 4 日的联赛总结会议，实际上充满了对新赛季是否会有球队被罚降级的疑问——这种疑问不但来自于媒体，也一样是为参赛的其他球队担心。对此，他表现得非常稳重。中午，杨一民在会场休息时悠闲地等待南勇到来。他点了一支烟，和代表们随意聊了几句。终于有人忍不住上前询问对涉案球队的处罚问题，杨一民摆摆手，说："这就是个总结会议，和这些没有关系。"

这个潇洒的手势，让在场的记者记忆深刻。会后，他再次拒绝接受关于涉赌球队的采访，和南勇一起离场。只是当时谁也没有想到，10 天之后，他们又一起在体育总局被警方控制，并带至沈阳。

## >>> 贾秀全："龙爪手"三起三落

2010 年，贾秀全被警方控制时，对外透露的消息是他"食物中毒正在休息"。

这是一个很有画面感的解释：病了，人机分离了。总而言之，很神奇。但贾秀全确实是一个神奇的人。

孙继海当年参加欧战，大家都在炒作"第一人"，其实贾秀全 1989 年就在贝尔格莱德游击队参加了联盟杯。第二轮该队对手是罗马队，贾秀全盯防一个高速善射的金发前锋，当时国内一些球员看过几本香港出版的繁体足球杂志，晓得对方叫"华拉"。多年后大家恍然大悟，此人原来是沃勒尔。

在一些中超赛场，敲打大鼓的球迷喜欢打扮得像太平军战士。输了球，表情沮丧，像是洪秀全死了。也许是出于名讳的原因，贾秀全三进三出的上海队，主场从来没有这样"老土"的做派。2000 年 5 月，因为认为裁判王景东不公，申花队主教练彼得洛维奇冲进成体。老彼得的拳头最终没有落到对方身上，因为贾秀全的动作更快。他后来说，自己脑中闪过的第一个念头就是拦住彼得，"如果打了王景东，那申花下半年的球也就别踢了。"

这句话让当时的人看到了贾秀全的大局观。一位俱乐部官员说："我看到他上去，以为他要施展'龙爪手'了。"6 年以前，在 J 联赛踢球的贾秀全面对日本国脚拉莫斯，用一个锁喉动作将其"制服"，一度被圈内称之为"龙爪手"。

2008年四国赛上，李玮峰对铃木启太同样使出这招，得其精髓。

"龙爪手"是否已经金盆洗手？当然没有。当时，贾秀全还不是球队的当家人，他当然可以足够冷静处理所有的事情。

### 一、"少说多做"，出手次数最多的中超教练

大连人贾秀全很"冷"，在他手下踢球的一位球员说过："我没有听他说过笑话。"2009年，在申花执教的日子里，有媒体再次提到他总是一副随时拒人千里之外的样子。对此，贾秀全说："我觉得还是少说多做吧。有时候话说出来，等到了报纸上，却完全变成了另外一副样子，那还不如不说话。"至于自己的性格，老贾坦言："估计这辈子可能都改不了了。"

贾秀全被认为是中国最好的后卫，可惜的是，大多数这个位置的世界好手都具有的冷静、内敛，他一项也不具备。用他自己的话来说，"直来直去"惯了。2009年9月11日，申花队常规训练。队员集中后就开始了慢跑热身，却没有发现场边战意浓烈。贾秀全和队医林勇一语不和，瞬间爆发出火花。随后当队员们发现扭打在一起的俩人时，全都目瞪口呆地停下脚步，直到有人把贾、林拉开，两人的嘴里依然在骂骂咧咧。

贾秀全之后的解释，差点没让队员笑破肚皮。他认为，这只是一次"业务交流"。"当时大家心里都很急，马上就要打比赛了，可是队员一个接一个地病倒，再这么下去的话，可能连上场的人都没了。话说得冲了一点，大家都不开心，但确实只是业务方面的一些正常交流，不知道后来传到外面去，怎么就变成了打架了。"

球员不敢上前劝架，在这个赛季，贾秀全已经"修理"过他们中的某人。2009年4月25日下午的赛前训练中，贾秀全要求队员做到尽量一脚出球，而巴尔克斯在一次传接球训练时并没有第一时间出球，就是他多带了几脚球的举动招致了贾秀全的怒气冲天。他直接冲过去对着对方大喊："为什么不传球？"而巴尔克斯的解释是"没有队友接应"。这一解释令贾秀全十分生气，上前就推了巴尔克斯一把，甚至还用了"锁喉功"，动武的贾秀全嘴里还说着"足球不是你

一个人的表演"等字眼，幸亏助理教练和翻译赶紧把贾秀全拉开，才避免冲突升级。此后巴尔克斯赛季中期远走深圳，显然和这次冲突有关。

出手和出嘴之间，总是相隔一线。2006年亚青赛，中国队在人数占优的情况下2比1艰难取胜阿联酋。赛后，主帅贾秀全答问时，叙述的方式很不常规："11打10，场面很被动，这很正常。"之后几分钟内，他和记者产生了争吵。据悉，此前一天晚上，贾秀全认为该记者的一些做法干扰了球队休息，但无论如何，在发布会上公开声称要和记者"练练"，贾秀全失态了。但他确实压制不住自己的脾气。2009年申花与绿城的比赛后，一位年轻女记者关于"长传冲吊"的提问，一下子就激怒了贾秀全，"你和我探讨业务，什么叫'长传冲吊'，你先回答我，什么叫'长传冲吊'？"

### 二、三次中途逃跑

"贾跑跑"外号的得名，源于2008年赛季贾秀全中途离开河南建业。2008年上半赛季，当时的河南建业队，在贾秀全的带领下，呈现出了不错的向上势头。但是到了年中的联赛间歇期，他和俱乐部产生分歧，由此产生了"辞职门"。9月初，贾秀全接过了申花队的教鞭，并且在10月份客场与河南建业队的比赛中，带领申花2比0获胜，出了胸中的一口恶气。但就在那场比赛中，一千多名球迷每人举着一张写着"跑"字的A4纸，声讨贾秀全这个"逃兵"。不满贾秀全中途撂挑子的河南球迷，明确打出了"贾跑跑"的横幅。

实在没辙的河南俱乐部只好搬出了唐尧东。后者是贾秀全的好友，也是他在河南的助教。据悉，在上任之前，唐尧东还主动给贾秀全打过一次电话，表明自己决定赴任。事后，唐尧东在河南意外崛起并打进亚冠，有人说当初河南没有追索贾秀全的违约金，反而得到了很好的运气。但贾秀全私下并不承认有什么违约金。事后，当他在海埂高级教练员班上和昔日的老总杨楠相遇时，老贾居然一反常态，主动为后者冲泡咖啡，现场的"同学"无不莞尔。

但和河南分手，绝对不是贾秀全的第一次"跑"。2001年，从八一队"下课"的贾秀全在83年龄段国青主帅位置上干了不到一年，便主动离开去申花就职。

当时，距离亚青赛预赛还有不到 2 个月的时间。主管国字号的足协副主席南勇一度非常恼火，只能让王宝山接任。两年后贾秀全从上海申花下课，他又主动表示，愿意担任 85 年龄段国青主帅，并向时任足协"一把手"阎世铎提出"2008 奥运进八强"的宏伟目标。此时，体育总局领导正在要求足球"丑媳妇也要见公婆"，要求国奥在奥运会上夺牌，阎世铎个人的意愿比他们都狠，要夺"金牌"。尽管贾秀全的"八强"还算是"保守"，也算勉为其难了。贾秀全再次得到了这个职位，不过，2004 年 2 月他再次为了百万年薪成为"逃跑新娘"，去向又是申花。

被贾秀全忽悠的阎世铎和南勇一样撂下了狠话："像这样不顾国家利益的教练，再也不要录用！"但贾秀全仍然生机勃勃。2005 年夏天，贾秀全成为 87 年龄段国青主教练。也许是多次脱岗消耗了运气，这支球队最终在 2006 年印度亚青赛折戟约旦队，无缘加拿大世青赛。2007 年年底，在国奥教练组的贾秀全被"劝退"了。

### 三、在上海，他最乖

贾秀全三进三出上海，在他眼中，这座城市的足球最有吸引力。但在一次上海球迷的调查中，80% 的人却认为他是申花历史上最不成功的主教练。

但是，贾秀全和朱骏的交往却是非常成功的。2009 年 3 月客场输给谢菲联后，媒体质疑他的帅位，贾秀全用一种天真的语气透露："老板承诺我三年不下课"。从 2008 年中途上课，到 2009 年底"无声无息"地走开，一年半其实也算一种成功。

吴金贵下课，贾秀全接任，对于这一变化的最根本原因，外界几乎异口同声，认为是吴金贵与俱乐部高层在比赛人员安排方面产生了严重分歧，而贾秀全之所以能来，关键就在于他的"听话"。当时有个传说，说贾秀全对朱骏说"周一到周五我带队训练，周六、周日老板来指挥……"消息传开后，贾秀全非常生气。"这简直就是对职业教练的侮辱！作为一名职业教练，他的任务是什么？就是帮助球队取得好的成绩。如果一切都要老板来决定的话，还要我们教练干什么？现在很多人都说我是同意了这一点才来申花的，但是我并不傻，我想不管哪一位职业教练，都不可能同意类似的要求。"

但有些细节却让人忍俊不禁。2009年5月初，申花客场征战新加坡亚冠对手。训练完毕后，贾秀全让队员全部搭乘球队大巴，返回酒店。而心情不错的朱骏和贾秀全各自率领自己的3个同伴，展开了一次较量。最终，朱骏、周军，战胜了贾秀全和他的助理教练队。这个结果显然是贾秀全"承让"的结果，因为他的一方不但有自己，还有1994年世界杯荷兰队的法尔克斯，专业人士奚志康、郝海涛。不过，贾秀全更加心细地解释了老板队的胜利："知道我们为什么输给老板他们几个吗？就是因为我们不团结，场上沟通不够。我和奚志康、郝海涛还有法尔克斯之间沟通有问题，我们都是过去踢球的，却没有用啊。老板他们团结，想法也简单，就是一个中心，这样反而就多点开花了。"

当然，贾秀全并不是一个人在战斗。2009年6月对绿城的比赛，贾秀全被罚下后，中场休息期间，申花俱乐部再次以裁判判罚不公为由，向中国足协提出申诉。最终投资人朱骏获得了进入比赛替补席的机会，顺利完成了正式比赛中的教练生涯首秀。赛后的例行新闻发布会上，申花助教奚志康代替老贾出席。奚志康对老板赞不绝口，就像贾秀全本人一样殷勤："朱骏在场边让队员更加镇定，他一直让队员进攻、进攻，再进攻。"

在河南时，贾秀全偶尔也和来基地的球迷踢球。但彼时的他，当然没有这样无微不至。有人说，上海队近年的教练，不管是吉梅内斯还是贾秀全，都是彻底围着老板转的人。一位球员说："那还不简单，谁给他开工资啊？"

### 四、"没文化"和"学院派"的结合

2008年10月，输给申花后图拔先是在新闻发布会上发飙，然后在接受媒体采访时，又侮辱贾秀全"没文化"。贾秀全听说这件事，沉默了一下。然后他"赌一顿饭"，让记者去回问图拔。他坚持认为，对方不可能这样说话。

贾秀全足够聪明：如果记者真的去问了平静下来的图拔，得到的答案肯定是"没有说"。职业联赛锻炼人，其中锻炼最大的就是主教练。在这方面，贾秀全深有感悟。他和吴金贵两人的第一次交手在2002赛季，当年联赛没有升降级，而志在夺冠的申花在联赛中途更换主帅，由吴金贵接替徐根宝。吴金贵上任后

便遭遇两连败，排名跌到倒数第二，但主场 7 比 1 横扫贾秀全执教的八一振邦队，让申花队士气大振。曲圣卿在那场比赛中上演帽子戏法，吉祥兄弟、大马丁内斯和刘宏涛各进一球，这场 7 比 1 也是申花联赛史上取得的最大比分胜利。

这场比赛贾秀全真的不是故意配合，他几乎被"江湖"涤荡了信心。第二次和吴金贵交手是在 2008 赛季，吴金贵带领申花队在主场 2 比 0 战胜贾秀全执教的河南建业。结果，两轮之后，贾秀全就向河南建业俱乐部提出辞呈，并在三个月后成为申花队的代理主教练。显然，成绩并没有成为一个教练是否混得好的标准。

在圈内人看来，贾秀全和足协副主席杨一民的关系，使他在 2001 年后一直在国字号球队中扮演着重要角色。据悉，2001 至 2003 年，贾秀全两度执掌国青，这些任命直接受益于"足协领导"。从 2005 年开始，因国字号开始实行教练竞聘制，贾秀全一度可能被排除在这个体系之外，但杨一民通过各种方式说动顾问们，贾秀全最终得偿所愿。

当然，不仅仅是贾秀全一人凭借关系在国字号。当年，郑雄在竞聘的十几位教练中排名居后，居然一举成为国少主教练。圈内人透露，就算是现在，国字号一把手中仍然有人凭借与足协和总局的关系，继续把持权柄。利益关系无处不在，南勇和杨一民出事后，很快就有人透露，南勇和百川涉嫌向天津推荐阿里汉，而杨一民 2008 年赛季则向河南推荐了贾秀全。这些消息都没有得到证实，但有一点行内可以肯定：贾秀全在国字号和俱乐部中游弋自如，与足协的关系产生了非同小可的作用。

目前甚至有消息表明，申花在 2009 年赛季两次事先知道裁判对本队会有不利行为，和贾秀全与足协高层的关系息息相关。知情人士分析说，只是通告消息给申花的人，并不具备彻底协调对申花有利资源的能力。因此产生了世界足球历史上罕见的一幕：申花事先知道了贾秀全将在一场比赛中被罚下，而他真的被罚下了！

这场比赛就是对绿城的比赛。上半场第 25 分钟绿城一次反越位形成单刀，尽管扬科回追将球破坏，但申花方面认为蔡楚川越位在先，且绿城在传球前已经犯规，在和主裁判以及边裁发生激烈言语冲突后，贾秀全被请出替补席。上半场剩余时间内，贾秀全拿出了事先准备好的对讲机，在球员通道入口处遥控指挥。

也有人认为，贾秀全被警方带走，体现的是国字号教练在选队员时的新产业链暴露了：不少球员在加入各级国字号时，可能凭借不同价码得到不同待遇（是否入队，是否主力，是否大赛首发）。不过，这条产业链并不起于贾秀全，也不止于他被警察带走。从 8000 元月薪的国青主帅，到年薪百万的联赛主帅，那条国字号为教练镀金，到俱乐部任职捞钱的道路，也并不戛然而止。


### >>> 韦迪：从天而降


南勇进去了，韦迪空降了。熟悉 FIFA 的人说，按照规则，这是可能要遭到禁赛的。科威特、伊朗、伊拉克……都曾经因为足协人员遭到政府、其他部门干涉，遭到全球禁赛。但韦迪是没有问题的。首先，FIFA 搞不清楚什么叫足球管理中心主任，其次，足代会开了，就把他选成足协主席了。按照规矩，选的就是可以的。

FIFA 惹不起的角儿很多，朝鲜就是一个，布拉特差点没给他们跪下。2010 年世界杯预赛，该队在和韩国队主场比赛时，提出不允许升太极旗和演奏爱国歌，也不接受韩国球迷入境，并认为记者人数应控制在"一位数"以内。对这些要求，国际足联、亚足联和韩国人全部晕菜，但也只好干瞪眼，比赛最后移师上海进行。

虽然中国队在国际足联排名总在 100 位左右移动，但我们和朝鲜一样牛。透露一个秘密，这些年其实有不少人采取自杀式手段，向国际足联投诉中国足协遭遇"干扰"，但布拉特置若罔闻。如果禁了中国足协，这么多的女足世界杯、亚洲杯、亚洲印象工作交给谁？办得是否和中国一样无微不至，的确令他们头痛。《2012 世界末日》里那句看到方舟后国际友人的台词——"幸好交给了中国，其他国家完成不了"实际上是在说这种赛事。

所以，应该来关注一下谁是韦迪。

网友佰万科维奇在某论坛发帖求解"足协新掌门韦迪是不是在休斯敦火箭打过球？"。众所周知，韦德是 NBA 迈阿密热火队的当家球星，尽管也有翻译称其为"韦迪"，但足坛新掌门和 NBA 扯得上什么关系呢？但网友们回帖很热情，有人以为是"韦弗＋麦迪"，更有网友贴出了止胃痛的"韦迪注射液"说明书。

恶搞还在继续，22 日在中国足协宣布韦迪成为足管中心主任后，立刻出现了韦迪的新浪微博，甚至和被控制的南勇的微博遥相呼应。明眼人都看得出来，这不过是又一轮冒名玩笑而已。

真实的韦迪，1954 年 12 月 13 日出生，1991 年 6 月任沈阳体院院长；1997 年 3 月任国家体委拳击中心主任；1997 年 12 月任国家体育总局重竞技中心主任；2001 年 3 月任国家体育总局水上中心主任、中国皮划艇协会主席、中国赛艇协会副主席、中国帆船协会副主席。

在韦迪到水上中心上任之前，作为国家体育总局"119 工程"的金牌重点项目，水上项目给中国奥运军团的贡献几乎为零。但韦迪在 2001 年上任之后，耐心寻找突破口，终于在 2004 年雅典奥运会取得历史性突破，孟关良、杨文军勇夺 500 米男子双人赛艇金牌。2008 年北京奥运会，这对黄金组合再次历史性地实现卫冕，加上殷剑等人获得的三块金牌，水上项目在一届奥运会上勇夺四枚金牌。这种跨越式的进步，主管领导韦迪居功至伟。

然而，韦迪正是作为一名"外行"取得这些成绩的。2000 年前后，因为和当时的重竞技中心党委书记常建平在一起工作"不和谐"，韦迪被调离，转而"平调"至水上中心主任。从金牌大户调离至一个弱势项目，历史给了韦迪一次重新证明自己的机会，但水上中心真的"脱贫致富"了。

体育圈透露，韦迪是铅球运动员出生，但现在戴着一副眼镜，说话也是慢条斯理，给人一种儒雅感和书卷气。

但有关韦迪的最新一轮报道中，一个人仍然很容易看到生搬硬套的痕迹——这有点儿像古代史官的套路，不管是商纣还是夏桀，编的故事可能都只有酒池肉林。据说韦迪酒量惊人，他原来的属下都很钦佩。但这差不多是在"讲故事"，下属钦佩的应该是韦迪的工作能力，中国体育不是靠桌上的酒取得成绩的。南勇上任，对他的酒量也曾有"大肆"报道，"酒量惊人"似乎必须要成为中国足协主席服众的一条，阎世铎也沾上了。当时媒体报道中说他"依然酒量过人，抽劲道十足的烟"。

按照足协工作人员的说法，韦迪的上任带有"悲凉"的意味。由于第一次有重要官员可能遭受牢狱之灾，忙乱的足协甚至还没有来得及给韦迪腾出一间办公室。15日，南勇和杨一民被带走后，两人的办公室将成为专案组调查取证的关键地点，现在办公室已经不准外人进入，连过去每天下午5时都会有人进房间清扫的习惯动作都已经被喊停。照足协的办公楼分配标准，7楼是领导的办公区域，但是南、杨二人的房间被监管，其余按照主任和副主任级别进行装修的办公室只有4间，都有人在使用，能够分配给韦迪使用的房间已经没有了。韦迪和足协中层干部的最初"谈心"，只能暂时选用703会议室作为办公之地。

在崔大林宣布人事任免之后，韦迪的发言确实有点悲壮："我们足管中心全体工作人员，在这个阶段需要团结一心，共同渡过难关"。23日、24日两天，韦迪都没有休息。联赛部主任马成全正在德国考察，国奥队领队李晓光带领国奥队在葡萄牙拉练，女子部主任张健强已经被带走协助调查，韦迪与国家队领队蔚少辉、青少部主任朱和元、技术部主任李冬生、综合部主任刘殿秋、外事部主任王彬等五名中层干部进行了会面，并谈到了相关工作的落实问题。会面中谈到的具体内容，韦迪要求中层干部要注意保密，不要对外透露谈话的内容。

按照韦迪的想法，他准备采用一个新的新闻制度，大体上还是趋向于更公开透明化。不过，在此时，他还是不想外界过于详细了解自己的工作细节。总体上来说，韦迪只解释了一点："不是我去踢球，我只是一个管理者"，对于外界"外行管理内行"的评价，韦迪表示并不会对他管理足球产生任何问题。这其实是符合逻辑的，好多记者都在问韦迪，中超、亚冠、国家队……究竟哪一个才是工作的重点，韦迪的回答是："最先要着手的是了解问题。"

因此，媒体和外界对韦迪是抱有希望的。韦迪虽然不是业务干部，但他知人善任。2001年，韦迪一到水上中心随即提拔了几位业务干部。刘爱杰当年还在做开发工作，被他调过来出任皮划艇部的部长，后来被提拔为中心副主任。曹景伟从科研部门直接被调到赛艇部出任部长，这两个项目在奥运会上都取得了突破。韦迪自己就是教授，算是学院派出身，因此喜欢任用学历高、有文化的干部，刘爱杰和曹景伟都是博士。

韦迪同时也是使用外教的好手。2001年刚到水上中心就聘用了加拿大人马克，此后又请来德国队主教练约瑟夫。但他对外教并不盲从，总结2007年的工作时，韦迪曾对约瑟夫提出严厉批评，指出他的训练体系都参照德国队，忽略了中国队队员的特征，日常训练指标虽然尚可，但在重大比赛时却表现一般。两者的分歧最终也导致了后者离开，但水上中心的相关项目并没有受到负面影响。

号称"世界第一运动"的足球，其情况要比其他项目复杂得多。韦迪上任后，高洪波已经与新掌门人进行了交流，高洪波希望能够安排更多的热身赛，给国家队更多的锻炼。其实就在上周三时，高洪波还试图找南勇联系国家队的比赛，当时高洪波还不知道南勇已经被专案组带走。目前能够确认的赛事除了东亚四强赛外，只有3月3日与葡萄牙队的比赛。据悉，韦迪联系热身的对手，将从世界杯前的热身赛中去找。国奥队的情况更让人头痛，2009年国奥队只有东亚运动会和越南邀请赛两个较好的热身机会，其主要原因是国奥队年龄迟迟不能定下来，组队计划也因为U21队伍的组建而耽误了时间。一年来，国奥队只打了7场比赛，这对本身就缺乏联赛锻炼的球员来说，实在是太少，而另一个原因则是其他国家根本还没有组建相应的适龄国家队，这是导致比赛难以安排的重要因素。

都说南勇和崔大林在足球的发展上有原则性的矛盾，这可能是从崔大林平时的言行中得出的结论，并无材料支持。不过，在未来的工作中，韦迪也将面临投了自己一票的崔大林的影响。对于中国足球，崔大林并不认同现代足球的管理方式，他认为只有举国体制才能拯救中国足球，比如之前的"南北分区""取消升降级""削减球队""封闭训练"，基本上都有崔氏痕迹。不但如此，崔大林的举国思想还渗入到各个项目，他甚至提出过高尔夫也要举国体制。而在谈到足球的发展时，崔大林最认同的一直是朝鲜队，他认为在举国体制下，朝鲜的女足一流，男足成绩也不错。而朝鲜的成功，就是得益于这样的体制。韦迪的方向，将决定未来一个时期的发展。请注意，在被体育总局仓促叫到足协上任后，他从未提起过足坛的"黑赌"问题。这就是他认为"不调查就没有发言权"最明显的一面。

## >>> 体制才是恶之花

南勇、杨一民绝不是最大的鱼，我们等着最近几天就要浮出水面的他……但他也不是，最大的鱼是举国体制。

### 一、好孩子，坏官员

1975 年 1 月 15 日，年仅 13 岁的南勇奋勇一蹬，以 1 分 57 秒 30 打破了延边州运动大会男子丙组速滑纪录，这样一个光辉的冲刺使他彻底走上了体育之路，由速滑运动员到体委人事司副司长再到足协掌门人。没人想到，2010 年 1 月 15 日，就在南勇打破第一个纪录的 35 周年纪念日那日，他人生的冲刺戛然而止，晚 9 时左右，他与杨一民共同被警方带走。

在恩师王东林老人的回忆中，一个倔强的男孩在月光下刻苦训练，琢磨每一个动作，认真清理滑道上的积雪……1980 年考入沈阳体院以后，南勇很快成为学生会干部，发誓报效祖国、忠诚于体育事业。毕业后直接分配到国家体委人事司干部处，进入跨世纪人才培养梯队。1997 年，当中国国家队兵败金州时，他正以人事司副司长的身份坐在看台上目睹中国队以 2 比 3 负于卡塔尔队。那一天王俊生焦头烂额，而南勇即将以足协副主席、司库的身份进入中国足协。他曾经回忆："当时的想法，就是要以严明的纪律打造一支中国足球的铁军。"

南勇第一次出现在公众视线中是在一次例行的新闻发布会上，当 CCTV 的记者突然发问"3号隋波"案到底是怎么回事,对中国足球准备不足的他像个雏儿,张口结舌连说了18个"这个",公众形象坍塌全无……不知是否这次遭遇让他暗自重铸形象,此后的他一直城府很深,惜字如金,决策果断,用铁腕打造着他属下所有的部门,并拥有所有主席中最丰满的羽翼,时称龙潭湖丙三号"鳌拜"。

很多人说,南头儿是个好人,工作认真、勇于担当、讲义气、有人缘。请注意称呼,谢主席、龙哥、一民、南头儿。南勇以一个人事司司长的底子和江湖人脉,成为中国足协最具实力的一个根株。

杨一民。这个安徽队替补守门员拎着一双破手套来到北京求学,他是知识型体育官员的代表,关于他的人生轨迹,请看他一篇《我与母校》的日记片断:

子在川上曰:逝者如斯夫!"1978年,我离开专业运动队,负笈求学,来到了对当时的运动员来说是最向往的高等学府——北京体育学院。从此,我也成了首都这个城市中的一员,有机会跨入高等学府深造,振兴国家、民族的使命感从心底里油然而生,催促着我们忘我地学习。

四年本科的一幕幕动人画面,仍旧清晰地闪现在我记忆的脑海中:为了在图书馆争抢到有限的学习位置,每天晚上不到7点钟,图书馆的门口就人满为患,甚至曾因此而将图书馆的大门挤坏。我和同学们就这样如饥似渴。我又有幸迈入研究生部,回想当年情景,仍然心潮澎湃:同学们为了探讨未来中国体育和足球的发展,度过了一个又一个不眠之夜。有时,为了一个论点争论得面红耳赤;有时,针对时弊,慷慨激昂,拍案而起……"恰同学少年,风华正茂,书生意气,挥斥方遒,指点江山,激扬文字,粪土当年万户侯"。

适逢其时,当足球项目逐渐被国人钟爱、足球热开始掀起时,我仰仗在母校期间的积淀,有幸成为这个领域中的一名专业研究人员;而当足球改革潮起、职业联赛兴起时,我又从教学、研究中投身足球改革行列,成为中国足球管理部门中的一员。时间匆匆而过,我的人生轨迹没有出现很大的起伏。我要感恩的是,继续汲取她的养分,来回报社会，报效祖国。

虽然现在人们开始对杨一民口诛笔伐，但和南勇一样，在他被带走之前那一刻，他还是以懂专业、谦和礼貌、对国际体育潮流了如指掌……获得好的口碑。

他们都是好孩子，而且不是一般的好孩子。南勇能以35岁的年纪成为国字头机关里的副司级人事干部，在那个年代必须是又红又专、严格审查的；杨一民这个乡下孩子，通过求学并以优异成绩毕业后成为博导，在竞争残酷的足协机关以借调身份成为实力部门的高层主管，如果没有德艺双馨，没有思想过硬，全无可能。

但这样的好孩子，终成贪官。就在南、杨被带走前一个月，我们在《中国足球内幕》第一版里就对南勇在"爱福克斯"的国有资产流失进行过详细的披露，得出了他和谢亚龙权力博弈才导致了中超监管全盘失控从而给操盘手尤可为们可乘之机的结论。而对于2003年末代甲A那笔高达1200万的黑金传言，以及国足著名"11·17"弱智之败，我们也直言这并不是一个孤立的事件，而是从上至下全方位的关系网，其中制造规则漏洞的某位中国足协副主席难辞其咎。

不是马后炮，不是炒作，不是趁火打劫，而是在南、杨被带走前一个月披露，提前半个月问市……我们公开表明，寻找大鱼，南、杨（其实还有另一位高层）必须对很多事情负责（《北京青年周末》可证）。

可当南、杨落马，我们更关心的是，为什么两个好孩子，两个被组织上破格重用的年轻人，最终成为一场浩大腐败案中的关节。南勇、杨一民两朵中国足坛、中国社会的恶之花，为什么会绽开在这个变化中的时代？

所以必须从中国体育的出处，寻找中国足球的出处，举国体制是恶之花的祸端。

## 二、"李承鹏不喜欢中国足球的胜利"

1978年亚运会，一个美联社记者这样发出电文："这个国家的足球运动员有一个爱好，他们喜欢把别人前锋的球碰进自家大门，这个做法在他们国内也大行其道，他们叫这是关系球、人情球、政治球。曾经有支日本球队来华访问，中国球员频频照顾对手，这让日本球员不高兴，说'我们什么礼物都可以收，但这样的礼物不能收'……"

当时足球省长足球市长足球书记大行其道。尾随其后的是国企、私企、掮客、黑道、红顶商人、御用记者，及至 2007 年女足世界杯时，有些城市甚至强行动用居委会老太太上看台助阵，助阵奖盒饭。包括去年国庆传出的中国队找博兹瓦纳国家队做工作，以一笔现金获取了比赛胜利，因为这场比赛正值 60 周年大庆期间，不能输。

不准说出真相，说出真相者必遭围攻。比如 1995 年"保卫成都"其实是一场假球，我也曾写过《全兴还有没有血》这样的文章，可是当 1999 年我在《手起刀不落》里进行反思，所有全兴球迷却因为有人道出真相而怒斥我，俱乐部断然封杀我，这是 18 次封杀中的某一次。还有一次，就在 2001 年中国队靠抽出亚洲进军世界杯时，我的一篇《出线不代表一切》遭到全社会的批判，大家认为这破坏了盛宴，大家受不了这个，无论这是不是真话，南勇公然说："李承鹏不喜欢中国足球的胜利。"

现在必须正视一个事实：2001 年十强赛，中国队到底是怎么出线的，真是靠李宵鹏首开纪录，李玮峰头球救主，郝、范联手进球……吗？这涉及到国际体育组织间的内幕，但中国人应该承认，那不是一次光彩的出线，我们还在狂呼张吉龙是上帝。

在爱国主义和泛政治的掩护下，在举国体制的伸张下，中国足球从此走上假赌黑的不归路，非常有尊严的样子。其实不止是足球，全运会上跳水金牌内定路人皆知，当记者询问国家体育局副局长肖天，他竟然连骂三个粗口，因为肖天根本不认为内定金牌有什么错，反而认为记者反动，居然质疑体育总局内定的合理性。

中国足球假赌黑不是个体行为，它是举国体制下的一个变异的蛋。全运会已成权运会，作假会，有些金牌已到了半公开标价的地步，这比足球联赛冠军做得还要刺激。我们不要独立的体育精神，奥林匹克精神本来是要消除国家、民族的隔阂，向自身挑战极限，可在中国被特色化了，最后竟成金钱交易的平台。

马家军从来都没有打破过真正的世界纪录，那些纪录、那些冠军是吃药吃出来的，欺骗了国人很多年。可是那时互联网不发达，马家军其实就是周老虎。

### 三、权力过度集中导致腐败

南、杨被带走，韦迪上任，中国政府和公安很包青天，但包青天救不了中国足球。从年维泗更迭到王俊生，从阎世铎更迭到谢亚龙，再到南勇、韦迪，一幕幕非常眼熟，甚至每回都是由一个总局分管领导带着一个面生的人突然出现在新闻发布会上，宣布某某下课，某某上课。

只有人事变动，没有体制改革，证明了两个坏人，坏的体制就会变得安全，他们不能打击坏的体制，坏的体制就是以总局为首的他们自己，被带走、被判刑的，只是体制中运气较为不好的那一个。这么多年来，其实是中国足球需要南勇这样的人，再亲手制造了这个人，再毁灭了这个人。在王、阎交替，阎、谢交替，谢、南交替的过程中，南勇从一个部门到另一个部门，从当初的雏儿变成了鳌拜。这样一个"需要＋制造＋毁灭"的公式，杨一民同理，谢亚龙、张吉龙、阎世铎同理。

中国足球水平很差，可是每年足球产业制造的直接、间接价值仍高达数十亿，这样巨大利益的却集中在少数人手里，必定形成权力腐败，像爱福克斯只是谢、南之间碰了一下头，就定下来了。包括南勇正要对香河基地进行拍卖，包括当年把联赛转播权打包卖给东方卫视，这里面都有说不清道不明的利益纠结。

如此集中于少数人手中的权力机制，本身就是腐败。在公司运作中无法理解，在中国足协里却习以为常，对国际上宣称它只是个民间组织，对下级宣称它是上级派来的司局级"足管中心"，招商引资时宣称它是中超公司。"官＋商＋行业组织"，这就是结构性腐败。

所以很好理解为什么南勇、杨一民（其实还有更多人）会腐败了，在监督机制缺席时，贪一千万是很容易的事情，这不是潜规则，是显规则。在《中国足球内幕》第一版里说明了爱福克斯的可笑，等足协发现这是个骗局时才查明：

它的服务器在美国得州，公司注册于英国的一个小岛，公司所在地在小岛南边的圣赫丽镇上，它实际上离法国更近，而据说公司人员真正活动的地点却在香港，打过去电话早已注销了号码，那个服务器上的流量总共 22 个，这可能是技术人员安装参测数据时发生的流量。

其实应该去查一下香河基地的账，从它建立之初的经费莫名其妙扩大了数倍，到后来的维护费用，到准备转让它的幕后新闻。这不是一个应该建立的基地，因为处在北方，冬天很难进行训练，足协还得花大钱去南方租场地，每年维护它还得花几千万元……早年中国甲A赚的那些钱，全陷在这基地了。

在国外，如此巨大的投入必须召开听证会，因为足协是民间组织。即使在朝鲜，这样的项目也得经上级严格审查，可中国足协由于其特殊性，总局对它监管并不力，它时而以民间组织化装，时而以行政单位要政策。这个缝隙，其实是体制给它的。总局并非不知足协在干什么，有一段时间总局的大量花销也得靠中国足协提供，因为足协比其他中心有钱。老爸用了儿子的钱，也嘴软。

无论这些钱是否装到了个人腰包，但这些来自于职业足球的钱，却被用在了其他地方，本身也是机制的腐败造成的。各主席、各局长们并不想改变，这样对既得利益者是最好的模式。

不是坏的南勇和杨一民让中国足协变成坏的，而是坏的机制让原本是好孩子的南、杨变成坏的。谁到这个单位来都会成为坏人，如果要深入调查下去，肯定不止南、杨，连阎世铎、谢亚龙、袁伟民也难辞其咎。阎世铎在任期间对"龚建平"案中涉及到的裁判委员会的官员比如张健强是否有包庇？谢亚龙对爱福克斯有没有纵容？我从不相信谢亚龙、阎世铎是清廉的，不收钱不意味着不腐败，他们是权力腐败。

由于足协会计把A3联盟给谢亚龙打来的工资扣掉所得税，谢亚龙就以外国的钱不应扣中国的所得税，一口气跑到财务处大骂，逼迫财务人员将税钱退回来才了事，这本身就违反了相关规定。

没有人能阻止他们，如果没有好的机制监管，再好的人都会犯错，何况人之初，性本恶。

### 四、举国体制，举国难安

崔大林将来驾临中国足协，担当实际上的掌门人，其实韦迪只是他的执行者。在中国足球"北体帮"（谢亚龙是北体大校长）、"沈体帮"（南勇、范广鸣、范广会是沈体院出身）、"蚌埠帮"（杨一民、肖天是蚌埠人）之后的现在出现了"沈阳帮"。没有企业建制或民间组织合法模式，只有帮会。

连韦迪自己也清楚自己不过是个傀儡，那些"学习""体育管理是相通的"只是屁话，他只要充当好崔大林的执行者就可以了，韦迪是在"南杨之乱"后来平安过渡的，崔大林是来全盘实行"举国体制"的，所以崔举国、韦平安，加起来他们就以为是"举国平安"。

这又是恶之花的再现。不出意料，也将有人在未来落网，因为这个权力过于集中且无监管能力的体制最终会把他们推进去与南、杨会合。"举国体制"长期被神话了，其实它只是对乒乓球等非主流项目具有集训优势，但在市场经营中其实是腐败根源，因为职业体育不再是运动项目，而是动辄上亿的金钱。这些体育官员拼命要维护举国体制就是保护腐败体制。

崔大林的举国足球蓝图里，将要联合地方足协、地方体育局，可这些联合、这些局也是相当腐败的，可视作总局在后奥运时代再度跟地方体育派系的一次苟合，具体做法是：控制球队大部分所有权，向政府申请事业经费，以行政命令要求企业只赞助不管理，以城市精神文明建设的名义或者拉动文化内需的名义进行宣传……然后，中国足球将以比以往任何一次更腐败的姿势，高尚地死去。这次是真死去了，都没人愿意看一眼尸体。

在德勤事务所的统计中，中国足球可容纳的商业空间是一年1万亿，中国体育可容纳的商业空间是一年3万亿，这样惊人的商业空间却只由一个行政机构来管理，而且直接参与经营，不仅违反了政企分离，而且无法监控。让人瞠目的是，绝对一级政府机构的国家体育总局通过中体产业其实也是上市公司，这好比文化部通过华谊上市一样。一个事实可以证明举国体制的失败：从前天到昨天，大量网站和地方报纸都在刊登一条似是而非的消息，两名比南、杨更大的官员有问题,这才是最大的鱼。事实上昨天深夜所有报纸都在核实这条新闻,查询这两名副部级官员出现在公众视野中的时间表,如果本月28号的冬奥会动员大会上某个高官不出席,就意味着他跟南勇一样的命运了。一个逻辑是,按照惯常的抓捕控制流程,该是尤可为、现役国字号、南杨……可从基层到足协高层都带走了,独留一个国字号,这令人费解。如果尚有更高层将要落网,这个逻辑就很好理顺,因为还没有结案,还得等最大的鱼落网。昨天从有关部门了解到的情况是:调查还在深入中……

这不是套话。如果真有高官落网,就说明举国体制确实穷途末路了,中国的体育不能永远抱着我们自己发明的奥运金牌"乒乓球""羽毛球""女子举重"来说事儿,原本奥运会没有这些金牌的,是因为中国国家实力和国际地位的强大,别人才答应我们的体育外交。这道理就像有朝一日泰国发达了,就把泰拳申请了16个级别还分男女项目,一口气拿下32块金牌,或者孟加拉把"卡巴迪"分成8个级别,它也可成亚洲金牌大国。

欧美体育强国,其实不在乎泰拳也不在乎"卡巴迪",他们只在乎田径、篮球、拳击、F1、高尔夫这些真正的国际标准的竞技。

别人,也不在乎举国体制下的"奥运金牌数第一"。因为他们知道,这事儿根本不靠谱,早就违背了奥林匹克精神,是体育向权力寻租之后,绽开的恶之花。

# POSTSCRIPT >>>>
## 增补后记

李承鹏

2010 年 1 月 22 日上午 11 时 24 分，在《中国足球内幕》最后一字艰难落笔的整整一个月后，国家体育总局正式对外宣布，原水上中心主任韦迪接替南勇任足管中心主任兼党委书记，同时免去南勇和杨一民一切职务。

并非早有预料，而是一语成谶，整整一个月后，大鱼果然浮出水面。

《中国足球内幕》不是一本足球书，而是一本社会书、一部社会黄页，每个人都可以从中查到自己的门牌、电话号码。

即使北京奥运会揽获 51 块金牌，中国人也从来没有真正懂得过体育。

体育不是体育，它是世界观，是普世价值，是斯巴达的超越之诗。遗憾的是，我们却把它当成一枚骰盅，对所有的一切进行豪赌，神圣地狂呼"豹子，开"，其实却是"兔子，逃"。

此刻，面对这份 48 小时内完成的增补文字，中国足球不再是足球，而是中国人性、文化的切片，是中国社会的缩影。中国人在民族性和人性上是有缺点的，我们可以拿下所有的乒乓球冠军，但不能够夺得足球世界杯，我们可以出现郎朗，却不会出现伟大的交响乐团。

南勇在北京冬夜的薄雾中被悄然带走时，我正在接听一个又一个的电话，重复回答记者不约而同提出的问题：谁才是最大的那条鱼？

南勇不是。35年前，比今晚更为寒冷的冬夜，一个倔犟而聪明的孩子在月光下晶莹的滑道上拼命冲刺。他哈着白气，冰刀划得坚冰刺刺作响。1分57秒30，那是一个实现冠军之梦的时间拐点。此后35年，他却在梦想里遗憾地走向死局。

寻找大鱼，寻找最大的那条鱼，我们做到了，或永远做不到。